Coleção
Biblioteca
do Maçom

EDITORA MAÇÔNICA
A TROLHA

FRANCISCO DE ASSIS CARVALHO

Maçom com X

Xico Trolha por Xico Trolha

Editora Maçônica "A TROLHA" Ltda.
Av. Maringá, 335 – Fone (43) 3327-1982 – Fax (43) 3348-0915
Cx. Postal 238 – CEP 86001-970 – Londrina – PR

Londrina, novembro de 2004

Coordenação Geral:	**Conselho Editorial**
1ª Edição:	**2004**
Tiragem:	**2.000 exemplares**
Preparação e Diagramação:	**Maristela Meneghetti**
Capa:	**Roberto Heringer/Ulisses R. M. Candreva**
Revisão:	**Virgínia Cristina Audi Ayres**
Impressão e acabamento:	**Gráfica e Editora Art Graf**

Dados Internacionais de Catalogação na Publicação (CIP-Brasil)
CATALOGAÇÃO NA FONTE

T846m Trolha, Xico, pseud. de Francisco de Assis Carvalho.
Maçom com X: Xico Trolha por Xico Trolha / Xico Trolha. - 1ª ed. - Londrina: Ed. Maçônica "A TROLHA", 2004.
268p.; 20,2 cm. - (Coleção Biblioteca do Maçom).

ISBN : 85-7252-191-7

1. Maçonaria - História. 2. Maçons - Biografia. 3. Trolha, Xico, pseud., Francisco de Assis Carvalho - Maçonaria. I. Título. II. Série

CDD 366.1
CDU 920

Índice para catálogo sistemático:

1. Maçonaria - História
366.1 (CDD)
2. Maçons - Biografia
366.1 (CDD)
1. Trolha, Xico, pseud., Francisco de Assis Carvalho
920 (CDD)

EDITORA MAÇÔNICA "A TROLHA" LTDA.
Av. Maringá, 335 - Centro
86060-000 - Londrina - PR
Cx. Postal 238 - CEP 86001-970
Fone: (43) **3327-1982** - Fax: (43) **3348-0915**

Dedicatória

A pomba d'aliança o vôo espraia
Na superfície azul do mar imenso,
Rente... rente da espuma já desmaia
Medindo a curva do horizonte extenso...
Mas um disco se avista ao longe... A praia
Rasga nitente o nevoeiro denso!...
Ó pouso! ó monte! ó ramo de oliveira!
Ninho amigo da pomba forasteira!...

Assim, meu pobre livro as asas larga
Neste oceano sem fim, sombrio, eterno...
O mar atira-lhe a saliva amarga,
O céu lhe atira o temporal de inverno...
O triste verga à tão pesada carga!
Quem abre ao triste um coração paterno?...
É tão bom ter por árvore – uns carinhos!
É tão bom de uns afetos – fazer ninhos!

Pobre órfão! Vagando nos espaços
Embalde às solidões mandas um grito!
Que importa? De uma cruz ao longe os braços
Vejo abrirem-se ao mísero precito...
Os túmulos dos teus dão-te regaços!
Ama-te a sombra do salgueiro aflito...

Vai, pois, meu livro! e como louro agreste
Traz-me no bico um ramo de... cipreste!

Bahia, janeiro de 1870.

Sumário

Apresentação ... 11
Agradecimento ... 13
CAPÍTULO I
A Origem ... 15
CAPÍTULO II
O Poeta ... 51
CAPÍTULO III
Com Quantos Autores se faz uma Cabeça? ... 57
CAPÍTULO IV
Os Anos de Chumbo ... 81
CAPÍTULO V
O Maçom ... 91
CAPÍTULO VI
Nasce um Escritor ... 131
CAPÍTULO VII
Cargos em Loja1 ... 159
CAPÍTULO VIII
A Utopia ... 169
CAPÍTULO IX
Congregando Homens e Conquistando Amigos ... 181
CAPÍTULO X
RX Maçônico de Francisco de Assis Carvalho Xico Trolha ... 243
CAPÍTULO XI – Por que eu? ... 259
Bibliografia ... 265

Apresentação

Apresentamos este livro, de forma singular, porque nele constam pequenos aportes para futuras pesquisas sobre este Maçom revolucionário, que nos últimos 35 anos de sua vida respirou Maçonaria cotidianamente.

Escolhemos esta data para o lançamento deste livro por ser muito significativa; o Xico Trolha, fundador da Editora Maçônica "A TROLHA" completaria 70 anos em 4 de outubro, e em 3 de novembro completa dois anos de ""imortalidade". Como na vida deste Maçom memorável nada foi em vão, optamos pelo mês de novembro.

Contamos um pouco da vida do Xico Trolha de forma diferente. Aqui ele fala através de seus "textos", coordenados e costurados pela Evelise (Trolhinha) e das ferramentas utilizadas para alavancar o seu trabalho.

Este livro tem por finalidade mostrar quem foi o homem e o Maçom Xico Trolha, quais os movimentos sociais que o motivaram a dar vazão aos seus ideais e de que maneira a Maçonaria o acolheu e lhe deu argumentos para continuar seu incansável auto-burilamento. O Xico Trolha lapidou diuturnamente sua Pedra Bruta, aliás, a dele e de todos aqueles que estiveram ao seu redor, lendo os seus livros, escutando-o e debatendo com ele divergentes pontos de vista; compartilhando com ele o sonho de uma Maçonaria Forte, composta de homens atuantes e estudiosos.

Este Maçom usufruiu de todas as benesses que o auto-conhecimento proporciona aos seus seguidores, construiu incontáveis "pontes" e ajudou a derrubar "muros" que separavam homens de bem. Conquistou laços afetivos pelos caminhos por onde trilhou, respeitou e foi respeitado.

Os Editores.

Agradecimento

Agradeço ao Osvaldo Azolini, Darcy Junqueira, Eugenio Calixto e Luciano Caetano da Silva, por acreditarem no valor do Xico, financiando-o e apoiando-o nos seus primeiros vôos;

À Maria Aparecida Bianco de Carvalho, a Doca, a companheira que manteve o ninho quente e protegido, enquanto o Xico voava;

Ao Edenir, à Ivana e à Rozelli, por junto comigo assumirem um sonho que era do Xico; e ao Moura, meu irmãozinho do coração, que não deixa a chama do Xico Trolha apagar nunca;

Ao Aristóteles de Lacerda Junior, por compartilhar com ele a grande admiração por Castro Alves e pela Maçonaria;

Ao Antônio do Carmo Ferreira, Hércule Spoladore, José Castellani, Frederico G. Costa, Raimundo Rodrigues, Jorge Levy, Mario Name, João Guilherme da Cruz Ribeiro (pelas capas lindas com as quais o presenteava), Helio Viana e Celina de Oliveira, como representantes de toda a Maçonaria Brasileira e seus confrades, pois que infelizmente não conseguiria nominá-los, mas que permitiram ao Xico Trolha se tornar um homem pleno de felicidade e realizações, e aos cuidados posteriormente transmitidos a sua família.

E, por fim, ao Irmão e amigo Derly Alves Halfeld, que um mês após a partida do Xico nos cobrou veemente a realização deste Trabalho e ao Roberto Kuhn Heringer, pela confiança depositada em mim.

Evelise

CAPÍTULO I

A Origem

Este capítulo foi escrito pelo Xico Trolha em 1992, logo após sofrer uma cirurgia cardíaca, que ele bem sabia que tinha dado só "meio certo", e assim como das outras vezes quando pressentia que poderia partir dessa para melhor, como ele mesmo dizia, disparava a organizar tudo, biblioteca, documentos, ouvir as músicas sertanejas de que mais gostava, reler Castro Alves, e escrever sem parar...

Pensei em fazer uma pesquisa mais aprofundada, mas teria que alterar o texto, e, além do mais, muitos dos "personagens" aqui descritos também não mais se encontram entre nós e provavelmente as situações não tenham sido tão românticas como lhe foram repassadas. E como este livro trata do Xico Trolha pelo Xico Trolha, preferi deixar como estava. Tomei a liberdade de resumir este Capítulo para não cansar o leitor, mas foi só; este texto foi escrito exclusivamente por ele.

Escreveu o Xico:

Apesar da minha vida ter sido muito monótona, sem acontecimentos marcantes, se algum dia alguém quiser pesquisar sobre a vida do Maçom Francisco de Assis Carvalho ou Xico Trolha, terá aqui alguns subsídios.

A SAGA AMADOR BUENO

O escritor italiano Pitigrili, dizia que falar sobre nós mesmos era como fazer um *strip-tease* em público. Mas se vou registrar alguns fatos sobre minha família e sobre mim mesmo, o que me resta é pedir escusas por falar na 1ª pessoa do singular. Sei que não é um bom método para narração, mas não tenho como me esquivar disso. E assim será, embora, algumas vezes, eu fale sobre o Xico Trolha que, por sinal, sou eu mesmo.

O INÍCIO

O que se segue foi ouvido pelo Xico Trolha, da boca de seu pai, que não tinha o mau hábito, nem de mentir, nem de exagerar. Nada, porém, do que vou relatar aqui tem comprovação documental, a não ser em alguns cartórios do Estado de São Paulo e do Paraná. Como isso aqui não é uma autobiografia, mas somente subsídios que poderão ajudar alguém algum dia, que se aventurar a escrever sobre o Xico Trolha e sua participação na Maçonaria. Como ele não nasceu Maçom e só Ingressou na Maçonaria aos 31 anos, é necessário que se conheça um pouco sobre esses 31 anos e os seus familiares.

Terei muita dificuldade em localizar os fatos dentro da História, porque quando meu pai os relatou, eu tinha entre 11 e 16 anos. Foi nesse espaço de **seis** anos, em que vivemos juntos 24 horas por dia, conversando; ouvindo o papear dele com amigos, com meu irmão mais velho, com os peões e camaradas. Como eu era semi-analfabeto (se é que esse termo está correto), não fiz nenhuma anotação. Guardei-as todas em minha memória, que agora percebo privilegiada. Alguma coisa, algum fato deve ter escapado, deve ter se perdido em algum canto escuro do meu cérebro. O correto seria que eu fosse até os Cartórios de Registros e localizasse alguns documentos para que servissem de apoio ao meu relato. Como não fiz isso, deixo a critério de quem deste relato tomar conhecimento, acreditar ou não.

Além daquilo que me foi contado pelo meu pai, há também o

que me foi contado por minha mãe e por meus irmãos mais velhos – Elídio e Izabel – e há ainda os que foram vivenciados por mim, num período de 22 anos.

Não há nada de especial, muito menos de extraordinário nos fatos que vou relatar. São passagens comuns e corriqueiras na vida dos homens daqueles tempos. Meu pai faleceu em 1956. É a história simples de uma família humilde, mas composta de homens valentes e destemidos, às vezes até demais.

O pai do Xico Trolha nasceu Antônio Bueno de Carvalho e morreu Antônio Amador Bueno de Carvalho. Quando meu avô morreu, meu pai adotou e incorporou o nome dele ao seu. Meu pai nasceu em 13 de junho de 1895, em Botucatu, Estado de São Paulo. Ele era o quinto filho de uma família de **sete** irmãos.

OS AVÓS

Amador Bueno de Carvalho e Zeferina de Moraes, em que pese o elevado número de filhos que criaram, ainda assim não tiveram uma convivência muito amistosa.

Enquanto D. Zeferina, avó do Xico Trolha, era mulher voluntariosa, dinâmica, rude e, muitas vezes, agressiva e violenta e que exercia a profissão de costureira do interior, o marido – Amador Bueno – era professor primário, poeta, sonhador, completamente desligado do lado financeiro da vida.

Meu avô, Amador Bueno de Carvalho, dizia-se que era membro de uma família muito rica, da região de Itatinga. Grande proprietária de terras, de café, de gado e de escravos. Minha memória registrou pouco sobre meu avô. Meu pai dizia que ele havia nascido lá pelos idos de 1860 e que fez seus primeiros estudos em Itatinga, mas seus pais o mandaram para a Capital Paulista, a fim de completar seus estudos. Muito garoto ainda, ele já possuía uma grande amizade pelos escravos da Fazenda de seu pai, e isso não agradava nem um pouco seu velho pai. Pelo contrário, desagradava e muito.

Quando, durante as férias, ele voltava para a fazenda, seu

comportamento, suas idéias abolicionistas, o punham em choque direto com o pai. E os atritos com o filho iam num crescendo, cada vez mais perigoso. O desenlace chegou nas férias de 1878. Após divergências, ele expulsou o filho de casa e o deserdou. Estava consumada uma injustiça, que somente o orgulho de pai castrador não podia ver, não conseguia entender.

Como não tinha nem dinheiro e nem profissão, começou a usar seus conhecimentos como Mestre-Escola, dando aulas para os filhos de pequenos sitiantes, agitando e lutando pelos seus ideais, pela Libertação dos Escravos, da sua região.

Pobre, sem dinheiro, sem diploma e sem família, foi levando sua vida, até que em 1885 se apaixona por uma costureira, sua aluna, a garota Zeferina de Moraes. O casamento saiu no ano seguinte – ela com 16 anos e ele com 26 anos.

E é desse casamento que surge a saga dos **Amador Bueno de Carvalho**.

MARIA APARECIDA BUENO DE CARVALHO

Em 1887, nasce a primeira e única filha do casal. Quando ela se casou, aos 16 anos, meu pai só tinha 8 anos, por isso poucas lembranças ele possuía dela. Logo que Maria se casou, mudou-se com o marido da região.

EMÍDIO BUENO DE CARVALHO

Irrompia o ano de 1888, ano esse que iria mudar a face do Brasil. Para o professor Amador Bueno de Carvalho, seria um ano por demais importante. Nesse ano nasceu o seu 2º filho. O lar do Mestre-Escola estava festivo. E para coroar o nascimento do primeiro varão, em 13 de maio daquele ano a Princesa Izabel assinaria a Lei Áurea, que punha fim a séculos de Escravatura no Brasil. Era o Ano da Redenção da Raça Negra. Essa mesma raça por quem ele lutara tanto e que lhe custara a família, amigos, estudos e herança.

Em abril nasceu Emídio, trazendo em suas veias o sangue romântico, cavalheiresco do pai e o gênio impetuoso e valente da mãe Zeferina.

Emídio trabalhou, desde pequeno, na lavoura, como peão, para ajudar a mãe e os irmãos.

Um dia, aos 17 anos, indo de manhã para o trabalho, passando em frente de uma casa, ele ouviu os gritos desesperados de uma mulher pedindo socorro, pois o marido estava espancando-a violentamente. O menino Emídio, sem pensar, sem procurar saber quem tinha razão, pulou a cerca do quintal e foi tentar impedir que o marido continuasse batendo na esposa. Deu tudo errado. O marido violento deixou a mulher de lado e partiu de chicote para cima do garoto intrometido, pensando em dar-lhe também um bom corretivo. Temendo ser chicoteado, o garoto não pensou duas vezes, sacou uma pequena garrucha que usava bala 22, engatilhou e atirou a queima-roupa. O tiro foi certeiro. Essa marca de bons atiradores acompanhou os Carvalho por toda vida.

O marido violento, ao cair já estava morto. Tiro fatal – que fizera uma morte e transformara um garoto num assassino. Por ser ainda menor de idade, e pelo testemunho dos vizinhos da vítima, seu processo foi arquivado.

Anos depois, após ter sido condenado por um outro homicídio, ficou preso por dois anos. Quando deixou a cadeia, engajou-se na própria Força Pública de São Paulo, aonde chegou à patente de Tenente. O Tenente Emídio desligou-se dos irmãos e da mãe, não mandando notícias; por isso não nos foi possível acompanhá-lo em sua vida militar.

JOSÉ BUENO DE CARVALHO

José nasceu em 1890. Era o 3º filho do casal Amador/Zeferina. Ele cresceu ao lado dos irmãos Maria, Emídio e João.

Emídio, José e João trabalharam em fazendas, fazendo pequenos serviços, ajudando nas colheitas de café, ou na separação de bezerros, e traziam seus pequenos salários para ajudar nas despesas da casa. Todavia, em 1905, com apenas 15 anos de idade, ele viu seu lar desmoronar. Viu o Emídio, tão criança quanto ele, transformar-se num criminoso, matando um homem – em legítima defesa, mas matando.

Ainda na infância José comprou uma espada de verdade. Era uma lâmina de 65 cm., com cabo cruciforme e empunhadura protegendo os dedos, com uma bela bainha de prata. Não se sabe por que razão ele caiu de amores por essa espada e ela (fatidicamente) o acompanhou até a morte. Essa espada só não servia de chacota, porque com José Bueno ninguém brincava. De todos os irmãos, era o mais agressivo, o mais violento, o mais perigoso. E a espada se transformara numa arma terrível, em suas mãos. Não que ele se transformara num espadachim, num Cyrano de Bergerac ou num Scaramouch. Nada disso. A espada em suas mãos era para cortar (tanto que ele a trazia, sempre, bem afiada), para furar, sem nenhuma arte. Era apenas uma longa faca, que ele manejava com sinistra e mortal destreza.

Vivia quase sempre a fugir, devido ao seu mau gênio. Logo que houve a separação dos pais, os irmãos também debandaram. Emídio seguiu preso para São Paulo, José, João e Antônio (este com pouco mais de 10 anos) saíram de casa. Jorge ficou com a mãe e Hermelindo, pouco tempo depois, foi levado por algum parente de D. Zeferina, pois ela adoecera, vindo a falecer dois ou três anos depois.

Mais tarde ele casou-se com uma mulher um tanto quanto simplória. Tão simplória que, quando o marido ficou doente, com hepatite, o capataz da fazenda em que ele trabalhava, que guardava um certo rancor e muito medo da terrível espada do marido dela, ensinou-lhe que colocando arsênico na comida, ele se curaria rapidamente. E para facilitar-lhe o trabalho, ele mesmo providenciou o "remédio". O resultado foi fatal. José morreu envenenado. A mulher escapou de ser condenada devido a sua estupidez. Ela não fizera aquilo por maldade. Ela apenas queria curar o marido. O capataz negou que tivesse feito. Pegou alguns meses de cadeia e foi posto em liberdade.

E José Bueno de Carvalho – o garoto que se apaixonou por uma velha espada – teve uma morte indigna de um “Espadachim”. Mais prosaica que a morte do próprio Cyrano de Bergerac, que morreu atropelado por uma carruagem. Sendo ele o mais violento de todos os irmãos, foi o que teve morte mais estúpida, mais mesquinha.

JOÃO BUENO DE CARVALHO

João, o 4º filho, nasceu em 1893. Saiu de casa muito menino, com pouco mais de 12 anos, e criou-se ao léu, trabalhando aqui e ali, ao sabor dos bons e dos maus tempos. Apanhando e batendo. Criou-se nessa grande Oficina, onde se forjam os fortes e sobrevive aquele que aprende a enfrentar os perigos, a sobrepujá-los, ou contorná-los. A vida não costuma ser benevolente com aqueles que não vivem sob o teto dos pais. E com João não foi diferente. Nenhum privilégio lhe foi reservado. E no perde-ganha da vida, ele se fez homem. E se fez homem conhecendo todos os infortúnios, todas as injustiças que se amontoam ao derredor de um indivíduo, quase sufocando-o e é aí, e é daí que nasce a revolta, e, com a revolta a VIOLÊNCIA. E da violência ao crime, o caminho é muito curto. E foi o que aconteceu com João Bueno. Sozinho, jogado no meio do mundo, numa época e numa região onde somente o homem valente era respeitado. Ele tornou-se respeitado porque era um valente. Como se fosse uma maldição de família, ou uma qualidade atávica, todos os irmãos saíram exímios atiradores. Excepcionais com uma arma de fogo – e João não negou a raça. E há uma curiosidade entre os infelizes e desgraçados: eles são solidários na dor e são mais fraternos entre si, que os demais. Embora vivendo separados, João, Antônio e José, mantinham um forte laço de amizade, de união.

Em 1923, João, sem nenhuma queda política, sem nenhuma vocação revolucionária, conseguiu juntar-se às Forças Rebeldes Paulistas, de Esidoro Dias Lopes e, mais tarde, fazendo parte do grupo comandado pelo Tenente **João Cabanas** (João Cabanas era Maçom), eles atravessaram o Rio Paranapanema e penetraram até Guaíra, no Paraná.

Unindo-se às tropas de Miguel Costa e estas às tropas de Luiz Carlos Prestes, formando a "Coluna Prestes", que percorreu quase todo o Brasil. Se João morreu logo, ou muito depois, não ficamos sabendo. Sabemos que ele era um beligerante. Que entrou na Revolução, não por idealismo e nem por dinheiro. Entrou somente para dar vazão ao seu espírito inquieto e aventureiro. Por isso, não queremos minimizar seu comportamento. Ele não era um Idealista Revolucionário, apenas um aventureiro – assim como João Cabanas – um pouco estabanado. Louco por revólver e por carabinote e, na Revolução por um fuzil, com certeza.

João deve ter morrido de bala ou de malária. Ninguém mais soube notícias dele.

ANTÔNIO BUENO DE CARVALHO e MARIA APARECIDA DE JESUS

Todo esse relato acima foi motivado para chegar até esse personagem – o Pai do Xico Trolha e o 5º filho da D. Zeferina Moraes de Carvalho.

No dia de Santo Antônio, 13 de junho de 1895, na cidade paulista de Itatinga (cidade ou vilarejo), nasceu **Antônio Bueno de Carvalho**.

Em 1906, aos 11 anos de idade, a exemplo de José e João, também saiu de casa. Hoje, fala-se no menino de rua. Na época, num Brasil tipicamente rural, o menino que se afastava do lar ia viver nas fazendas, ganhando quase nada, ou nada, além da comida e de algumas roupas usadas para vestir, e trabalhar como gente grande.

Assim foi a vida desse menino, rebelde e valente como uma mamangaba. Devido ao seu gênio rebelde, quase não parava em lugar nenhum. E assim foi crescendo, de fazenda em fazenda, de sítio em sítio, sempre nos arredores das pequenas cidades, mas sempre em contato com o pessoal da casa.

No dia 2 de abril do ano de 1900, numa fazenda perto do Patrimônio de São Pedro do Rio Turvo, nasceu a menina **Maria**

Aparecida de Jesus, filha do casal de trabalhadores rurais, José Bento Leite e Maria Aparecida Leite. José Bento Leite tinha descendência de negros e índios. Homem humilde, pacífico, de bem com a vida, mas muito pobre. Vivia do próprio trabalho, às vezes como peão, às vezes como arrendatário. E foi criando sua família. José e Maria tiveram os seguintes filhos: Lázaro, Arthur, Maria Aparecida (a mãe de Xico Trolha); Benedita, Porcina, Clementina e Angélica. Benedita e Angélica ainda vivem em Assis, Estado de São Paulo.

Em 1915, Antônio e Maria se conhecem e se casam no mesmo ano, ela com 15 anos e ele com 20. Desse casamento nasceram 15 filhos; todavia, só 5 sobreviveram, os demais morreram com menos de 6 meses de idade. Logo que se casou, Antônio foi atrás de seu pai e o trouxe para sua casa, onde morreu pouco tempo depois. Com a morte do pai – Amador Bueno de Carvalho, em homenagem a ele, o pai de Xico Trolha acrescentou o nome dele ao seu, passando a chamar-se daí por diante **Antônio Amador Bueno de Carvalho**, nome esse que soube honrar e que o usou até sua morte.

Em 1920, meu pai arrendou umas terras de um primo de minha mãe, o Capitão Zé Claro. Ele e o Capitão não se entendiam lá muito bem, e na colheita, o capataz da fazenda do Capitão Zé Claro, a mando deste, soltou um bando de criações, porcos e gado, nas plantações do pai do Xico Trolha

Desgostoso com tudo aquilo, ele pôs sua mudancinha sobre uma carroça e foi morar perto de **Sarutaiá**, onde pegou uma fazenda para abrir. Contratou 25 peões e se puseram a trabalhar. Entre os 25 peões estava Sebastião Teodoro. Bom de serviço, amigo, truqueiro das noites no galpão da peonada. Seis meses depois, a mata estava derrubada, o serviço estava concluído. Para festejar foram até **Sarutaiá** tomar umas pingas e fazer algumas compras.

Quando ele estava numa "Venda" conversando com um amigo, e de costas para a rua, ouviu atrás de si uma voz conhecida.

– Vira de frente seu Antônio, não gosto de matar ninguém pelas costas.

Ele virou, mas virou muito rápido, já arrancando a faca da cintura e gritando:

– Segura o tiro!

O tiro saiu, mas saiu errado; acertou no músculo do braço esquerdo. Antes de o Sebastião Teodoro atirar novamente ele já estava na rua com a faca desembainhada. O peão correu e ele correu atrás, ele entrou num bar e, quando foi pular o balcão, seu Antônio já estava junto dele e segurando-o pelas duas pernas, conservando o desafeto de bruços sobre o balcão. Ele apunhalou-o três ou quatro vezes.

Os dois foram parar no mesmo hospital. Sebastião Teodoro levado pela polícia e Antônio Amador pelos amigos. No hospital, Teodoro confessou à polícia que o Capitão Zé Claro lhe havia pago 600 contos de réis e uma besta arriada, para ele executar o serviço. Teodoro não resistiu aos ferimentos e morreu alguns meses depois. Essa foi a segunda morte praticada pelo Antônio Amador Bueno, antes de completar 26 anos de idade.

Após alguns meses distantes de casa abrindo terras próximas à cidade de Cambará, ao retornar a Assis perguntou para meu avô materno se ele sabia de seu irmão Jorge. Meu avô disse-lhe então que haveria eleição no dia seguinte em Palmital, cidade vizinha, e que Jorge tinha ido para lá. Meu pai resolveu pegar o trem e ir até Palmital, ele já sabia como eram as eleições naquela época. Sua intenção era a de tentar tirar o Jorge de lá.

Não conseguiu, porque já havia boatos de que as coisas poderiam esquentar, e o Jorge que gostava de uma boa briga, não quis arredar o pé de lá. Resultado: para não deixá-lo sozinho, meu pai, que também gostava de uma confusão, ficou e participou do ataque à Prefeitura.

Às 5 horas da tarde daquele sábado, um grupo de mais de cem pessoas, comandadas pelo genro do Sr. Ataliba Leonel (candidato a Prefeito), armadas de carabinas, espingardas e revólveres, invadiu o prédio da Prefeitura, que ficava bem em frente da Estação e expulsou todos que estavam lá dentro, com o intuito de impedir a eleição do dia seguinte, por motivos óbvios: o candidato da situação já havia contratado muitos capangas a fim de forçar o povo a "votar" o famoso voto de cabresto, e também tinham afastado jeitosamente os policiais da cidade.

Ali pelas 7 horas da manhã de domingo, muitos eleitores já chegando para votar e uma população de curiosos que queriam ver o que ia acontecer, estava em frente da Prefeitura. Para melhor ver o que se passava lá fora, o genro do Sr. Ataliba Leonel abriu uma das janelas da Prefeitura e, quando assomou a cabeça na janela, um tiro de carabina arrebentou-lhe a cabeça, caindo morto para o lado de dentro. Foi o início da desgraça. Aqueles homens ali dentro da Prefeitura, julgando-se cercados, abriram as portas, de par em par, já atirando contra a população que estava em frente.

Passado o tiroteio, o destacamento que chegaria atrasado (a pedido do prefeito da situação) foi obrigado a chegar mais cedo e fazer as prisões. Jorge e Antônio Amador foram presos. Menos de 48 horas depois de serem presos e levados para as prisões de Assis, Cândido Mota e Palmital, um habeas-corpus, impetrado por um advogado contratado pelo Dr. Ataliba Leonel, punha todo mundo na rua.

Ao deixar a cadeia, Antônio disse ao irmão: "Vamos cair fora, porque isso não vai ficar assim. Eles vão decretar prisão preventiva para nós todos".

Jorge foi preso um ano depois, numa cidadezinha da Sorocabana, ao sair de um cinema.

Antônio ainda continuou fugindo por mais de oito anos, até que foi preso. Mas, durante esses oito anos e mais o ano e meio em que ficou preso, há algumas coisas para se contar.

Durante esses anos todos de luta, de fuga da polícia, Antônio nunca abandonou a família. Até essa data, apenas dois filhos sobreviveram. Elídio Salathiel Bueno de Carvalho e Izabel Bueno de Carvalho, hoje Coimbra.

Preso, foi levado para São Paulo, onde ficou uns dias no "Gabinete Sete de Abril". Era uma prisão que ficava na Rua 7 de Abril, em São Paulo. Uma espécie de triagem. Numa sala para 10 presos, eles colocavam mais de 70. Os presos dormiam em pé. Dali ele foi levado para a Prisão do Estado, onde estavam 25 de seus companheiros de Palmital, inclusive seu irmão Jorge.

Ele, que tinha sido preso em fins de 1928, só foi julgado dois anos depois. O advogado de defesa, contratado pelo Sr. Ataliba Leonel, foi o jovem recém-formado Dr. Cirilo Júnior, que quase 30 anos mais tarde foi Ministro da Justiça no Governo de Juscelino Kubitschek – era sua primeira causa. Mas o que é bom já nasce pronto. E ele deu conta do recado.

Os prisioneiros partidários de Ataliba Leonel foram julgados por oito crimes de morte (uma morte cabia ao adversário), por tentativa de morte, por vinte ferimentos graves e trinta e cinco ferimentos leves. Como ninguém confessou ter matado ninguém e não tendo réu confesso, todos foram julgados pela prática dos mesmos crimes, indistintamente. Talvez esse fato tenha ajudado no julgamento. Na verdade, entre os 25 suspeitos, deveria ter alguém realmente inocente. Azar foi daqueles que foram presos logo em seguida, pois ficaram mais de 8 anos presos, sem julgamento. Antônio ficou somente 2 anos.

Em 1932, nasceu a Alzira, a terceira filha a sobreviver.

O dia era 4 de outubro de 1934, numa colônia da Fazenda do Banco, na Água do Macuco, entre Cândido Mota e Assis, nasceu mais um filho do casal Antônio e Maria. Por essa época existiam umas folhinhas de parede, com um bloco, para se destacar dia a dia. Como era costume nas famílias católicas, quando nascia um filho corriam à parede e verificavam no verso da folhinha o Santo do Dia. E o nome do "Santo do Dia" 4 de outubro era, felizmente, São Francisco de Assis (podia ser São Brederodes, ou São Agapito) e o garoto, que deveria chamar-se FRANCISCO DE ASSIS AMADOR BUENO DE CARVALHO, foi registrado como **Francisco de Assis Carvalho**.

Em 1940, ele mudou-se com a família para Florínea (na época se chamava PÂNTANO), contratado como Administrador de uma fazenda de 3 mil alqueires de terras, nas barrancas do Rio Paranapanema, do lado do Paraná. Essa fazenda pertencia ao Major Guiomar de Assis. A fazenda do Major Guiomar distava 8 ou 9 quilômetros de Florínea e se chegava a ela através do Porto Geovani.

Até 1938, ano em que o bandoleiro Lampião foi executado, eu ouvi contar. Daí por diante, eu vi e vivi os acontecimentos. É verdade que falo de memória. Não tenho nada anotado, daí não ser historicamente correto tudo o que relatei. A memória, às vezes, dá mancada.

Em Florínea, em 1941, nasceu a filha caçula – Nair Bueno de Carvalho. Hoje ela mora em Joinville, Santa Catarina, enquanto Alzira reside em Maringá, Izabel em Jaguapitã, e o Elídio Salathiel morreu em São Paulo, aos 70 anos, em 2 de setembro de 1988. E Dona Maria Aparecida de Jesus, a mãe dos 15 filhos, frágil, baixinha, analfabeta, mas a criatura mais querida para mim, morreu aos 92 anos, juntinho de mim, em 29 de abril de 1992.

Posso ter me esquecido de alguns fatos importantes, mas não inventei nenhum. O que contei até aqui, foram fatos relatados por meu pai, nas noites calorentas do sertão, à luz da Lua, sobre a grama da frente da porta da sala do nosso rancho de chão batido e coberto de sapé, ou de Santa Fé, como dizem os gaúchos.

Entre 1944 e 1954, foi o período em que convivi dia a dia com esse homem fabuloso, que nunca permitia uma mentira e era visceralmente contra qualquer tipo de roubo. Homem que botou um revólver na cinta aos 12 anos e o tirou quando morreu. Que respondeu processo por 6 crimes de morte; que foi processado por muitas tentativas de morte; mas que sempre foi um bom pai, um bom amigo dos amigos – todavia, um terror para a polícia e seus inimigos.

Jamais consegui ser um atirador acima do mediano. Fui e sou a **Ovelha Negra** dessa família. Parece que trago nas veias 90% do sangue do velho Amador Bueno de Carvalho, 5% da avó Zeferina e 5% do avô José Bento Leite. Embora nascido e crescido entre armas de fogo, e ouvindo histórias de homens valentes, se um dia peguei cadeia foi por **crime de pensamento**. Orgulho que carrego como uma medalha brilhante, pendurada do lado de **dentro** do peito.

Mas sobre isso falaremos mais tarde. O assunto ainda é Antônio Amador Bueno. Logo que chegamos a Jaguapitã (Onça Pintada), papai comprou um açougue com aqueles **continhos** que sobraram. Depois ele vendeu o açougue e comprou uma **"Posse"**, na beira do Rio São José dos Bandeirantes, em sua margem esquerda, sob a jurisdição de Astorga. Todavia, por ser mais perto, apenas 7 quilômetros de Jaguapitã, nosso comércio foi sempre Jaguapitã!

Ali, com dois contos de réis, a mulher e três filhos, Xico, Alzira e Nair, tentou recomeçar a vida, num setor completamente desconhecido para ele. Ele passou a vida toda, logo que teve o problema com o Capitão Zé Claro, como desbravador de terras. Derrubando matas, juntamente com grande quantidade de peões, que contratava em São Paulo, junto à Estação do Norte, aonde chegavam levas de nordestinos. Era ali que ele arregimentava seus peões. Derrubar matas, esperar secar e botar fogo e entregar ao Patrão, é uma coisa; mas, derrubar matas, queimar e plantar, depois colher, roçar e plantar novamente, e sem dinheiro para pagar peões, é outra coisa muito diferente.

Nós chegamos ali, no início de 1945. Fizemos um rancho de pau-a-pique, de chão batido e coberto de sapé. E começamos a trabalhar. Meu pai, eu e um peão alagoano, cujo nome nunca ficamos sabendo. Ele pedia para que o chamassem de alagoano e só. Talvez estivesse fugindo da Justiça. Nunca ficamos sabendo. Ele foi o meu primeiro professor de caça.

JORGE AMADOR BUENO DE CARVALHO

Jorge Amador Bueno de Carvalho nasceu em Botucatu, em 1900. Era o 6º filho da família Carvalho. Quando sua mãe morrera, em 1916, ele, que já tinha feito uma pequena incursão fora de casa, após o casamento do Antônio ele e o pai, Amador Bueno, passaram a morar com o jovem casal.

Jorge trabalhava fora e todo final de semana ou do mês, estavam juntos. Entre todos eles, sempre houve mais amizade e afinidade entre esses dois irmãos. Antônio tinha por ele o carinho de um pai. Os inimigos de Jorge também se tornavam seus inimigos. Muito embora a diferença de idade fosse de apenas 5 anos, esse sentimento paternal perdurou até sua morte. Sempre que ele se referia ao Jorge, a gente sentia que o carinho e a saudade eram muito grandes.

Da vida aventureira de Jorge, sabemos bem pouco. Sabemos que ele, a exemplo do mano José, que tinha a mania de portar uma espada à cinta, dia e noite, tinha a mania de só usar um **Parabelun**, arma pouco comum naquela época, no Brasil. Todavia, ele conseguiu uma em sua infância e ela o seguiu por longo tempo de sua vida, de sua curta vida.

HERMELINDO BUENO DE CARVALHO

Do caçula, pouco se sabe. Antes da morte da mãe, ele já tinha ido morar com parentes distantes. Não tiveram uma convivência muito amistosa e acabou desligando-se por completo da família. Meu pai muito pouco sabia sobre ele. Minha mãe dizia que papai, diversas vezes, tentou localizá-lo, mas foi em vão.

Voltemos, então, para o Sítio Santo Antônio, à margem esquerda do Rio Bandeirantes, onde passei 5 anos de minha vida, ao lado do meu pai, trabalhando como gente grande. Meu pai tomou gosto pelo serviço braçal, e parece que resolveu recuperar o tempo perdido. Em 45, ele tinha 50 anos. Já não era mais jovem, mas esqueceu-se disso e nós trabalhávamos de sol a sol, de segunda a sábado. Sem vizinhos, sem amigos, sem escola – a diversão aos domingos e dias santos, era pegar a espingarda, bastante aviamentos, dois cachorrinhos paqueiros e cair na mata virgem, onde ainda existiam desde a anta até onça pintada. Hoje eu sinto que não é fácil entender um garoto de 11 anos sozinho, com uma espingarda e dois cachorrinhos, passar um domingo inteirinho mata adentro, de vez em quando, quebrando o silêncio da solidão da mata com um tiro – ora num quati, ora numa maracanã. Hoje, com a consciência ambiental que possuo, sinto uma mágoa imensa por todos os pássaros e animais que já matei, somente para praticar a pontaria. Se o tio Jorge praticava sua pontaria, atirando em latas d'água na cabeça de infelizes caboclas, seu sobrinho estúpido matava juruva, alma-de-gato, serelepes, animais inúteis para alimento, somente para aperfeiçoar sua noção de tiro. Foram **cinco anos**.

O desejo de trabalhar, de progredir, de vencer, em meu pai, era tão grande, que ele não acreditava em cansaço, em dores, em doenças. Para ele essas coisas eram sinônimo de preguiça. E assim começávamos a trabalhar, ao nascer do Sol, e só parávamos quando o Sol se punha. Abrimos um sítio em três: o alagoano, ele e eu. Roçamos o mato, derrubávamos as árvores, queimávamos a derrubada e plantávamos o milho.

A partir dos 11 anos aprendi a manejar um revólver ou uma espingarda; a manejar uma enxada, uma foice, um machado e um traçador. Dias de chuva, que não podíamos ir para a lavoura, aproveitávamos para plantar grama e capim, ou para roçar pastos. Junto desse velho teimoso, xucro, semi-analfabeto, brabo, valente, foi que fui forjado. Aprendi o significado da palavra DIGNIDADE, o respeito pelas coisas alheias, o sentimento do dever e da responsabilidade e a aversão pela mentira.

Devido ao excesso de trabalho, em janeiro de 1950, aos 55 anos de idade, esse gigante da força de vontade tropeçou no primeiro derrame cerebral. Lembro-me perfeitamente. Era um sábado à tarde, eu estava derrubando umas árvores que estavam pondo em perigo uma cerca, quando ele chegou da roça suado e sujo como um porco, pois acabava de abanar e ensacar a safra de feijão das águas.

Vi quando ele passou por mim em direção ao Rio Bandeirantes (o rio era onde tomávamos banho em dias de calor).Quase uma hora depois ele, já vestido com roupas limpas, retornou, ainda penteando os cabelos.

Então eu perguntei-lhe:

– E daí, pai, terminou tudo? Não sobrou nada pra segunda-feira?

– Essa safra está liquidada. Agora é só carpir a soqueira para não praguejar muito.

Ao dizer essas palavras percebi que ele estava com dificuldade para falar. As palavras saíam um tanto enroladas. Sua boca parecia que estava um pouco torta. Mas ele seguiu para casa e ali fiquei manejando o meu machado COLINS, três libras e meia.

Logo depois ouvi os gritos de minha mãe me chamando, porque papai não estava bem. Larguei a árvore cortada pela metade, perigando cair sobre a cerca ou uma cabeça de gado, conforme o vento, e corri para casa, que ficava a uns 200 metros de distância. Quando cheguei, ele já não conseguia falar e estava com uma metade do corpo paralisada. Arriei os cavalos às pressas, colocamos o velho no carrinho e partimos para Jaguapitã. Nessa época, Jaguapitã ainda não tinha hospital, tinha somente um médico – o Dr. Jaime, um baiano. E foi para o consultório dele que levei meu pai. E ele logo diagnosticou derrame. Sua recuperação foi muito lenta e ele ficou inutilizado para executar trabalhos no sítio e os gastos foram enormes com os serviços hospitalares. Ele resolveu, então, colocar o sítio à venda. O que foi feito em seguida. O sítio foi vendido, de "porteira fechada", por CENTO E CINCO MIL CRUZEIROS. Era um bom dinheiro para a época. Todavia, pagando as dívidas contraídas no banco e com particulares, esse capital reduziu a menos da metade.

Compramos uma casa em Jaguapitã e recomeçamos uma nova vida. Ele sem poder trabalhar e eu sem saber fazer outra coisa que não fosse os serviços da lavoura. Sem estudos, com apenas um ano da escola primária, ainda assim muito malfeito.

Em 1954, no dia das Eleições para Presidente, quando Juscelino foi eleito, meu pai sofreu o seu segundo derrame. Ele, que nem bem tinha se recuperado do primeiro, foi vitimado pelo segundo. E com o segundo derrame, foi o resto de nossas economias. Gastamos tudo o que se podia gastar para recuperá-lo. Não foi possível. Ele ficou entrevado na cama só levantando-se com a ajuda de alguém. E em outubro de 1955, o terceiro derrame o atingiu novamente. Esse foi fatal, derrubando-o de vez. Aquilo que seus inimigos tentaram e não conseguiram, o terceiro derrame conseguiu. E o velho jequitibá, com o corpo todo cheio de cicatrizes de faca e de balas, tombou para sempre na manhã do dia 19 de fevereiro de 1956, ao meu lado, tendo suas mãos inertes entre as minhas. Assisti, impotente, a agonia daquele homem valente, mas que perante o golpe desferido pela morte não soube se defender. Morreu calmo, como quem soubesse com quem estava lidando.

Ressalto aqui, que meu querido irmão Elídio Salathiel puxou para a família Carvalho; embora vivendo em época diferente, teve seus momentos de valentia e cometeu várias tolices. Já a Izabel é a doçura em pessoa. A Nina, se manteve mais distante, mas de ilibada e irreparável conduta. Agora a Nair é um caso sério, ela conseguiu superar a mais dura perda que alguém pode ter, que é a perda de uma filha. Seu sorriso franco sobrepuja muitas vezes o seu olhar tristonho, ao mesmo tempo em que brotam de suas mãos as mais belas peças de artesanato, uma verdadeira artista esta irmã do Xico.

FRANCISCO DE ASSIS CARVALHO. ASSIS CARVALHO. XICO TROLHA

Nasci numa Colônia. Para quem não sabe, até a metade deste século os fazendeiros construíam, próximo da sede de suas fazendas, casas pequenas e enfileiradas, uma ao lado da outra, todas do mesmo modelo e tamanho – às vezes de alvenaria, mas quase sempre de madeira, que era para servir de moradia aos seus colonos, ou empregados. E foi numa dessas Colônias que nasci em 4 de outubro de 1934. Essa fazenda era conhecida como Fazenda do Banco. Deve ter sido tomada por dívida. Essa fazenda ficava na Água do Macuco, entre Cândido Mota e Assis. Meu registro consta como nascido em Assis. Se o G∴ A∴ D∴ U∴ não me deu muita inteligência, todavia me deu uma boa memória. E a memória, às vezes, supre a falta de inteligência. Para dar uma pequena demonstração dessa memória, vou citar só alguns fatos. Eu completei 8 anos em 1942, e, em fevereiro de 1943, eu entrei na escola. Meu primeiro livro era uma Cartilha – chamava-se **Cartilha Infância Sodré**. Quando terminei a Cartilha, comecei num livro que se chamava **Primeiro Livro Infância Sodré**. Desse livro, me lembro de quase todas as lições. Eis alguns títulos que ficaram gravados na memória:

Prego no Rastro; Um Trem na Mata; Eterna Luta; uma fábula – A Galinha dos Ovos de Ouro; e estas Quadrinhas:

Amigo Chico Medeia,
Responda sem pestanejar...
Por que a Luz da Candeia
É mais clara que a do Luar?

∴

E esta:

Sino, coração da Aldeia,
Coração, Sino da gente...
Um a sentir quando bate,
O outro, a bater quando sente.

∴

E mais esta:

Tudo morre, tudo passa,
Neste mundo de ilusão...
Vai para o céu a fumaça
E fica na terra a Canção.

∴

Quando nossa casa em Florínea queimou, no final de 1943, o livro queimou junto e nunca mais vi nenhum exemplar.

Em 1943, com 9 anos, entrei na escola. O professor tinha um nome que nunca encontrei outro igual – Wilcon. Mas nossas aulas eram mais ligadas a **Hinos** que ao aprendizado. O uniforme era militar.

Uma calça curta, uma túnica e um bibico, ou quepe, de brim cáqui, amarelo. Éramos um bando de soldadinhos do Sr. Dr. Getúlio Vargas. E as meninas com sapatinhos pretos, meias brancas, saia azul, blusa branca com gola de marinheiro, toda cheia de filetes azuis. Era uma belezinha esse exército mirim da Ditadura de Vargas. E nos saturavam de Hinos Pátrios, Hino Nacional, Hino à Bandeira, Hino do Expedicionário, Hino dos Marinheiros, Hino do Estado de São Paulo e mais uma pá de outros Hinos e Marchas Marciais. E quando chegava uma notícia de uma vitória do Eixo, as aulas eram suspensas – e o Eixo, no começo, só vencia, com isso a maior parte das aulas era suspensa. Cantava-se um ou dois Hinos e íamos para casa morrendo de medo, como se a guerra estivesse a mil metros de distância.

Aos 8 anos aprendi a fumar – isto é, aprendi a fumar bem antes de entrar para a Escola. Meu pai só fumava o cigarro da marca Fulgor. E, às vezes, ele ganhava, no jogo de Bocha, cigarros de outra marca, e largava em casa, em qualquer lugar. Um dia experimentei e gostei, ele não achou ruim e aí eu comecei a cavar lugar no meu coração para três pontes de safena, que, 50 anos mais tarde seriam implantadas. Para quem gosta de coisas ruins, nada a reclamar.

Nesse período – 1940-1944 – meu avô, José Bento Leite, muito humilde e simples, sempre que vinha nos visitar em Florínea, pedia para que eu o acompanhasse até a fazenda do Major Guiomar. Até aí, tudo bem. O diabo é o velho, com medo de que pegássemos maleita – comia e me obrigava a comer diversos dentes de alho, durante a travessia da balsa, sobre o Rio Paranapanema. É bem verdade que nunca peguei maleita, mas também peguei uma ojeriza por alho, que ainda hoje detesto comida com alho. Macarrão alho e óleo para mim é palavra feia.

E dessa época para cá, também, tenho pavor de Uniforme Escolar. Nas escolas em que fui Diretor, nunca permiti o uso do Uniforme para os meus alunos. Isso é coisa de Ditadura.

Deixei, pela última vez, o meu querido Estado de São Paulo e me tornei Norte-Paranaense. O Paraná nessa época era dividido em dois Paranás distintos: o Paraná do Sul e o Paraná do Norte. Nós viemos para o Paraná do Norte. Terra nova, terra da Esperança, o Eldorado das Lendas.

Quando passei por Londrina, Londrina tinha apenas **Dez Anos** de Emancipação Política. E eu vi esta região crescer. Vi cidades nascerem e vi homem valente morrer ao meu lado, como foi o caso do Peixoto, homem valente, amigo de meu pai, que numa festa de São João de 1947, foi assassinado, a menos de dois metros de mim, pelo Joaquim Lobo e pelo Doca. Nós tínhamos vindo do sítio para essa festa e fui testemunha ocular desse assassinato. A luta pela terra grassava terrível ao redor de Jaguapitã. Primeiro Porecatu, depois Guaraci. Foi nesse clima de violência que o menino Xico Trolha cresceu.

Nós chegamos à tarde em Jaguapitã, vindo de Florínea. Papai, que tinha vindo na frente, uns dias antes, comprara uma casa de madeira, coberta de tabuinhas de pinho, rachadas a machado. Não havia uma única casa de alvenaria. A Cadeia era uma casinha sobre quatro rodas, que se mudava de lugar ao bel-prazer do Delegado.

Lembro-me como se fosse hoje, do dia em que recebemos a notícia de que Benito Mussolini havia caído nas mãos dos Guerrilheiros Partizans. Foi à tarde e a vila de Jaguapitã se transformou numa festa. Nós enforcamos um boneco, simbolizando Mussolini, numa trave de gol, de um campinho de futebol, que ficava ao lado da Igreja. E a noite inteira se festejou com fogos a morte de Mussolini e de sua amante. Nunca mais vi se festejar tanto a morte de uma pessoa. Homens davam tiros para o ar; as pessoas e crianças como eu escarravam e cuspiam sobre o boneco "enforcado".

Meu pai tentou me colocar numa escola particular, para tentar o segundo ano. O primeiro ano eu já fizera em Florínea. Entrei em maio e antes do fim do ano saí e fomos para nossa **Posse**. E o Xico só voltou a freqüentar uma escola em 1964 – vinte anos depois.

Chegamos com a nossa pequena mudança até a barranca do Rio São José dos Bandeirantes, onde foi descarregada, porque o rio não dava vau (passagem) e não tinha ponte. A mudança, depois foi carregada por sobre uma "Pinguela" (uma árvore derrubada sobre o rio, de uma para a outra margem), e depois levada até o pequeno rancho que ficava do outro lado do rio. Dizem que todos nós temos um rio em nossa vida, eu tive três. O Rio Paranapanema, o Rio das Cinzas e o Rio Bandeirantes. Ainda hoje, quando quero falar com meus fantasmas, pego o carro e vou sozinho até o local onde existiu o meu rancho e vendo as águas sujas do Rio Bandeirantes passarem, rebobino o filme da minha vida e fico vendo as imagens desfilarem, uma a uma diante de mim.

Aí eu vejo o garoto Xico, sozinho, sem amigos, sem vizinhos, derrubando uma árvore sobre o rio. Então ele subia uns dez metros rio acima e descia se batendo até chegar à ramada da árvore caída. E repetiu isso tantas vezes, até que aprendeu a nadar. Daí para frente, o rio, a espingarda e o cachorro Paqueiro, Duque, passaram a fazer parte integrante da minha infância, da minha vida. Passava a semana trabalhando duro, na expectativa da chegada do domingo, para caçar, gastar muita munição (que era barata) e nadar com o meu cão, no meu Rio Bandeirantes.

Enquanto os meninos da minha idade freqüentavam a escola, brincavam, eu trabalhava de sol a sol, como um peão qualquer. Não aprendi a ler e escrever, mas aprendi a ser homem, ainda menino, bem antes do tempo. Nenhuma mágoa, nenhum ressentimento sobre isso. Sinto só uma pontinha de tristeza, pois foi somente durante esse período é que consegui viver o dia-a-dia de meu pai. E de todas as recordações mais queridas que possuo do meu velho, elas estão reunidas, mais estreitamente, nesse período de **cinco anos**, em que trabalhamos lado a lado, todos os dias.

Nesses **cinco anos**, nós conseguimos, sem dinheiro, sem empréstimos de bancos, reinvestindo os lucros das safras, da venda de porcos, etc.. Fomos derrubando matas, ampliando o campo de cultivo. Cortando, lavrando e vendendo as madeiras de lei.

Nós éramos em **cinco irmãos** – Elídio, Izabel, Alzira, Xico e Nair. O Elídio não gostava de lavoura e não quis ficar conosco; a

Izabel, casada com o Juvenal Coimbra, que preferia trabalhar em serraria, também não ficou com a gente; a Alzira, dois anos mais velha que eu, casou-se aos 16 anos e mudou-se para Jaguapitã; portanto, para o sítio só sobrou mesmo o seu Antônio, a Dona Maria, eu e a caçula Nair, que em 1950 tinha 9 anos.

Com 16 anos completos, voltei para Jaguapitã. Caipira, sem profissão, com apenas um ano de escolaridade e precisando trabalhar. Fui adquirir experiência em uma fábrica de bebidas – Bebidas Machado. Ali esfolei os meus ombros carregando grades de bebidas, de um lugar para o outro e para carregar os caminhões. Trabalhei ali quase um ano. Aquilo não dava camisa a ninguém e meu pai me propôs: "Escolha algum ofício para você aprender". Se ele fosse um homem escolarizado, tivesse algum curso, além daquele que a vida lhe deu, talvez me incentivasse a estudar. Como à noite não havia primário, e de dia eu trabalhava, fui ficando sem estudar.

Como não tinha vocação para nada, comecei a procurar um ofício para aprender. Fiquei uma semana numa oficina mecânica, não gostei. Era muita sujeira. Fiquei mais uma semana numa sapataria, não me agradei com aquele cheiro forte de cola. Fiquei mais uma semana numa marcenaria, também não quis; quase todos os marceneiros que trabalhavam tinham os dedos ou unhas decepados nas serras. Quando já estava achando que a única coisa que teria que fazer era voltar para a roça, pois lá eu sabia fazer de tudo, e sabia fazer bem feito, por acaso eu entrei numa alfaiataria para mandar fazer um paletó. E foi aí que descobri uma coisa para fazer na cidade: aprender o ofício de alfaiate.

Por essa época, namorei uma menina que estava visitando uns parentes na cidade – Yolanda era seu nome – e foi essa menina que mudou, sem querer, o curso do rio da minha vida. Um dia ela pediu-me que escrevesse um soneto em seu álbum de poesia. Aí começou o vexame. Eu escrevia muito mal. Cinco anos de cabo de enxada, foice e machado, havia embrutecido as minhas mãos. E, além do mais, eu nem sabia o que era soneto. A menina percebeu minha ignorância e forneceu-me um soneto para que eu apenas copiasse. E o vexame continuou. Destruí umas três páginas do álbum, até copiar a poesia para ela. E, assim mesmo ficou uma coisa horrível. Foi então que me propus, que jamais, em tempo algum, eu escreveria uma poesia num álbum de quem quer que fosse, que não fosse minha. Eu não sabia que para escrever poesia tinha que ter **Dom**. Mas, teimoso como uma mula, comecei a ler. Reativei uma antiga amizade com um jovem que eu conhecera 8 anos atrás, e que por sinal era um bom poeta, que já fazia parte de um círculo de poesia de Curitiba – o João Faustino. Ele ensinou-me os primeiros rudimentos da técnica de fazer versos. Comprei um dicionário – Dicionário Popular de Língua Portuguesa. Toda noite, antes de dormir, eu lia de cinco a dez páginas do Dicionário. Li o dito cujo de cabo a rabo umas três vezes. Precisava formar um bom vocabulário para poder facilitar as rimas. Comprei o livro – TRATADO DE VERSIFICAÇÃO, de Olavo Bilac. E comecei a escrever e devorar livros. Livros, revistas e jornais. Lia semanalmente a Revista "O Cruzeiro", da primeira à última página. Quando não estava costurando, estava lendo. E foi aí que me encontrei com o menino Castro Alves. E me apaixonei pela sua poesia. E nunca mais deixei de ler e de estudar Castro Alves. Possuo hoje 70 biografias de Castro Alves. E me enveredei por todos os caminhos da Literatura. Nessa época, a Editora Vecchi estava publicando as Obras de Pitigrili e Vargas Villa. Um, trágico, de mal com a vida e com o mundo; o outro, o Rei dos Irreverentes. Minha formação cultural está calcada sobre esses dois autores. No jornalismo, o panfletário David Nasser, Franklin de Oliveira, Arlindo Pinto; na poesia, Castro Alves, Olavo Bilac, Guimarães Rosa, Fagundes Varela, Alvarez de Azevedo, Junqueira Freire e Gonçalves Dias. E fui costurando e lendo. Li quase todos os clássicos da Literatura Universal. De Homero a Guerra Junqueira, passando por Virgílio, Torquato de Tasso, Tolentino, Dante Alighieri, Camões e Manoel Maria Du Bocage. De Platão a Nietzsche, aos romancistas. Foi um desastre, pois quem não tem uma educação acadêmica, enveredar-se por esses meandros, a cabeça fica parecendo o Samba do

Crioulo Doido. Mas valeu. Aprendi a versejar, cumpri o propósito que fiz a mim mesmo. E comecei a escrever versos e publicar em jornaizinhos daqui e dali. Vargas Villa e Pitigrili, meus autores de cabeceira, acabaram por me levar ao materialismo. Não total, mas quase.

Em 1960, conheci um velho lutador do PC – Arlindo Viana Xavier. E foi ele quem me despertou para o Socialismo e me levou a ler tudo quanto se tinha publicado de Lênin, Stalin, Rosa Luxemburgo, Marx e Engels. Minhas incursões nos campos da Filosofia me davam um suporte para as minhas novas idéias.

Em 1961, deixei de trabalhar de Alfaiate e fui ser Fiscal do IBC. Lidar com café, eu que sabia lidar com pano, linha e tesoura. Fiquei um ano no IBC, depois fui para a Cia. Cacique de Armazéns Gerais e, no começo de 1963, eu fui de mudança para São Paulo.

Meu irmão Elídio me escreveu convidando para ir até lá e eu fui.

MARIA APARECIDA BIANCO CARVALHO

É bom esclarecer que em 5 de abril de 1961, a Doca, que tinha surgido na minha vida, um ano antes, me levou para os pés do padre e para a frente do Juiz, Dr. Feijó, e lá estávamos nós, **unidos para sempre** (e creio que é para sempre mesmo, pois já lá se vão 33 anos, e estamos mais fortes, mais unidos que lâminas de tesoura).

Aquela normalista linda, de lábios carnudos e cabelos negros deixaram o Xico caidinho, isso para não falar de outros atributos.

No começo, o velho Antonio e os irmãos da Doca não gostaram nem um pouquinho daquele sujeitinho metido a Castro Alves, de camisa preta e costeletas cheias, a cara típica de bandido...

Bom, casamos, e a Doca perdeu o nosso primeiro filho. Em seguida veio a Evelise, que na angústia de registrar logo, aquele "joelhinho" de cabelos fartos e negros, errei e registrei com "E" e não "I" como era para ser.

Quando li o romance de Guido da Verona, "Ivelise", jurei para mim mesmo que se tivesse uma filha se chamaria "Ivelise".

Ivelise

Quero escrever uma canção tão bela
Que, ao ouvi-la todos digam: –
"Esta é a boca de Ivelise, e estas foram as suas mãos, e este o halo escuro que cercava os seus olhos perdidos, e assim cantavam os seus braceletes quando, no delírio da febre, agitava-os com seus pulsos azulados".
Quero escrever uma canção tão bela que todos, ao ouvi-la digam: –
"Esta é a canção de Ivelise..."
Guido de Verona

Com esse nome, eu a homenageio diariamente.

Continuando, lá fomos nós para São Paulo.

Em São Paulo, para não ser alfaiate, tentei de tudo, mas por não ter escolaridade, todas as portas estavam fechadas para mim. Enquanto a Doca fazia um curso de Supervisão de Ensino, na Cidade Universitária, eu fui vendedor de carne de porco e de peixe, nas feiras livres da Casa Verde, do Bairro do Limão, Freguesia do Ó, Vila Espanhola, Bom Retiro, Peruche e Itaim. Vendedor, sem licença da Prefeitura, que levantava às 4 horas da manhã para ir até o Parque D. Pedro II, onde funcionava o Mercado, buscar duas caixas de peixes, e depois passar o resto da manhã vendendo peixe e fugindo do "RAPA" (isto é, dos Fiscais da Prefeitura). Depois deixei de vender peixes e passei a trabalhar de vendedor pracista, vendendo enceradeiras e aspiradores de pó, da **City Lux**, uma firma que ficava bem no fim da Rua Aurora.

Como a senhora "Francisco de Assis Carvalho", dona Maria Aparecida Bianco de Carvalho, era professora, funcionária do Estado do Paraná – com uma bolsa de estudos de um ano, na Cidade Universitária – era com o dinheiro dela, que ela, a Evelise (de um ano) e eu, vivíamos, ou sobrevivíamos. Não ganhei dinheiro, trabalhei feito um condenado, mas fiquei conhecendo São Paulo bairro por bairro.

Em dezembro de 1963, voltei para Rolândia e a primeira coisa que eu fiz, em janeiro de 1964, foi um teste chamado "Teste de Admissão". Esse teste era para aqueles que como eu não tinham diploma do primário (eu não tinha era o próprio primário). Três professoras faziam uma sabatina no infeliz e se elas achassem que tinha capacidade de freqüentar a 5ª série ginasial, elas assinavam um documento, que tinha o valor de um Certificado de Conclusão do Primário.

E foi assim que, em fevereiro de 1964, com 30 anos nas costas, o Xico Trolha voltou para a escola. Comecei, e já comecei embalado. Nem bem começara as aulas e já se fez uma Greve Estudantil; e lá estava o Xico comandando a Greve. Isso foi pouco. O Leonel Brizola estava formando os famosos "Grupos dos 11". E o Xico, a todo vapor, já começou a organizar o seu "Grupo dos 11", em Rolândia. Em 1960, tinha um jornal em Rolândia – A Folha de Rolândia – jornal semanal, onde eu escrevia uma coluna, desancando o Prefeito. A Coluna tinha esse título "original" – ESTÁ ERRADO. E tudo o que o Xico achasse que estava errado na Administração Municipal, ia para a Coluna do "Assis Carvalho" (foi aí que surgiu o Assis Carvalho). Um dia, o sr. **Peter Angermayer** (é bom guardar esse nome), que na época era Assessor do Prefeito, foi até a Rádio Club de Rolândia e desancou o Xico (que ainda não era Trolha), chamando-o de Comunistazinho de merda (o de merda até não achei ruim; ruim achei foi o "Zinho"). Eu não era um Comunistazinho de Merda, eu não era merda nenhuma. Mas a "pecha" de comunista estava colocada no Xico.

E o Xico voltou à costura para ajudar a Doca a manter a família.

O Xico tem uma "pá" de defeitos; todavia, entre eles, não está o de parasita. É verdade que nós dividíamos as despesas, mas nunca explorei a minha gata. Mas, pulando para 1964. O Xico, a 100 por hora, dá com os burros n'água. Em 31 de março estoura a Quartelada e, dia 9 de abril, às 8 horas da manhã, dois policiais foram buscar o Xico, para trancafiá-lo como agitador, subversivo e perigoso Comunista. Junto com o Xico, foi seu patrão – dono da alfaiataria em que Xico trabalhava – José Barreto dos Santos, conhecido como Carioca.

Naquele dia, à tarde, permitiram que a Doca fosse me visitar. E ela foi e levou a Evelise, que ainda não tinha 2 anos.

O espetáculo foi o mais desagradável da minha vida. Eu ali,

atrás das grades, como um assassino, um bandido comum; e minha mulher e minha filha chorando do outro lado das grades. O sentimento foi tão grande que, ali, olhando para minha filha, que nem sequer imaginava o drama que se passava, vendo minha mulher chorando, prometi a mim mesmo que, enquanto eu tivesse uma família, jamais a deixaria passar por uma situação daquela. Que minhas idéias e convicções eram minhas, absolutamente minhas, mas eu tinha compromissos profundos com essas duas mulheres. Não sabia o que ia ser de mim. O Brasil estava cheio de boatos de execuções, de torturas em presos políticos. E eu estava ali, aguardando os acontecimentos. Nem jornais nos era permitido ler. As notícias que recebíamos eram sempre exageradas e distorcidas. E ali na minha frente estava a Evelise e a Doca. Só quem passou por uma situação dessas, pode avaliar o que eu senti. Acredito que não existe nada mais degradante, infame e nojento, que essa situação – PRESO POR CRIME DE PENSAMENTO. Eu não tinha roubado, não tinha matado, não tinha estuprado, não tinha feito nada a ninguém. Tinha apenas emitido as minhas opiniões. Mas que diabo! Pensar é crime? E eu estava ali, preso por crime de pensamento.

No dia seguinte logo cedo, vem até a grade da minha cela o Sebastião Peitudo, um ensacador que eu havia aconselhado a fundar um Sindicato de Ensacadores, em Rolândia, para livrá-los da exploração dos "GATOS". E lá estava o meu "amigo" do IBC, Sebastião Peitudo, apontando com o seu dedo sujo em minha direção, e dizendo:

– Sim, é aquele ali que me convidou para fundar um Sindicato!

A cidade inteira, histérica, marchava pelas ruas, na famosa "MARCHA COM DEUS PELA LIBERDADE". Que Deus? Que liberdade?

Um professor meu foi lá na Delegacia fazer denúncia contra mim. O Major perguntou-lhe:

– O senhor professor Demétrio, assina a denúncia?

E o verme "dedo duro":

– Não senhor, isso eu não faço.

– Então vá para o inferno, antes que eu te meta entre as grades também. Isso nós soubemos pelo Escrivão de Polícia, que era Maçom; o meu patrão, Carioca, também era Maçom.

Na tarde do terceiro dia, o Major veio até nossa cela e nos informou que precisava nos tirar da cidade. O clima estava muito exaltado. Os "Marchadores com Deus para a Liberdade" estavam programando para invadir a Delegacia e LINCHAR os "Comunistas", e ele nos afirmava que era impossível deter uma massa de fanáticos, com os poucos soldados da Delegacia. Ele nos disse que ia camuflar um Jeep e ia nos tirar dali.

Pelo que se ouvia dizer, sobre execuções de prisioneiros, estávamos entre duas alternativas – uma pior que a outra. Se ficássemos, poderíamos ser linchados pelos "**Marchadores com o Diabo e pela Ditadura**"; se saíssemos dali, sem que ninguém soubesse para onde, poderíamos ser executados em qualquer lugar, sem ninguém ficar sabendo. Não havia escolha. Deixamos o rio seguir seu curso. O Major parecia honesto e não estava muito satisfeito com o que estava acontecendo.

Realmente, logo que escureceu, um Jeep entrou pelos fundos da Delegacia. José Barreto dos Santos, eu e mais dois companheiros (cujos nomes não vou revelar, pois não tenho autorização para tanto) entramos no Jeep, e nos trouxeram para Londrina, e aqui ficamos escondidos, numa cela. Nem no Livro de Ocorrência foi feito o Registro de nossa permanência ali. Na nossa cela, logo veio mais um "subversivo" – o londrinense MANÉ CUBA – o ex-pracinha Manoel Barbosa. Sobre esse personagem eu teria muito que falar e, talvez, falarei sobre ele mais tarde.

Aqui, em Londrina, teve início o que se pode chamar de Tortura Psicológica. Durante a noite inteira e quase todas as noites, de hora em hora, revezando com os companheiros de cela, éramos chamados à sala de um Delegado sádico, que não nos deixava dormir, para fazer uma ou duas perguntas, nesse sentido:

– Você conhece Luiz Carlos Prestes?

A resposta era quase sempre a mesma:

– Só de nome.

Mas todas as vezes que nós éramos chamados, vinha o pensamento – é agora que eles vão nos torturar. Os boatos dentro dos presídios eram terríveis. A noite inteira ouvíamos gritos de presos torturados. No pátio, na hora de tomar sol, ouvíamos relatos de presos políticos, de Londrina, ligados ao Líder Comunista Manoel Jacinto, das torturas que vinham sofrendo. Um velho nordestino, ligado às Ligas Camponesas de Francisco Julião, tinha sido violentamente torturado. O ambiente era o pior que podia existir.

Na noite de 15 de abril de 1964, talvez para nos assustar, ou com outras intenções mesmo, colocaram em nossa cela o **Taturana**. Taturana era um negro de quase dois metros de altura, campeão paranaense de Luta Livre, ex-presidente do Sindicato dos Ensacadores de Londrina. Se a intenção dos nossos carcereiros fosse de que ele nos assustasse, falhou, e falhou pelo simples motivo de que, dois anos atrás, quando eu trabalhava na Cia. Cacique de Armazéns Gerais, como Administrador de Armazém, o Taturana era o Presidente do Sindicato dos Ensacadores de Café, e nós fizemos amizade, porque era eu que fazia a contagem das sacas e das metragens das sacas de café, movimentadas durante o dia. Ele defendendo os seus ensacadores e eu defendendo os interesses da Empresa. Então, ao invés de um inimigo, tivemos mais um amigo conosco. Quem conheceu o Taturana Negra, sabe bem quem ele era e do que seria capaz.

Como o meu patrão José Barreto dos Santos era Maçom, uma noite enquanto nós conversávamos sobre os acontecimentos, ele me sondou sobre a Maçonaria. Falou sobre as virtudes da Ordem, sobre seus Princípios Libertários, sobre suas lutas contra as Ditaduras, enfim, falou horas e horas sobre a Maçonaria e seus Princípios básicos. Eu me interessei e ele me fez o convite. Disse-me que ia propor o meu nome, mas que isso não significava que eu fosse aceito. Que isso dependia de todos os Maçons daquela Loja e do Paraná, pois se alguém soubesse de algum fato negativo sobre mim, eu seria rejeitado.

E foi graças à condição de Maçom do "Carioca", é que nós, na noite de 18 de abril, nove dias após nossa prisão, fomos postos em liberdade, com uma observação:

> *Nós estaremos observando seus passos. Vocês poderão voltar a qualquer hora!*

Foram somente **NOVE DIAS**, mas nove dias que valeram por uma eternidade. O que sentimos e o que vimos nesses NOVE DIAS, contando, não caberia num livro. A violência, a animalidade, a exploração que impera entre os muros de um presídio, não consta em nenhum figurino. O que existe de selvageria, de corrupção, de desumanidade – só vendo para acreditar.

Mas isso já é passado. Já lá se vão 30 anos. Muitos dos Marchadores e Dedos Duros e Torturadores, já se arrependeram, outros já morreram, já foram aumentar a população do Inferno. Embora tudo o que fizeram, fizeram em nome de um pseudo Deus. Que eloqüente ironia. Antes, porém, de encerrar este relato, preciso falar de um amigo. Desses grupos de jovens idiotas, que depois do cinema ficavam na esquina, ou numa lanchonete, até alta madrugada, conversando e contando piadas. Esse amigo em destaque, cujo nome é TARCÍSIO MARTINS, professor da Universidade Estadual de Londrina, na cadeira de Geografia. Nessa época era professor no Ginásio Estadual João Kennedy, de Rolândia. E foi ele quem muito me incentivou a estudar. Encurtando a história, enquanto eu estava preso, esse grande amigo, com medo de alguma conseqüência por ser amigo de um "Comunista", resolveu salvar o seu lado, proteger a sua parte, e botou falação na **Sala de Aula**, onde eu estudava e ele lecionava. Passou a dizer aos alunos que eles precisavam ter muito cuidado com esses "Comunistas". Que "se" o Assis saísse da Cadeia, para que eles o ignorassem, para que eles o evitassem, para que eles lhe dessem uma "Geladeira", não conversando mais com ele e que os "Comunistas" eram gente indigna da nossa amizade e muitas outras coisas mais. Assim que saí de trás das grades, encontrei-me com um colega de sala, e ele me passou tudo isso.

Na hora não acreditei. O meu amigo, professor TARCÍSIO MARTINS, não faria uma coisa dessas. Santa ingenuidade! O que o medo, a covardia, o mau caráter de um falso amigo, não faz.

Fui à aula e lá foi confirmado tudo aquilo que o colega tinha dito. Eu era o vovô da sala com os meus 30 anos. Os demais eram garotos, entre 15 e 18 anos. Mas, para infelicidade do meu amigo TARCÍSIO MARTINS, seus conselhos e seu proselitismo covarde não foram levados a sério. Quando entrei na sala, todos os colegas me rodearam, solidarizando-se comigo e querendo informações sobre a minha prisão. Para cada amigo covarde, falso, inescrupuloso, há centenas, há milhares de amigos fiéis, fraternos, corajosos, destemidos.

E o meu "querido amigo" TARCÍSIO MARTINS, continuou sendo meu professor todo o ano de 1964 e a metade do ano seguinte. E o Xico voltou para sua Tesoura e Agulha.

Um fato que precisa ficar registrado. Quando da minha prisão, eu possuía uma razoável biblioteca. Mas minha mulher e minha cunhada, apavoradas, temendo uma busca, passaram aquela noite quase inteira rasgando e jogando meus livros de estimação numa latrina velha, que havia no fundo do quintal. Até livros que nada tinham com as teorias socialistas, foram destruídos. O desespero e a insegurança não lhes deram tempo para raciocinar. Estava na estante e não era livro escolar, foi destruído. Marx, Lênin, Stalin, Rosa Luxemburgo, Maia Neto, Caio Prado Jr., Prudhon, John Smith – foram todos para o fundo da latrina. Quando, no dia seguinte, dois agentes foram em minha casa, só encontraram as estantes vazias e alguns livros escolares. Valeu o esforço da Doca. Embora ela tenha destruído volumes e mais volumes de livros – como a coleção de Pitigrili e Vargas Villa, que nada tinham de subversivos, alguns dos que foram destruídos poderiam ter complicado para sempre minha vida.

Em agosto de 1965, fui convidado para trabalhar em Jandaia do Sul, numa Máquina de Café do Sr. Paulo Myiazaki, como Recebedor de Café. E para lá, no dia 13 de agosto (uma sexta-feira) de 1965, eu cheguei a Jandaia do Sul. Como trabalhava de dia e muitas vezes, de noite, deixei de estudar. Para o pobre, o salário está acima de qualquer outra necessidade. Em 1968, dezembro, fui dispensado. Em janeiro de 1969, comprei uma concessão lotérica e passei a vender loterias. Como naquele ano abrira em Jandaia do Sul um Miniginásio, isto é, Curso Ginasial em dois anos e meio, e como eu já tinha feito um ano completo, fiz mais um ano e meio e peguei o certificado de conclusão do Ginásio; isso, aos 36 anos. Aí entrei para um curso chamado MINICIENTÍFICO – Científico em um ano e meio. Fiz um ano desse curso, aí surgiu um Curso onde você só fazia as provas das matérias do Científico. Se você passasse em todas, recebia o Certificado (LEGAL) de Conclusão. Ou você ia eliminando matérias. Eram ao todo 10 matérias.

Recebi meu Certificado (LEGAL) de Conclusão do 2º Grau. No ano seguinte, tentei o vestibular no Curso de Letras, na Faculdade de Jandaia do Sul. Passei em Letras Anglo-Portuguesas. Até o ano de meu ingresso na Faculdade, o curso de Letras tinha a duração de 4 anos. Naquele ano, não sei por que, passou a ter somente 3 anos. E assim, em 1974, eu concluí meu Curso Universitário. Como se pode ver, sou um legítimo subproduto do Mobral. Aos 40 anos, o Xico era um "Professor" de Inglês e Português.

Em 1972, o Xico vendeu a casa lotérica e entrou de sócio com mais dois amigos numa fábrica de Baterias – Indústria e Comércio de Baterias Apollo. Sócios: Gilson Medeiros, Angelin Zanarde e Francisco de Assis Carvalho. O ramo era bom, crescemos, era a época do "Milagre Brasileiro", do Delfim Neto. Entramos nos Bancos, tomamos empréstimos, financiamos máquinas e aumentamos a produção. Aí entrou o Simonsen. Disse que o milagre não era milagre, que a inflação de 12% do Delfim, era na realidade 37%, e cortou o desconto de duplicatas pelos Bancos. Resultado: a vaca foi para o brejo e demos com todos os nossos burrinhos n'água. Quase que fomos à falência. E o Xico saiu dessa com dívidas até as orelhas. Mas como não se pode ficar parado, o Xico passou a vendedor-viajante de calçados, percorrendo o Paraná inteiro e o sul de Mato Grosso. Depois passou a vender "Porta-Jóias", isto é, calcinhas e sutiãs. Foi no período em que os árabes resolveram bagunçar o coreto do mundo, fazendo funcionar a OPEP. E os combustíveis começaram a subir dia a dia. Chegou num ponto que não compensava mais ser viajante. E o Xico parou de viajar. Sua dívida tinha aumentado. Quem agüentava o rojão era a Doca. Para não ficar parado, trabalhei os últimos 6 meses de 1976, para o IBGE, fazendo pesquisas nas cidades e nas fazendas. Quase morri de tanto andar a pé. No começo do ano de 1977, os Irmãos Darci, Osvaldo, Calixto e Mauro Pires, conseguiram para mim, alugada, uma Carta de Despachante do Detran, em São Pedro do Ivaí. Em janeiro, mesmo, o Xico montou seu escritório de Despachante e começou a trabalhar em São Pedro do Ivaí (vocês já contaram quantas profissões o Xico já tentou?). Em setembro de 1977, o Diretor do Ginásio de São Pedro do Ivaí, Augusto Machi, convidou o Xico para substituir uma professora que entraria em licença-maternidade, por 90 dias. Lá vai o Xico, pela primeira vez na vida, ser Professor. Aí o Xico dava aulas à noite e trabalhava no escritório de dia. Em 1979, o Sr. Nestor Bergamin convida o Xico para ser seu gerente numa Serraria. Naquele mesmo ano, sai um tão esperado Concurso para Professor Estadual. O Concurso seria em 29 de setembro de 1979. E o Regulamento previa que o candidato só poderia se inscrever se tivesse 45 anos incompletos, na data do Concurso. E o Xico completaria 45 anos em 4 de outubro de 1979 – isto é, **seis dias** depois do Concurso. E o Xico fez o tal Concurso. Fez e ficou lá atrás. Veio a Primeira Chamada, a Segunda, a Terceira. E a vez do Xico não chegava.

Era 1981. No final do ano deixei a Serraria, para ser chefe do Departamento de Recursos Humanos da Destilaria de Álcool Vale do Ivaí, que acabava de ser instalada em São Pedro do Ivaí.

Em 1982, o novo Governo do Estado, ao invés de organizar um novo Concurso, para preencher as vagas existentes, resolveu convocar os professores remanescentes do Concurso de 1979, que não haviam sido chamados e fez a quarta chamada. E nessa o Xico foi chamado e assumiu duas Cadeiras – uma de Português e outra de Inglês. Ele foi convocado para assumir suas aulas, a partir do mês de julho. Quarenta horas semanais. Período da tarde e noite. Com isso, teve que deixar a Destilaria e ficar somente com a Escola. Em fins de 1983, a Evelise forma-se em Odontologia e nós resolvemos vir morar em Londrina. Em janeiro de 1984, aqui chegamos para ficar.

Agora, em julho de 1994, o Xico resolveu deixar, de vez, a Escola, e dedicar-se somente à Literatura.

Até aqui, relatei a vida profana do Xico. Alguma coisa deve ter ficado sem registro. Sei que nada do que foi relatado tem algum valor literário. Como já dissemos no título, isso aqui é um pequeno subsídio para que, se alguém, algum dia resolver escrever sobre ele, tenha um ponto de partida. Por ele ser mais um anônimo entre uma multidão de anônimos, é que ele resolveu deixar dados registrados.

GLÓRIA MARIA BARBOSA LOPES

Sobre minha filha – Glória – deixei para falar por último, por ter uns lances curiosos.

Quando estive preso em Londrina, fiquei na mesma cela, como já disse, ao lado do londrinense Mané Cuba (Manoel Barbosa Torres), cuja alcunha, Mané Cuba, já demonstra suas preferências políticas. Cuba era um maquinista de café, muito rico, mas que vinha sofrendo alguns contratempos em sua vida familiar. Havia, recentemente, se separado da esposa, e seus filhos, quase todos, ficaram ao lado da mãe. Só uma – a Glória, que estava no Colégio Mãe de Deus, com 10 anos de idade – tinha ficado do seu lado. Quando ele falava de sua vida, seus olhos brilhavam quando ele falava na menina.

Ao sair da Cadeia, perdi contato com o Cuba. Soube que seu sócio tinha lhe dado um prejuízo enorme, e que ele perdera tudo. E a condição de subversivo piorou ainda mais sua posição financeira e sua família degringolou de vez.

No começo de 1965, a Evelise precisava de uma Bá, pois a Doca lecionava grande parte do dia. Então, alguém indicou uma menina para trabalhar em casa. E apareceu lá em casa uma menina de 11 anos, muito franzina, mas linda como ela só. E sua amizade com a Evelise foi recíproca. Ela contou para a Doca que sua família estava desfeita. Seus pais se separaram e ela tivera que deixar de estudar e precisava trabalhar. Só algum tempo depois é que descobri que a Glória, Bá da Evelise, era a mesma Glória do meu companheiro de cela, Mané Cuba.

Em agosto daquele ano, fui para Jandaia do Sul. Fui sozinho. Devido à escola, a Doca só poderia ir no final do ano, após conseguir uma transferência. Em dezembro, a Doca acertou a continha da Glorinha, pagou seu salário e a dispensou, pois íamos mudar de Rolândia.

Um dia ou dois, antes da mudança, ela apareceu em casa e propôs à Cida ir com a gente para Jandaia do Sul, mas não como Bá, e sim como filha. Nós aceitamos e a Cida impôs uma condição: que ela continuasse a estudar. Tudo combinado, lá fomos nós com mais uma filha.

Somos pais e filha, somente de coração, somente de amor e carinho, sem nenhum compromisso, sem nenhum papel passado, sem nenhuma união sangüínea. Foi, simplesmente, a mais querida ADOÇÃO sem traumas, sem deveres, sem direitos, sem obrigações. Só prevalecendo o Amor, o Afeto, o Carinho e a Amizade.

E aquela menina de quem o Mané Cuba falava com tanto carinho, com tanto amor, com os olhos brilhando, no fundo de uma cela, fétida, suja, escura, hoje também é minha filha, e falo sobre ela com os olhos brilhando também.

E é com a alma plena que encerro este relato sobre a minha vida profana.

Se não fui e não sou nenhum exemplo de bondade, acredito que, também, não cometi muitas arbitrariedades, e que mereço a confiança dos amigos.

CAPÍTULO II

O Poeta

Como ele contou no início, ainda bem rapazinho em Jaguapitã, PR, ele comprou um Dicionário de Língua Portuguesa e passou a lê-lo como se fosse um livro de cabeceira, ao mesmo tempo em que se afeiçoara à mãe de um grande amigo, leitora ávida de livros e fotonovelas, a D. Gabriela. Ele contava que de manhã o seu nariz estava todo preto devido a fumaça da lamparina, justificando assim todas as lâmpadas da casa acesas, independente se estivesse ou não as utilizando. Contam amigos que conviveram com eles nessa época, que os dois liam o que lhes caísse nas mãos, e que eles discutiam tudo o que liam. O carinho e respeito que ele tinha pela D. Gabriela, era a de um discípulo por um mestre. Ela era uma mineira, simples, pequenina e muito culta, e que segundo ele fazia um picadinho de carne com batatas melhor até que o da Doca! Durante toda a sua vida ele jamais se esqueceu dela e de seus filhos, Onofre e Luiz.

Neste período, dentre os muitos autores lidos, ele descobriu o Poeta que foi a paixão de uma vida inteira, **Castro Alves**, além é claro de uma coleção de Sétimo Céu (fotonovelas), que ele só abandonou quando casou e não cabia na casa.

Os poemas românticos, libertários, viscerais e muito bem

escritos por Antonio de Castro Alves, fizeram a cabeça do rapazinho Francisco de Assis Carvalho, que a partir daí decidiu ser um escritor.

Primeiramente, seguindo os passos do grande Poeta, se apaixonou aos 19 anos por uma morena, de cabelos longos e olhos negros, que ainda não era a Doca, mas que deixou o Xico enamorado e romântico.

MEU ERRO

Assis Carvalho – 13/4/1958

Sei que é erro amar-te em demasia!
Mas que fazer, se é destino meu?
Se é essa a cruz que um dia Deus me deu...
Por que fugir? Por quê? Inútil seria...

Sei que por ti, infeliz serei um dia!
Mas que importa? Quem ainda não sofreu?
Quem foi que nesta vida já viveu
Sem sofrer, por amar quem não devia?

Todos temos um destino já traçado,
Que não pode ser jamais modificado,
Que teremos de vivê-lo até o fim!

Se meu destino é sofrer por teu amor,
Não fugirei, não serei um desertor...
Embora seja erro amar-te tanto assim...

Algum tempo depois, o Xico encontrou a morena de cabelos e olhos negros, que o acompanhou por toda a sua vida, a Doca, e mudou o rumo da prosa. Permaneceram casados por 42 anos e foram muito felizes.

O Xico sempre foi um romântico inveterado, daqueles que escreviam pequenas quadrinhas de perna quebrada, para enviar junto aos ramalhetes de flores para Doca, nunca mediu esforços para agradá-la, desde que não precisasse ir para a cozinha e nem ao shopping center.

Além de morenas, o futebol foi outro grande amor, torceu bravamente pelo São Paulo Futebol Clube durante toda a sua vida.

Não falava mal do time de maneira alguma, fosse a campanha do time boa ou ruim, e ficava "roxo" em dias de decisão.

Adorava Copa do Mundo, e jogo de "qualquer" time, desde que fosse contra o Corinthians.

BRASIL TRICAMPEÃO

Assis Carvalho – 1970

Guadalajara, cidade bonita
do "México Querido" de Jorge Negrete.
Guadalajara, seu povo, sua gente,
que sofre, que sente,
que chora com a gente
que vibra nos lances
de gol de vitória.

Guadalajara,
Cidade do México,
e a bola rolando...
rolando, rolando, levada,
tocada, de pé para pé;
num ritmo gostoso
cadência de Samba, de Rumba,
de Mambo, de som Tropical.

E o verde, bem verde,
da grama que deita,
que abraça, que ajeita,
a bola que rola
tocada,
levada
de pé
para
pé.

É a alma de um
povo de fibra, de raça,

que bebe cachaça, que
ginga no Samba, que
faz arruaça, que bate,
que apanha, que perde, que ganha,
mas sempre presente
nas liças do mundo
onde há FUTEBOL.

A partir de sua Iniciação na Maçonaria, em 1965, percebe-se nitidamente que ele só mudou de área de atuação, que inicialmente foi a política, para depois buscar na História o alimento de que sua alma precisava. Foi revolucionário em tudo o que fez, acreditava piamente no que fazia, lutava bravamente para que tudo desse certo, não desistia facilmente.

VIETNÃ – 1975
BALADA PARA A PAZ QUE CHEGOU

Assis Carvalho

Cansada, aturdida,
Triste e macerada,
Ferida nas suas asas,
Nos seus ideais – ferida;
A Pomba da Paz,
Da Paz quase perdida,
Volta hoje a revoar
Os céus da Humanidade.
E o canto de Liberdade
Da humanidade sofrida
Pode-se agora escutar!

Macerada, contundida
Membros entorpecidos
Pela luta desesperada,
A Pomba da Paz,
Da Paz tão esperada,
Tão discutida e cantada

Que tardava tanto a vir;
Rompeu os elos da guerra,
Espalhando Paz sobre a terra
Dando esperança ao porvir!

Dos arrozais e dos pântanos
Dos pântanos e dos arrozais.
Milhares de crianças lindas
Contemplam a Pomba da Paz.
Dessa Paz tão almejada,
Tão sonhada e tão querida,
Pela qual se perde a vida
Pela qual – vale morrer.

Mísseis, metralhas e canhões,
Bazucas, revólveres e morteiros...
Napalm, fuzis certeiros
Armadilhas e explosões!
Silêncio... Silêncio absoluto!
Sobre pântanos e arrozais.
Dos dois Vietnãs calcinados
Revoa a Pomba da Paz.
Da Paz tão esperada
Na qual não se cria mais!

Guerra e Paz,
Paz e Guerra,
Dois extremos
Dois contrários
Sobre a terra.
Que se tocam, que se chocam,
Dia a dia.
Um traz a dor,
Agonia...
Outro – o progresso traz!
Um é amor, harmonia
O outro – tudo desfaz!

Nas cidades, nos campos,
Nos pântanos, nos arrozais

Nos Vales, nos túneis, nas Bases
Nas aldeias e capitais,
Discutem-se o grande tema,
O tema sublime da Paz.
Os céus da Ásia estão calmos.
Calmos estão os Pantanais.
Mulheres aram a terra.
Crianças brincam de Guerra,
Os homens brindam à Paz.

Cristo! a Paz, a Paz
Que tardava tanto
Pode ser hoje, no entanto,
Restabelecida de vez.
Quase um trilhão de sorrisos
Neste momento preciso
Aflora aos lábios das gentes
O mundo inteiro se abraça
No instante que agora passa.
E um frêmito de alegria
Percorre a face da terra!

Silêncio, um só minuto
Pelas viúvas de luto
Pelas mães, pelas irmãs.
Silêncio, silêncio profundo
Amanhã – um novo mundo
Nascerá – cheio de amor
E por isso, neste dia
Nesta hora de alegria
Agradecemos ao Senhor.

De **Eterno** sonhador ele se torna o **Ativo** sonhador, e uma nova fase de sua vida começa – poeta Francisco de Assis Carvalho, Assis Carvalho e então o poeta cede o lugar para o narrador e pesquisador **Xico Trolha**.

CAPÍTULO III

Com Quantos Autores se faz uma Cabeça?

O Xico poderia ter ficado com as fotonovelas e os livretos de cowboy, por que não? Mas a fome de conhecimento e de criação que ele tinha transformara-no num glutão, desses que comem tudo o que vêem, vorazmente, só para saber que gosto tem. E justamente por não rejeitar prato algum, ele se deparou com um time de autores de dar água na boca. Estes literatos ajudaram o Xico a se descobrir, a viabilizar uma maneira de ser e de pensar. Maneira esta ilimitada, porque a liberdade não tem limites, o pensamento não tem limites, o ser não tem limites, estes homens alicerçaram o seu sonho, deram-lhe forma e conteúdo.

Ao descobrir o libertário Poeta Castro Alves, o Xico se rendeu de corpo e alma, deixou a costeleta e o cabelo crescer, leu toda a obra produzida por ele durante a sua curta vida, decorando a maioria de seus poemas. Certamente, Castro Alves foi o divisor de águas na vida do Xico Trolha, de menino inculto e tímido ele passa a se identificar com o Poeta, e, como parte de sua busca intensa de viver e aprender, se torna mais apaixonado e romântico, idealista e consciente. Jamais perdeu a oportunidade de falar sobre a sua mais importante descoberta, nunca se furtou de declamar "O Navio Negreiro" e "Vozes d'África" em gincanas escolares e em salas de aula. Hoje vejo que foram apresentações magnânimas, mas que a pouca idade não me permitiu apreciar na época.

Juntamente com Castro Alves, o Xico descobriu as fotonovelas, os livretos de bolso com historietas de faroeste e, nesse banquete cultural, também escritores como José Maria Vargas Vila e Pitigrili, um panfletário e mordaz durante toda a sua vida, o outro de um humor refinado e irônico que, diferente do primeiro, foi se acalmando na maturidade, mas ambos de invejável perspicácia.

Com o passar dos anos o Xico foi guardando os livretos de faroeste para ler durante as férias, só os deixando para trás quando pesquisava e escrevia sobre assuntos relativos à Maçonaria. Dedicava-se à música sertaneja de raiz e à poesia regional musicada, do mesmo modo que se dedicava à Maçonaria.

E nesta salada literária e musical, foram surgindo outros sabores, dentre eles a poesia gaúcha, muito bem representada pelos poetas Jaime Caetano Braun, José Pain Brites e outros. Eles abriram os olhos e os ouvidos do Xico para uma nova e apaixonante viagem: conhecer a poesia gaúcha. Ele aceitou a proposta e se descobriu um amante daquele estilo literário, do palavreado regional, da voz grave e empostada, era tudo o que lhe faltava, vibrando a cada vez que declamava "Sob a Luz do Lampião". Lá estava o Xico Trolha "mais feliz do que pinto no lixo", quando os seus ouvintes gaúchos o elogiavam. Era a glória, um prazer indescritível, para o autodidata Xico Trolha.

Sempre solícito, atendia a todos que o procuravam, mas nos momentos de introspecção ficava horas ouvindo os discos de Patativa do Assaré e de Jayme Caetano Braun, enquanto lia e pensava.

Quando estava em férias, ele colocava uma mesa de frente para o mar e ficava lá dias, sem colocar o pezinho na areia, apenas lendo, e escrevendo, escutando suas modas de viola e o doce barulho do mar.

E foi assim que o Xico Trolha aprendeu a se expressar na sua integralidade.

Escolhi textos aleatórios dos livros que sempre estavam à sua mão, como se fossem mapas de uma vida.

ANTONIO DE CASTRO ALVES

CANÇÃO DO VIOLEIRO

Passa, ó vento das campinas,
Leva a canção do trapeiro.
Meu coração 'stá deserto,
'Stá deserto o mundo inteiro.
Quem viu a minha senhora
Dona do meu coração?

Chora, chora, na viola,
Violeiro do sertão.

Ela foi-se ao pôr da tarde

Como as gaivotas do rio.
Como os orvalhos que descem
Da noite num beijo frio,
O cauã canta bem triste,
Mais triste é meu coração.

Chora, chora, na viola,
Violeiro do sertão.

E eu disse: a senhora volta
Com as flores da sapucaia.
Veio o tempo, trouxe as flores,
Foi o tempo, a flor desmaia.
Colhereira, que além voas,
Onde está meu coração?

Chora, chora, na viola,
Violeiro do sertão.

Não quero mais esta vida,
Não quero mais esta terra.
Vou procurá-la bem longe,
Lá para as bandas da serra.
Ali! Triste que eu sou escravo!
Que vale ter seu coração?

Chora, chora, na viola,
Violeiro do sertão.

Recife, setembro de 1865.

O LIVRO E A AMÉRICA

Ao grêmio literário

Talhado para as grandezas,
P'ra crescer, criar, subir,
O Novo Mundo nos músculos
Sente a seiva do porvir.
– Estatuário de colossos –
Cansado doutros esboços
Disse um dia Jeová:
"Vai, Colombo, abre a cortina
"Da minha eterna oficina...
"Tira a América de lá".

Molhado inda do dilúvio,
Qual Tritão descomunal,
O continente desperta
No concerto universal.
Dos oceanos em tropa
Um – traz-lhe as artes da Europa,
Outro – as bagas de Ceilão...
E os Andes petrificados,
Como braços levantados,
Lhe apontam para a amplidão.

Olhando em torno então brada:
"Tudo marcha!... Ó grande Deus!
As cataratas – p'ra terra,
As estrelas – para os céus.
Lá, do pólo sobre as plagas,
O seu rebanho de vagas
Vai o mar apascentar...
Eu quero marchar com os ventos,

Com os mundos... Co'os firmamentos!!!"
E Deus responde – "Marchar!"

"Marchar!... Mas como?... Da Grécia

Nos dóricos Partenons,
A mil deuses levantando
Mil marmóreos Panteons?...
Marchar co'a espada de Roma
– Leoa de ruiva coma
De presa enorme no chão,
Saciando o ódio profundo...
– Com as garras nas mãos do mundo,
– Com os dentes no coração?...

"Marchar!... Mas como a Alemanha
Na tirania feudal,
Levantando uma montanha
Em cada uma catedral?...
Não!... Nem templos feitos de ossos,
Nem gládios a cavar fossos,
São degraus do progredir...
Lá brada César morrendo:
"No pugilato tremendo
"Quem sempre vence é o porvir!"

Filhos do séc'lo das luzes!
Filhos da Grande nação!
Quando ante Deus vos mostrardes,

Tereis um livro na mão:
O livro – esse audaz guerreiro
Que conquista o mundo inteiro
Sem nunca ter Waterloo...
Éolo de pensamentos,
Que abrira a gruta dos ventos
Donde a Igualdade voou!...

Por uma fatalidade
Dessas que descem de além,
O séc'lo que viu Colombo,
Viu Gutenberg também.
Quando no tosco estaleiro
Da Alemanha o velho obreiro
A ave da imprensa gerou...
O Genovês salta os mares...
Busca um ninho entre os palmares
E a pátria da imprensa *achou...*

Por isso na impaciência
Desta sede de saber,
Como as aves do deserto –
As almas buscam beber...
Oh! Bendito o que semeia
Livros... livros à mão cheia...
E manda o povo pensar!
O livro caindo n'alma
É germe – que faz a palma,
É chuva – que faz o mar.

Vós, que o templo das idéias
Largo – abris às multidões,
P'ra o batismo luminoso
Das grandes revoluções,
Agora que o trem de ferro
Acorda o tigre no cerro
E espanta os caboclos nus,

Fazei desse "rei dos ventos"
– Ginete dos pensamentos,
– Arauto da grande luz!...

Bravo! a quem salva o futuro
Fecundando a multidão!...
Num poema amortalhada
Nunca morre uma nação.
Como Goethe moribundo
Brada "Luz!" o Novo Mundo
Num brado de Briaréu...
Luz! pois, no vale e na serra...
Que, se a luz rola na terra,
Deus colhe gênios no céu!...

∴

JOSÉ MARIA VARGAS VILA

PENSAMENTO

Triste destino o de um Guerreiro que entra na sepultura; com ele entra sua espada; e tudo acabou;

Não assim o Pensador;

Quando ele entrar no sepulcro, seu Pensamento sai dele e brilha sobre ele como uma tocha... e ganha as batalhas sobre o Silêncio; iluminando-o ...

Nossa Alma, quer dizer, nosso Pensamento, depois que voou muito e volta para dentro de nós mesmos, sente-se inquieto porque o ninho é muito pequeno e lhe sobra a metade das asas;

Eis por que parte tão depressa para novos vôos...

Os grandes horizontes do Pensamento são céus virgens que se estendem diante de nós, pedindo-nos que o povoemos de seus astros naturais, isto é, de Idéias;

Por isso, todo pensador é um semeador de Estrelas.

A faculdade de criar centuplica a Vida; a cada criação de nosso Pensamento, sentimo-nos viver séculos multiplicados;

A Arte é a única cousa que pode dar idéia do Infinito.

LIBERDADE

Não é assassinando a Liberdade que se pode fundar algo para a posteridade, porque orientar um povo para a Escravidão, é orientá-lo violentamente para a Morte.

Podemos libertar-nos de Deus, libertar-nos dos homens, mas como nos libertarmos de nós mesmos?

Para onde volveremos os olhos, que não nos vejamos viver, que não nos sintamos pensar?

Somos os prisioneiros de nós mesmos, desta perpétua projeção do **Eu**, sobre todas as cousas da Vida;

Só na Morte podemos escapar a este Eu tirânico, que não tem outro império que este frágil e transitório império da Vida;

Eis por que a Morte é a Liberdade.

Tolerância e Liberdade são sinônimas, porque a Tolerância não passa do reconhecimento e respeito da Liberdade, em todas as suas formas.

É depois de haver um homem destruído em **Si** as absurdas quimeras do Bem e do Mal, que a Liberdade estende diante dele a clemência infinita de seus céus sem fronteiras.

NATUREZA

A Natureza é mãe carinhosa que nos fala sempre ao ouvido, mas a música suave de suas palavras não chega íntegra senão ao coração daqueles que não têm o Sonho ingrato de se acreditar superiores à Natureza;

Raça de deuses do lodo, que acreditando ter uma alma diferente da Natureza, não souberam ainda definir a natureza da Alma;

a esses a Natureza não se digna aconselhar, esperando em silêncio a hora de os devorar.

Pode acontecer que no fim de uma visita, rodeados de muita gente, não tenhamos nada que dizer;

Mas é impossível que ao morrer de uma bela tarde de outono, sozinhos com nós mesmos, não tenhamos muitas coisas que nos dizer...

AMOR

Desgraçado daquele que não acha uma alma companheira em seu caminho, um grande amor, livre das trevas da carne, alheio às tempestades da sexualidade, puro como uma estrela e forte como um leão!

Aquele que o encontrou, pode dizer-se feliz, na ilha sem furacões onde tudo floresce e até a própria barca de Caronte avança suavemente, como temerosa de perturbar a calma daquele grande amor único que não mancha, porque flutua acima da carne como um sol.

É uma grande vitória, poder analisar os seres que amamos;

O conhecimento de seus defeitos não mata o nosso amor: solidifica-o;

E chegamos a amá-los, não já apesar dos seus defeitos, mas por seus defeitos mesmos.

De vez em quando um banho de amor purifica, mas um banho de ódio fortifica.

Transformar em sensação de Amor em sensação de Arte, é possuir já em plenitude a Arte do Amor.

IDEAL

Tenhamos sempre um Ideal; se não podemos realizá-lo, morramos de joelhos ante ele, os olhos fixos em seu sereno rosto, que foi o Sol de nossa vida...

E não afastemos os olhos do Ideal, senão para olhar apaixonadamente para o rosto da Morte...

Ela também é um Ideal;
O único que não morre...

Nunca seremos bastante gratos à paixão de escrever, porque é nela que nos refugiamos para fugir das outras paixões;
E ela nos purifica.

Que fazemos ao nos expressar?
Desonrar-nos senão dizemos a Verdade;
Entregar-nos, se a dizemos;
Envilecer-nos ou vender-nos;
Toda palavra é uma Traição, a si mesmo ou aos outros.

Uma Emoção, uma Visão, não adquire vida objetiva senão pela Palavra; mas a palavra as revela, não as cria.

Quando vejo uma frase muito limada e muito polida, tenho certeza de encontrar-me com uma frase vazia; e nunca me engano;

Um pensador genial não pule jamais uma frase, deixa-lhe sua beleza desgrenhada de Gorgona;

Um escritor profissional pule, tosquia e eriça a frase, dando-lhe essa beleza artificial que tanto ao grande público lhe faz bem;

A frase sem belezas interiores deve ter todas as correções exteriores; que restariam delas se perdessem a forma?

Por outro lado, na frase de um escritor de gênio, podemos romper a forma; permanecerá sempre a essência e dela sempre escapará a luminosa paixão da Beleza;

A misteriosa energia do Pensamento dá vida ao artifício da Palavra, mas não a recebe dele.

Aos Escritores se perdoam que tenham defeitos e, ainda mais, se estes são pequenos, o que não se lhes perdoa é terem Idéias, e, sobretudo, se estas forem grandes.

A sociedade dos homens sempre mata alguma Ilusão; a sociedade dos Livros sempre faz nascer alguma.

Uma mentalidade livre produz um estilo livre: Liberdade é Originalidade.

OUTROS

A Sociedade e a Solidão são duas irmãs rivais; uma tem muitos filhos: todos débeis; outra tem poucos, mas é uma raça de titãs.

Se alguém acredita ensinar algo novo ao Mundo é porque o Mundo nada lhe ensinou.

Nem sempre é uma tristeza ter inimigos;
Há um grande prazer em tê-los quando os encontramos do nosso próprio porte;
Matar leões deve ter sido um grande prazer para Hércules;
Mas Hércules teria sido muito desgraçado caso se visse obrigado a empregar sua clava para esmagar formigas.

Só há um homem que não muda nunca; aquele que nunca viveu.

Não é difícil entrar em nós uma idéia; o que é quase impossível é expulsá-la depois...

∴

PITIGRILI

Uma pequena inflação não tem a mínima conseqüência.
É exatamente como uma pequena gravidez.

A ESCOLA DA HIPOCRISIA

Apanhei um trecho de conversa entre um pai e um professor, na presença de um jovem. O professor não estava entusiasmado pelo aluno, e o pai não se sentia orgulhoso do filho, e a única frase que percebi deveria ser o resumo de uma lista de culpas e abominações anteriormente enumeradas:

– É um hipócrita.

Assumo a defesa do rapaz, que não conheço.

Pode-se exprobrar a um jovem a deficiência em história, embora nem todos tenhamos o dever de nos apaixonar pelos morticínios de Tamerlão, as passeatas em carros de tração bovina dos *Rois Fainéants*, as desgraças que derivavam das perturbações ovarianas de Isabel da Inglaterra e da fístula anal do cardeal de Richelieu.

Podemos censurar a um jovem sua impenetrabilidade à Matemática, apesar de que do rei Davi a Anatole France tanta gente haja feito carreira sem ter conseguido aprender a fazer uma adição.

É possível deplorar num jovem a grafia ilegível, não obstante Carlos Magno mal soubesse fazer a assinatura e Napoleão não decifrasse os próprios escritos.

É justo recriminar a pouca aplicação, conquanto seja essa imputável à falta de ácido ascórbico e seja corrigível com algumas dúzias de cenouras raladas, muito mais benéficas do que os pedagógicos pescoções paternos.

Mas verberar um jovem pela sua hipocrisia é como censurar um peixe por tomar banhos prolongados demais ou um porco porque come restos e sobras em vez de brioches e *pêches Melba*.

A escola da hipocrisia é a casa.

Não se pode exigir sinceridade de um menino quando a mãe, ao telefone, na sua presença, para responder que o marido não está em casa, inventa pormenores em cadeia: "Saiu neste momento; talvez ainda esteja aqui em cima na escada; estava ao telefone há cinco minutos... que digo eu? Há um minuto... uns amigos vieram buscá-lo de automóvel; foi convidado para almoçar em Frascati; deve encontrar-se com o diretor da alfândega por causa de um carregamento de saca-rolhas chegados da Espanha, e que estão detidos no armazém; ah! Essa burocracia!" E o marido se acha ao lado, e está fumando cachimbo, de pijama. Não se pode exigir fidelidade do filho quando a mãe, ao telefone! Que incremento deu à mentira a invenção de Meucci (ou de

Graham Bell, vá lá...) quando a mãe, para sustentar a mentira de uma indisposição passageira, faz uma voz fraca, ou rouca, ou afônica, e acusa um golpe de ar através do vidro de um táxi (que não tomou), ou um molho tártaro (que não comeu) ou as danças até as três da manhã, na embaixada da União...

Sul-Africana, onde nem o ascensorista ela conhece.

Não se pode pretender lealdade do menino quando, para justificar a seus olhos as nossas mentiras, recorremos à "reserva mental".

– Respondi que papai não estava. De fato, não estava. Achava-se na varanda.

Seria mais limpo colocar o menino entre os joelhos e ensinar-lhe sistematicamente a técnica e o emprego da mentira, como se ensina ao quadro negro a superfície do quadrado ou o volume da pirâmide. Pô-la-iam frente a um dos dois problemas da vida: a defesa; o outro problema é o ataque. Mas deixar que absorva a hipocrisia pelo contato é a mais grave imoralidade da educação.

Uma arma lícita nesta nossa luta pela existência é a mentira. A mentira é uma espada. A hipocrisia é uma espada mergulhada antes no veneno e na imundície. Quando um dos dois cônjuges diz ao outro: "Responda que não estou em casa", o que vai ao telefone deve cumprir a ordem com a simples fórmula: "Não está em casa".

O "não está" telefônico tornou-se uma fórmula padrão consagrada no código internacional da vida civilizada, e equivale ao "chame num momento menos inoportuno", ou logo "não torne a chamar".

Assim educado, o menino dirá simplesmente:

– Não fui eu quem quebrou o copo.

Mas se ouve a mãe soerguer-se e afundar, enredar-se e desenredar-se entre pormenores inventados, dirá:

– O copo estava em cima da mesa; perto havia um jornal; o vento abriu a janela, a folha da janela mexeu o jornal e o jornal empurrou o copo.

E no dia seguinte o pai dirá ao professor:

– É um hipócrita.

O escritor Eugène Sue queria que o criado todas as manhãs lhe apresentasse um novo par de luvas amarelas sobre uma bandeja.

Calçava-as com lenta elegância, e punha-se a escrever as misérias e os mistérios de Paris, mergulhando num tinteiro de prata, cravejado de pedras preciosas a pena de ouro, da qual fluíam frases como esta:

"Ninguém tem o direito de gozar o supérfluo enquanto existir alguém que precise do necessário".

E conta-se que, ao diretor de um jornal que estivera em sua casa a fim de lhe pedir permissão para publicar em suplemento o seu romance "L'abbesse de Jouarre", respondeu Ernest Renan que não fazia questão do preço, pois o dinheiro constituía a última das suas preocupações. Mas lhe deu uma carta para seu editor, cuidadosamente lacrada, e na qual lhe recomendava: "Peça a esse sujeito o máximo que puder".

Confessaram ambos esses escritores terem aprendido em casa a hipocrisia. Um dos dois disse:

– Aprendi-a no abecedário francês.

E o outro:

Antes mesmo de aprender a falar, aprendi no seio de minha família a hipocrisia.

Macchiavelli, que escrevera a "Mandrágora" para caçoar da pretensa hipocrisia dos frades, foi mandado pelos Médici procurar, entre os frades, um pregador para a Quaresma.

Disse-lhe seu amigo Guicciardini:

Cuidado para que os frades não te peguem o vício da mentira!

Respondeu Macchiavelli :

Em matéria de mentiras, sou formado e doutor. A vida me ensinou a misturar o verdadeiro com o falso, o falso com o verdadeiro, de maneira que não mais se distinguem.

A vida, pois, foi a sua cátedra; e não a casa. A mentira se deve aprender mais tarde, na universidade da vida, e experimentá-la nos laboratórios do mundo.

Não se deve, em criança, receber lições particulares em domicílio.

Resumindo: para livrar-se da escola da hipocrisia, não caia naquela má-criação sistemática que se impinge por sinceridade e se manifesta sob a forma de maledicência.

Todos falam mal de todos. Nosso melhor amigo é aquele que faz esforços para não dizer mal de nós. Caso não se falasse mal do próximo, nada mais se teria para dizer. Verificamos que alguém falou mal de nós, quando nas infinitas e variadas coisas maldosas que se dizem a nosso respeito, alguma chega a nossos ouvidos. Quando nenhuma dessas vozes nos alcança os ouvidos, acreditamos ser pessoas sobre as quais é impossível falar mal. Ilusões! Presunções! Somos cercados de maledicência e de maldizentes, tal como estamos cercados de bacilos: a única higiene recomendável não podendo destruí-los, consiste em não oferecer um ponto de menor resistência às tagarelices e difamações.

Mas nem isso basta. "Tu podes, Ofélia, ser casta como o gelo, pura como a neve, e não escaparás à calúnia."

Aconselhava Apolodoro que se recitassem mentalmente as 24 letras do alfabeto grego antes de abrir a boca. Recitá-las duas vezes antes de pronunciar coisas importantes e perigosas. Quando ouvirem criticar o procedimento de alguém, sugiro-lhes recitar as 73 letras do alfabeto japonês antes de tomarem parte no ataque. E visto como nenhum de vocês sabe o alfabeto japonês...

∴

FILANTROPIA

A moeda que se dá ao pobre não é acompanhada de comentários, de expressões solenes de ceticismo, de falsa modéstia nem de sardanapalesco esplendor. A moeda é colocada na mão do mendigo com a indiferença com que se enfia o níquel na fenda de uma balança automática do distribuidor de chocolate ou na borboleta do metrô.

Devemos considerar essa despesa como uma taxa adicional de circulação, como um "dízimo" que a pessoa decentemente vestida, com emprego fixo, renda quase segura e domicílio permanente, paga a uma categoria de indivíduos que escolheram a liberdade, a independência, a vagabundagem, e manifestam discreta e silenciosa rebeldia à ordem constituída. Não digo que a caridade seja uma quantia que o rico paga ao pobre; seria inexato: dos dois, o único que tem uma posição garantida é o mendigo. Dada a continuidade do seu exercício, a inexauribilidade da sua matéria-prima, a impermeabilidade à desvalorização da moeda (seus honorários crescem paralelamente à inflação), a sua situação é paradoxal. Em sua estranha indústria, a deterioração das instalações, em vez de diminuir a renda aumenta a produção. As pessoas de mau gosto frisam sua caridade de rua ampliando o gesto e murmurando palavras de comiseração. Ignoram que o pobre é geralmente um simulador, bem fornecido de economias; e se não é rico, vê-se que está no princípio da carreira, ou jogou na bolsa ou começou pagando as dívidas contraídas quando era um honesto trabalhador.

Outros transeuntes filantropos têm os seus pobres fixos, com os quais se detêm a conversar, para acentuarem a sua fidelidade para com o beneficiado, o autêntico merecedor da sua filantropia. A palestra com o pobre tem um fundo de vaidade e exibicionismo, e ao mesmo tempo serve para fiscalizar de vez em quando se o vendedor de tristezas não ultrapassa o limite entre a fome e o apetite. O filantropo da rua quer estar certo de que gasta bem seu dinheiro.

Outro tipo de pedestre: quando está com uma pessoa de importância apressa o passo na direção do pobre para ser o primeiro que paga, como se se precipitasse para a caixa do bar a fim de retirar as duas fichas do café; e se o companheiro quer também dar alguma coisa ao mendigo, impede-o, dizendo-lhe: "Eu já dei pelo senhor."

Outro tipo: aquele que dá (ou não dá; é a mesma coisa) e acompanha o seu ato de dar, ou não dar, de coléricas impressões contra as autoridades que permitem semelhante vergonha numa cidade como aquela, e perguntam ao companheiro ou à companheira, como se fôssemos prefeito ou a mulher do Presidente da República, que se espera para recolher a um asilo aquele parasita da sociedade e para punir com a prisão a mendicância.

Após haver cumprido, como todas as tardes, à hora habitual, o seu ato de munificência, uma caridosa senhora de idade fitou melhor o "seu" pobre. A esquina da rua era a mesma, a tabuleta de ferro esmaltado que lhe pendia do pescoço com a palavra "Cego", em caracteres romanos, era a mesma, porém o cego era diferente do costumeiro. Tão diferente que lia o jornal.

Mas como? – exclamou a anciã, martelando a calçada com um golpe seco da sombrinha: O senhor é cego e lê o jornal?

O cego ergueu lentamente o olhar em sua direção e explicou-lhe:

– Minha senhora, o cego não sou eu; é um amigo meu, e hoje o substituo para que nenhum concorrente desleal lhe usurpe o posto. Mas eu lhe entrego toda a renda, guardando a percentagem combinada.

Apenas meio tranqüilizada, indagou a senhora:

– Mas o verdadeiro cego, onde está?

Respondeu o falso cego:

– O cego verdadeiro foi ao cinema.

Esta anedota me parece instrutiva e admonitória. O pedinte espera de nós o dinheiro, não entrevistas, não teoria, não invocações ou imprecações contra as injustiças humanas. O mendigo é um senhor que vive filosoficamente, e a moeda que lhe colocam no chapéu não é diferente, simbolicamente, das azeitonas que as mulheres gregas depositavam na tigela de Diógenes e do punhado de arroz que o indiano deita à escudela do asceta solitário, sem o distrair de seu êxtase com inoportunos comentários.

A maior parte dos mendigos nada vende. São os que têm a coragem das próprias opiniões. Outros, a quem falta essa coragem, dão-se ares de quem vende alguma coisa: barbatanas de celulóide para esticar o colarinho da camisa, lápis copiativos ou lâminas de barbear, e com isso pretendem elevar a hierarquia da mendicância. Meu código de boas maneiras ensina a praticar a caridade para com esses falsos negociantes, ou não levando a mercadoria, ou pagando-a em dobro.

Outros simuladores enfiam um par de mangas brancas, metem na cabeça um boné com pala, como se fossem guardas de não se sabe que clube, e proclamam-se a si mesmos guardadores de automóveis, olheiros. Na realidade, ninguém os investiu de tal encargo, e se um ladrão quisesse apoderar-se do nosso carro, aquele homenzinho de viseira e mangas brancas não teria prestígio nem autoridade para impedi-lo. Mas quando tornamos ao nosso carro, ele, com gestos convulsos e giratórios, indica-nos como devemos mover o volante para sair da fila. Ninguém lhe pediu nada, e o automobilista ocupado em livrar-se do torniquete de duas máquinas que engancharam pelos pára-lamas já está tão exasperado que não merece ser ainda mais irritado por um palerma que dança à sua frente, fazendo contorções de títere. Mas é preciso dar-lhe a gorjeta. É uma servidão a que o automobilista deve submeter-se, e seria incorreto e inábil procurar evitá-la, aproveitando, por exemplo, achar-se o sujeitinho prodigalizando sua competência a outro automobilista. Se você não lhe der o que lhe compete por antigo privilégio, a sua maldição o seguirá e na próxima vez um misterioso buraco no pneu o obrigará a parar junto ao meio-fio para meditar sobre a imediatez e a inevitabilidade da fórmula: crime e castigo. Será melhor, pelo contrário, que você tenha espalhadas pelos bolsos moedas e notas de pequeno valor, especialmente se tiver a seu lado uma senhora. Como todos os mendigos, esses falsos guardas de automóveis sabem que, em geral, os homens caridosos fazem caridade, não para o pobre, mas para a platéia, e que o gesto de dar é tanto mais teatral quanto mais enfeitada de mulheres for a platéia e quanto mais desejáveis são os decotes. Sabem disso as floristazinhas, as ciganas, o menino-que-quebrou-o-vidro-de-remédio-e-não-tem,-coragem-de-voltar-para-casa-porque-o-pai-lhe-bate e que se agarram aos casais com ares de apaixonados.

Quando um homem acompanhado por u'a mulher quer livrar-se

de um desses parasitas e, subtrair-se à sua chantagem, pode recorrer a uma frase alusiva à senhora que está com ele: – Não tenha tanto trabalho. Somos casados.

Resumindo: façam caridade à falsa mãe, ao falso mutilado da guerra, ao falso guarda de automóveis, ao falso violinista do Scala que caiu na miséria, e não discutam a legitimidade das suas pretensões. Na sociedade atual nada existe de legítimo, nem a polícia, nem os tribunais, nem os impostos, nem as tarifas postais e ferroviárias, nem o preço dos cigarros, nem os empregos públicos, porque o governo de hoje, em quase todos os países do mundo (fora a Itália) não é legítimo, não é escolhido por força do contrato social e da vontade coletiva livremente expressa. O governo aí está por um complexo de opressão (menos na Itália), de tramóias, de compromissos. Os funcionários aí estão (salvo na Itália) em conseqüência de uma rede de recomendações e os concursos foram ganhos por um jogo de *maffia e camorra*? (exceto na Itália). Por conseguinte, não invoquem o justo e o lícito em detrimento desses independentes. Em qualquer repartição estatal ou paraestatal deveria existir u'a mesinha para eles, ao lado de um termossifão. E uma pataca, após 25 anos de serviço, premiaria o seu implacável fazer e desfazer. Ao contrário, aqueles heróis preferiram esticar uma sanfona nos pátios populares e fingir de falsos cegos nos degraus da catedral, imolarem-se a si próprios antes de sacrificarem a nós, contribuintes, com a tortura do papel estampilhado, dos trâmites e do recurso. Recebam eles a gratidão da pátria e o seu óbolo, leitor.

∴

JAYME CAETANO BRAUN

DA TERRA NASCERAM GRITOS

Mataram meus infinitos
e me expulsaram dos campos;
Da terra nasceram gritos,

Dos gritos brotaram cantos!
E me fiz canto
De tropeiros e ervateiros
Rasgando sulcos,
Com arado e saraquá;
Nas alpargatas dos "quileiros" e "chibeiros",
Andei as léguas
De Corrientes e Aceguá!
Meu canto é rio,
Meu canto é sol,
Meu canto é vento,
Eu tenho pátria,
Eu tenho berço,
Eu tenho glória,
Eu só não tenho terra própria
Porque a história
Que eu escrevi,
Me deserdou no testamento!
De qualquer forma –
bem ou mal,
Não me emociono,
Com os que combatem
As verdades do meu canto;
Sem ter direito de comer,
Nem o que planto,
Só não entendo,
É tanta terra
E pouco dono!
Mas mesmo assim,
Tenho pra dar,
Um outro tanto,
Se precisarem do meu sangue
Noutra guerra;
Mesmo sem terra,
Hei de voltar grito de terra,
Pelo milagre
Das espigas do meu canto!!!

∴

IRM∴ JOSÉ PAIN BRITES

SOB A LUZ DO LAMPIÃO

A Estância do João Batista
É um primor de belezura;
Existe tanta fartura
E tudo nela é um colosso.
Qualquer campo que escolhas
Só tem trevo de três folhas
Combatendo o capim grosso.

Na entrada tem dois palanques
Gravados com as iniciais,
Que já são tradicionais...
traz um B para direita,
E o que está pela canhota
Tem gravado a fogo um J,
Em simetria perfeita.

Quando os trabalhos começam
No fundo do avarandado,
O Patrão, muito estimado,
Tem um martelo na mão.
E, batendo a campana com fé,
a turma se põe de pé,
Prontita para o serão.

Depois de ter relatado
O que antes fora feito.
O Patrão Justo e Perfeito,
Dá ordens ao capataz,
Mas, este que tem um sota,
repete a mesma lorota,
Sabendo por que o faz.

Logo depois um piazote,
Desses piás de recado,

Pega um saquinho bordado
Pra recolher algum cobre,
Que é sempre um bom ajutório,
Numa doença, ou velório,
Em rancho de peão pobre.

E lá pelas tantas da noite,
Quando a chusma se expande,
O dono da Casa Grande
Faz a sua preleção...
Falando com bem clareza,
Vai dizendo com franqueza,
De Irmão para Irmão.

"Se nas rodadas da vida
Perderes a montaria,
Procures bater um dia
Na casa desta fazenda.
Terás aqui bom cavalo,
Cama e mesa que é um regalo
Em um amor que te prenda."

Os homens são sempre iguais
Perante o Grande Patrão.
Nunca tenhas a ilusão
De ser o mais virtuoso,
Pois o couro de um animal
Se escolhe pelo carnal,
Onde os gusanos têm pouso.

Sejas limpo e de bons costumes,
Nunca sujes a tua mão,
Porque senão meu Irmão
Terás fechada a porteira:
E viverás cruzando estradas,
Tal qual almas penadas
Em noites de sexta-feira.

Vai dizendo pelo mundo
Quanto vale a liberdade,
E que, o nível de igualdade,
É uma jóia muito fina.
Que somos nossos espelhos,
E que os homens são bem parelhos
Tal qual botões de batina.

Se encontrares alguém
Atolado na desgraça,
Tens o dever, e de graça,
De tirá-lo do atoleiro,
E tu, praticando esse bem,
Verás que um outro alguém
Por ti peleará primeiro.

As luzes que vocês vêem,
São os emblemas desta estância
Que varejam à distância,
Rompendo as trevas dos campos;
São os sacis sorrateiros
Que, quando pitam palheiros,
Pedem fogo aos pirilampos.

Dentro das trevas tem luz,
Mas somente a estrela boa
Se reflete na lagoa,
Em busca da própria imagem
E é daí que brota a luz,
Que, irmãmente conduz
Quem se perdeu na viagem.

Devemos seguir o exemplo
Da vida da própria vida,
Pois há uma coisa escondida
Que levanta o arreador...
No rodeio dos mistérios,

Juntando ventos gaudérios
Que brincam no corredor.

Estudando nas lições
Da natureza bendita,
Vemos que lição bonita
O campo afora nos dá.
Há contrastes de poemas
Nos risos das seriemas,
À oração do sabiá.

Jamais um bando de garças
Estende o lençol branco,
À sombra de algum barranco
Que pode esconder surpresa.
Pois até a pobre carcaça
Da corvalhada tem "graça"
Tem "fascínio", tem "beleza".

Entre o céu e a terra amiga
Há tanta filosofia,
Que à nossa sabedoria
É impossível compreender.
Nasce a estrela no Oriente
E morre no Ocidente,
Pra de novo renascer.

Assim, à porta do Templo
Que nos abre a natureza,
Só encontrarás beleza
De um colorido diverso.
E darás ***Muito Obrigado,***
Se fores ***Bom Empregado***
Do Grande Patrão do Universo!

CAPÍTULO IV

Os Anos de Chumbo

Se você conhece o inimigo e conhece a si mesmo, não precisa temer o resultado de cem batalhas. Se você se conhece, mas não conhece o inimigo, para cada vitória ganha sofrerá também uma derrota. Se você não conhece nem o inimigo nem a si mesmo, perderá todas as batalhas (Sun Tzu).

A indignação é o primeiro sentimento que temos ao nos tornarmos conscientes da desigualdade social, dos desagravos e da crueldade que homens e animais sofrem cotidianamente. Uns optarão pela desilusão, outros pela luta armada e outros ainda empunharão o seu pensamento como se fosse uma espada em prol da liberdade e da igualdade de direitos.

Este sentimento começa a brotar, quando as palavras pululam ao nosso redor, derrubando o muro da ignorância e elevando pontes para as reflexões. Livros fazem isso muito bem!

Nenhuma luta é em vão, quando o que se almeja é a liberdade de ser e de se expressar. E o Xico também sentiu isso, inicialmente pretendendo lutar com as palavras e com as mãos quando se uniu ao incipiente "Grupo dos 11", em Rolândia. Após ser preso em 1964, começou a perceber que uma Revolução pode ser feita de várias maneiras, não necessariamente com armas. Ao ser Iniciado, ele vislumbrou um caminho diferente, uma forma de luta mais abrangente, que a Maçonaria proporciona a seus adeptos. Ela possibilita o aprendizado, o debate e o autoconhecimento. E começou aqui a grande Revolução da vida do Xico – levantar Templos à Virtude e cavar masmorras ao Vício.

Um pouco de história para compreendermos o que norteava este homem, em 1964, quando tinha 30 anos, estava casado e tinha 1 filha.

JOÃO GOULART

Ao assumir a Presidência da República em 1961, João Goulart (Jango) insiste, desde o início, sobre as "reformas de base" que quer implementar: Jango queria o desenvolvimento econômico do País, apoiado não só no capital mas sobretudo na **força dos trabalhadores**, tanto na cidade como no campo, com direitos sociais respeitados e uma vida digna para todos. É assim que, desde 1961, os trabalhadores conquistam a liberdade de se reunir e discutir dos seus problemas ("**Grupo dos 11**" nas cidades / "**ligas camponesas**" na roça), junto com o ressurgimento da UNE (União Nacional dos Estudantes), e dos partidos políticos proibidos desde a década de 40.

Esta efervescência popular, inédita no Brasil, amedronta a classe empresarial e latifundiária mais retrógrada que, junto com os setores conservadores da política e do exército, e com o apoio dos Estados Unidos, provocam o golpe militar do 31 de março de 1964. A força das baionetas e dos tanques foi o único meio encontrado para garantir a manutenção do poder da classe empresarial a serviço do capital internacional.

Segundo o Xico, o "**Grupo dos 11**" foi uma das idéias mais brilhantes do caudilho Leonel Brizola, do PTB. Ele preparava grupos de 11 em 11 pessoas, para que quando houvesse o confronto entre esquerda e direita no País, estes homens estariam reunidos como se fossem um grande exército. Jornalistas, lavradores, escritores, funcionários públicos, intelectuais e tantos outros, abraçaram esse ideal e começaram a se reunir clandestinamente. Não deu certo, mas que a idéia era boa, lá isso era.

DITADURA MILITAR NO BRASIL

Regime instaurado pelo golpe de Estado de 31 de março de 1964. Estendeu-se até o final do processo de abertura política, em 1985. Foi marcado pelo autoritarismo, supressão dos direitos constitucionais, perseguição policial e militar, prisão e tortura dos opositores e pela censura prévia aos meios de comunicação.

O golpe – A crise político-institucional da qual nasce o regime militar começa com a renúncia do presidente Jânio Quadros, em 1961, agrava-se durante a administração João Goulart (1961-1964), com a radicalização populista do Partido Trabalhista Brasileiro (PTB) e de várias organizações de esquerda e com a reação da direita conservadora. Goulart tenta mobilizar as massas trabalhadoras em torno das reformas de base, que alterariam as relações econômicas e sociais no País. Isso leva o empresariado, parte da Igreja Católica, a oficialidade militar e os partidos de oposição, liderados pela União Democrática Nacional (UDN) e pelo Partido Social Democrático (PSD), a denunciar a preparação de um golpe comunista, com a participação do presidente. Além disso, responsabilizam-no pela carestia e pelo desabastecimento. No dia 13 de março de 1964, o governo promove grande comício em frente da estação ferroviária Central do Brasil, no Rio de Janeiro, em favor das reformas de base. Os conservadores reagem com uma manifestação em São Paulo, a Marcha da Família com Deus pela Liberdade, em 19 de março. A tensão cresce. No dia 31 de março, tropas saídas de Minas Gerais e São Paulo avançam sobre o Rio, onde o governo federal conta com o apoio de setores importantes da oficialidade e das Forças Armadas. Para evitar a guerra civil, Goulart abandona o País e refugia-se no Uruguai.

No dia 1º de abril, o Congresso Nacional declara a vacância da Presidência. Os comandantes militares assumem o poder. Em 9 de abril é decretado o Ato Institucional Nº 1 (AI-1), que cassa mandatos e suspende a imunidade parlamentar, a vitaliciedade dos magistrados, a estabilidade dos funcionários públicos e outros direitos constitucionais.

Enquanto tudo isto acontecia, o Xico e seu grupo (incompleto) se reuniam para discutir o que fazer, como fazer e já estavam de orelhas em pé, preparados para o que poderiam sofrer futuramente, só não imaginavam que seria tão rapidamente. No dia 8 de abril de 1964, o Xico foi preso.

GOVERNO CASTELO BRANCO (1964-1967)

O general Castelo Branco é eleito pelo Congresso Nacional presidente da República em 15 de abril de 1964. Decreta três atos institucionais, dissolve os partidos políticos e estabelece eleições indiretas para presidente e governadores. Cassa mandatos de parlamentares federais e estaduais, suspende os direitos políticos de centenas de cidadãos, intervém em quase 70% de sindicatos e federações de trabalhadores e demite funcionários. Institui o bipartidarismo com a Aliança Renovadora Nacional (Arena), de situação, e o Movimento Democrático Brasileiro (MDB), de oposição. Cria o Serviço Nacional de Informações (SNI), que funciona como polícia política. Em janeiro de 1967, o governo impõe ao Congresso a aprovação da nova Constituição que incorpora a legislação excepcional e institucionaliza a ditadura.

Em 1965, um ano depois da sua prisão, o Xico foi proposto para ser Iniciado na Maçonaria. Foi aceito. A partir desta data, o Xico e a Maçonaria Brasileira formaram uma parceria invejável. Leitor atento e crítico implacável da política nacional, não perdia uma oportunidade sequer dentro de Loja de emitir seu pensamento panfletário.

GOVERNO COSTA E SILVA (1967-1969)

Ministro do Exército de Castelo Branco, o general Arthur da Costa e Silva assume a Presidência em 1967, também eleito indiretamente pelo Congresso Nacional. Em seu governo cresce a oposição à ditadura. Em meados de 1968, a União Nacional dos Estudantes (UNE) promove no Rio de Janeiro a Passeata dos Cem Mil. Ao mesmo tempo ocorrem greves operárias em Contagem (MG) e Osasco (SP). Grupos radicais de esquerda começam a organizar-se para a guerrilha urbana e promovem os primeiros assaltos a bancos para obter fundos.

O governo é pressionado pelos militares da linha dura, que defendem a retomada das ações repressivas no plano político, institucional e policial. Em 17 de abril de 1968, 68 municípios (incluindo todas as capitais) são transformados em zonas de segurança nacional, e seus prefeitos passam a ser nomeados pelo presidente. O deputado Márcio Moreira Alves (MDB/Guanabara), em discurso na Câmara, convoca a população a boicotar a parada militar de 7 de setembro, e o governo pede licença ao Congresso para processá-lo. O Parlamento nega a licença em 12 de dezembro. Na noite de 13 de dezembro, Costa e Silva fecha o Congresso e decreta o Ato Institucional Nº 5 (AI-5). Ao contrário dos anteriores, esse não tem prazo de vigência e dura até 1979. O AI-5 restabelece o poder presidencial de cassar mandatos, suspender direitos políticos, demitir e aposentar juízes e funcionários, acaba com a garantia do habeas-corpus, amplia e endurece a repressão policial e militar. Outros 12 atos institucionais complementares são decretados e passam a constituir o núcleo da legislação do regime.

Mais maduro, o Xico observa os acontecimentos à distância, mas não se cala. Respeita a forma de pensar de seus Irmãos de Loja, mas continua a se posicionar contra a opressão e a falta de liberdade de expressão.

JUNTA MILITAR (31/8/1969-30/10/1969)

Gravemente doente, o presidente é substituído por uma Junta

Militar formada pelos ministros Aurélio de Lira Tavares (Exército), Augusto Rademaker (Marinha) e Márcio de Sousa e Melo (Aeronáutica). O vice-presidente, o civil Pedro Aleixo, é impedido de tomar posse. A Aliança de Libertação Nacional (ALN) e o Movimento Revolucionário 8 de Outubro (MR-8), grupos de esquerda, seqüestram no Rio o embaixador norte-americano Charles Elbrick. Ele é trocado por 15 presos políticos mandados para o México. Os militares respondem com a decretação da Lei de Segurança Nacional (18 de setembro) e com a Emenda Constitucional N° 1 (17 de outubro), que na prática é uma nova Constituição, com a figura do banimento do território nacional e a pena de morte nos casos de "guerra psicológica adversa, ou revolucionária, ou subversiva". Ainda no final de 1969, o líder da ALN, Carlos Mariguella, é morto em São Paulo pelas forças da repressão.

Além do interesse pela política Nacional, Xico Trolha começa a se dedicar intensamente aos estudos maçônicos. Nesse ínterim ele contava ter se deparado com os livros do autor Jorge Adoum, e acreditado que aquilo era Maçonaria. Embora não concordasse com aquela linha de pensamento, era o que tinha em mãos. Quando "descobriu" que aquele tipo de literatura não o levaria a nada, ele passou a combatê-la veementemente. Quando foi preciso colocar estes livros para serem revendidos em sua Editora, devido a grande procura, o Fernando Salles Paschoal levou mais de dois anos para convencê-lo. Ele aceitou porque a Empresa não era só dele, mas aonde surgisse uma oportunidade, fosse nas apresentações de livros, palestras, pinga-fogo, ele não perdia a chance de demonstrar a sua decepção com o autor, e mais uma vez na vida dele, um defeito se torna qualidade. Para que ninguém mais dependesse apenas de livros com esta linha de pensamento, dentro dele começou a crescer o gérmen de escritor, que ainda levaria algum tempo até brotar.

GOVERNO MÉDICI (1969-1974)

O general Emílio Garrastazu Médici, escolhido pela Junta

Militar para ser o novo presidente, comanda o mais duro governo da ditadura, no período conhecido como os anos de chumbo. A luta armada intensifica-se e a repressão policial-militar cresce ainda mais. Ela é acompanhada de severa censura à imprensa, espetáculos, livros, músicas etc., atingindo políticos, artistas, editores, professores, estudantes, advogados, sindicalistas, intelectuais e religiosos. Espalham-se pelo País os centros de tortura do regime, ligados ao Destacamento de Operações e Informações e ao Centro de Operações de Defesa Interna (DOI-CODI). A guerrilha urbana cede terreno rapidamente nas capitais, tenta afirmar-se no interior do País, como no Araguaia, mas acaba enfraquecida e derrotada.

O endurecimento político é respaldado pelo milagre econômico, que vai de 1969 a 1973. O Produto Interno Bruto (PIB) cresce a quase 12% ao ano, e a inflação média anual não ultrapassa 18%. O Estado arrecada mais, faz grandes empréstimos e atrai investimentos externos para projetos de grande porte no setor industrial, agropecuário, mineral e de infra-estrutura. Alguns desses projetos, por seu custo e impacto, são chamados de faraônicos, como a construção da rodovia Transamazônica e da Ponte Rio-Niterói.

Em 1971, o grande sonho de Assis Carvalho/Xico Trolha começa a se tornar realidade: é impresso, com sua redação, o primeiro Boletim Informativo da ARLS "Fraternidade Jandaiense".

A TROLHA

REDATOR IRM∴ ASSIS CARVALHO

BOLETIM INFORMATIVO DA AUG∴ E RESP∴ LOJ∴ SIMB∴ "FRATERNIDADE JANDAIENSE"

Ano I – abril de 1971 – Jandaia do Sul – Reuniões: terça-feira – caixa postal, 238 – Nº 1

GOVERNO GEISEL (1974-1979)

O general Ernesto Geisel enfrenta dificuldades que marcam o

fim do milagre econômico e ameaçam a estabilidade do Regime Militar. A crise internacional do petróleo contribui para uma recessão mundial e o aumento das taxas de juros, além de reduzir muito o crédito, põe a dívida externa brasileira em um patamar crítico. O presidente anuncia então a abertura política lenta, gradual e segura e nos bastidores procura afastar os militares da linha dura, encastelados nos órgãos de repressão e nos comandos militares. A oposição se fortalece e nas eleições de novembro de 1974, o MDB conquista 59% dos votos para o Senado, 48% para a Câmara dos Deputados e ganha em 79 das 90 cidades com mais de 100 mil habitantes. A censura à imprensa é suspensa em 1975. A linha dura resiste à liberalização e desencadeia uma onda repressiva contra militantes e simpatizantes do clandestino Partido Comunista Brasileiro (PCB). Em outubro de 1975, o jornalista Vladimir Herzog é assassinado em uma cela do DOI-CODI do 2º Exército, em São Paulo. Em janeiro de 1976, o operário Manuel Fiel Filho é morto em circunstâncias semelhantes.

O MDB vence novamente as eleições no final de 1976. Em abril de 1977, o governo coloca o Congresso em recesso e baixa o "pacote de abril". As regras eleitorais são modificadas de modo a garantir maioria parlamentar à Arena, o mandato presidencial passa de cinco para seis anos e é criada a figura do senador biônico, eleito indiretamente pelas Assembléias Legislativas estaduais. Em 1978, Geisel envia ao Congresso emenda constitucional que acaba com o AI-5 e restaura o habeas-corpus. Com isso abre caminho para a normalização do País. No final do ano, o MDB volta a ganhar as eleições.

Em 1977, ao lançar o segundo número do Boletim Informativo "A TROLHA", o Xico já tinha descoberto outros autores de livros maçônicos, dentre eles o ainda atual Oswald Wirth.

GOVERNO FIGUEIREDO (1979-1985)

O crescimento da oposição nas eleições de 1978 acelera a abertura política. O general João Baptista Figueiredo concede a anistia aos acusados ou condenados por crimes políticos. O processo, porém, é perturbado pela linha dura. Figuras ligadas à Igreja Católica são seqüestradas e cartas-bomba explodem nas sedes de instituições democráticas, como a Ordem dos Advogados do Brasil (OAB). O episódio mais grave é um malsucedido atentado terrorista promovido por militares no centro de convenções do Riocentro, no Rio, em 30 de abril de 1981.

Em dezembro de 1979, o governo modifica a legislação partidária e eleitoral e restabelece o pluripartidarismo. A Arena transforma-se no Partido Democrático Social (PDS), e o MDB acrescenta a palavra partido à sigla, tornando-se o PMDB. Outras agremiações são criadas, como o Partido dos Trabalhadores (PT) e o Partido Democrático Trabalhista (PDT), de esquerda, e o Partido Popular (PP), de centro-direita.

O Peemedebista roxo, vai se tranqüilizando e mais tarde se tornará um eleitor do PSDB, agora mais sereno, mas nem por isso "obtuso", como dizia ele. A Maçonaria tomou conta dele de vez, a política agora é só um passatempo, uma fonte de debate e de cidadania. Em 1981, ele comemora dez anos da edição do 1° Boletim "A TROLHA" e a sua participação no 1° Congresso Maçônico Internacional, realizado nos dias 18, 19, 20 e 21 de março de 1981, na cidade do Rio de Janeiro. Este Congresso foi tão importante para ele, que ele guardou até o dia de sua morte um terno marrom, combinando com sapatos de cor caramelo, que os seus Irmãos e amigos do peito, Osvaldo Azolini, Darci Junqueira e outros de Jandaia do Sul, PR, tinham lhe presenteado para que ele pudesse ir para o Rio. Nessa época o Xico tava numa pendura de fazer dó!

REDEMOCRATIZAÇÃO

A crise econômica se aprofunda e mergulha o Brasil na inflação e na recessão. Crescem os partidos de oposição, fortalecem-se os sindicatos e as entidades de classe. Em 1984, o País mobiliza-se na campanha pelas Diretas Já, que pede eleição direta para a Presidência da República. Mas a emenda é derrotada na Câmara dos Deputados em 25 de abril.

Em 15 de janeiro de 1985, o Colégio Eleitoral escolhe o candidato Tancredo Neves como novo presidente da República. Ele integra a Aliança Democrática – a frente de oposição formada pelo PMDB e pela Frente Liberal, dissidência do PDS. A eleição marca o fim da ditadura militar, mas o processo de redemocratização só se completa em 1988, no governo José Sarney, com a promulgação da nova Constituição.

Em 1984, o Xico muda de mala e cuia para Londrina. A política nacional respira novos ares e a vida do Xico sofre a sua maior guinada. A Revista "A TROLHA" que até aqui era feita por ele, a Doca e a Marina, passa a ter novos sócios e se transforma em uma das publicações maçônicas mais bem conceituadas do Brasil. E logo depois mais um salto inesperado: o lançamento de livros de qualidade a preços condizentes. Está aí o Círculo do Livro Maçônico com mais de duzentos livros impressos.

Mais uma vez ele provou que não basta sonhar, tem que agir!

CAÍTULO V

O Maçom

Sobre a minha vida maçônica seria, até, desnecessário falar, pois ela está registrada nos meus Editoriais da Revista e em meu Currículo Maçônico. Mas têm alguns fatos que merecem um registro à parte.

Como já disse, fui convidado a ser Maçom, no fundo de uma cela, em 1964, pelo querido Irmão José Barreto dos Santos, o Carioca, meu Padrinho. O Venerável da Loja era, nada mais nada menos, que PETER ANGERMAYER, o mesmo Peter que me batizou de "Comunistazinho de merda" num Programa da Rádio Clube de Rolândia, porque eu criticava o Prefeito, do qual ele era assessor.

Soube mais tarde que, quando da apresentação do meu nome ele se manifestou contrariamente, afirmando que eu era "Comunista" e que Comunistas não aceitavam os Princípios Maçônicos. Mas o velho "Alemão" não era um Anticomunista irracional. Percebendo que só ele era contra, afirmou em Loja:

– Não creio que o Candidato aqui proposto seja uma boa aquisição, mas se a Loja for a favor, eu não votarei contra.

Seguiram-se as prévias, recebi e preenchi a proposta. Foi feito o Escrutínio e, realmente, não apareceu nenhuma Esfera Negra.

O Xico foi aprovado e sua Iniciação foi marcada para o dia 27 de novembro de 1965, mais de um ano após ter sido proposto. Os Sindicantes não quiseram deixar nada para trás. E quando foi marcada a data da Iniciação, eu já não residia mais em Rolândia. Em agosto daquele ano, eu tinha me mudado para Jandaia do Sul. E em poucos anos o Peter e eu nos tornamos grandes amigos, coisas que só a Maçonaria explica.

TRABALHOS MAÇÔNICOS AO LONGO DOS MEUS PASSOS

O Trabalho que segue é fraquinho, insosso, inodoro e sem sabor, mas tem uma história. Uma história que eu gostaria de contar.

Em 14 de abril de 1968 (eu estava no 3º Grau da Maçonaria), quando o pastor negro MARTIN LUTHER KING foi brutalmente assassinado, em Memphis, no Tennessee. Eu, por essa época, com pouco mais de dois anos de Maçonaria, nem conhecia Maçonaria (como ainda não conheço) e nem sabia escrever, pois só entrei para o Miniginásio nesse ano de 1968. Mas eu tinha por hábito, ou mau hábito, apresentar sempre um Trabalho de cunho maçônico à Loja "Estrela do Norte", do Or∴ de Mandaguari – PR.

Eu ainda não me adaptara ao linguajar maçônico – era, ainda, um tanto quanto panfletário, sem freios no modo de me expressar.

Este palavrório foi para preparar o espírito dos Aprendizes que, sei, vão ler este Trabalho, ainda nunca publicado. Não publicado devido sua falta de qualidade; todavia, resolvi juntar tudo o que tenho escrito durante os últimos 35 anos.

Devido a este Trabalho (ou pronunciamento) que fiz em Loja, em 14 de abril de 1968 (já lá se vão 32 anos), tive um debate acirrado e desigual com o querido Irmão ALFREDO BRIANEZ, ainda hoje Membro Ativo daquela Loja. Alfredo Brianez, médico renomado e evangélico convicto; homem de grande cultura, coisa que faltava no Xico Trolha.

Nessa Sessão Brianez, que era o Orador Oficial da Loja, estava presente, coisa que sua profissão nem sempre lhe permitia. E foi com ele que o Xico entrou em choque, devido ao Trabalho apresentado. Reproduzo, a seguir, esse Trabalho escrito numa sexta-feira – 14 de abril de 1968 – intitulado **MARTIN LUTHER KING**.

...e este Trabalho começava assim (tive a sorte de tê-lo guardado comigo esse tempo todo, assim como muitos outros que retirei do meu Dossiê da Loja, quando pedi o meu Quite):

LUTHER KING

Liberdade, Igualdade e Fraternidade

Meus Irmãos, ele foi o Maçom que mais lutou, nos dias atuais, para que essa trilogia sublime não se transformasse num simples cabeçalho de Balaústres e Pranchas Maçônicas. Foi ele o último apóstolo mártir da Liberdade, da Igualdade e da Fraternidade.

Meus Irmãos, morreu Martin Luther King. Morreu o Apóstolo da Paz. Morreu o Grande Maçom Negro, o Grande Pastor Negro, o Grande Negro, Nobel da Paz.

Se o nosso grande Maçom Negro, José do Patrocínio, foi cognominado o Tigre da Abolição, Martin Luther King pode ser chamado o Mártir da Integração. Porque ninguém, ninguém mais do que ele lutou pelo seu povo, pela sua gente. Ninguém mais do que ele tentou erradicar o milenar segregacionismo, ninguém lutou mais pela total eliminação do preconceito racial do que ele.

Uma passagem estúpida, ilógica, inumana, do Velho Testamento, fez mais uma vítima, ensangüentou, mais uma vez, um povo ordeiro e lutador.

Se todas as religiões cristãs estão sofrendo reformas radicais, por que então que dessa Bíblia que aí está, que é o nosso Livro da Lei, não se arranca, não se rasga e queima essas páginas assassinas, esse capítulo nefasto, essa arma sangrenta apontada para o peito negro de uma raça?

O Velho Testamento está impregnado de guerras, de maldições e de anátemas. Mas o que mais fere a sensibilidade humana, que depõe contra esse Livro que se diz sagrado, é aquela passagem triste, aquele espetáculo grotesco provocado por velho senil, embriagado e nu, amaldiçoando, anatematizando um filho, porque este sorriu e não lhe cobriu a santa nudez. O velho senil era Noé, o jovem anatematizado – seu filho, Can.

A ciência afirma que jamais houve um Dilúvio Universal e, por conseguinte, a história de Noé é lenda, é peta, não merece crédito.

Mas, ali, no Livro da Lei, está o anátema terrível, a maldição sinistra, digna mesmo de um Pai senil, de um bêbado inconseqüente.

Maldito seja.

E diz a peta histórica e sagrada, que Can, com o peso de tão terrível anátema, desceu, cabisbaixo, o morro do Ararat e embrenhou-se na África e lá lançou sua progênie maldita, condenada, até a consumação dos séculos, a servir de escravo de seus irmãos.

Venerável Mestre, talvez eu esteja sendo acerbo nas minhas palavras, contundente na dissertação. Mas que fazer, Venerável? Não se pode calar diante de mais crime, dessa monstruosidade praticada contra o maior líder, o mais legítimo, o mais lídimo líder da Paz.

Assassinaram o Maçom Martin Luther King, mataram o negro King.

E quem disparou a bala assassina que vitimou o grande Líder? Foi a mão de um branco imbecil e fanático? Foi um agente da famigerada Ku Klux Klan? Foi a mão vermelha do comunismo internacional, aquela mesma mão vermelha que matou Kennedy?

Não meus Irmãos! Não foi. Foi aquela arma infame que ali está no Livro da Lei, foi aquela estultice, aquela imbecilidade nefasta que gerou, que criou o preconceito de cor, a divergência racial, foi ela quem gerou o ódio entre irmãos, e que é a pedra no caminho do nosso conceito de igualdade e de fraternidade.

Não vai, aqui, nenhuma ofensa ao Livro da Lei que acato e respeito, que enalteço e propago. Minha ira e meu protesto são só contra essa malfadada passagem bíblica. Essa sim, eu condeno, renego e abomino.

Meus Irmãos, um irmão nosso está morto. Tombou lutando pela igualdade e fraternidade.

Ele era um negro; mas um ao qual eu lhe beijaria os pés, humildemente. Ele era um negro. E porque era negro e amava os negros, seus irmãos, é que está morto.

Meus Irmãos, e o pior agravante, é que ele era filho de um país que se julga o paraíso da democracia, e que se intitula defensor da democracia em todo o mundo, defensores da civilização cristã.

Num país onde existe quatro milhões de Maçons, onde existe nove mil Lojas de negros, não reconhecidas pelas Lojas dos brancos.

Meus Irmãos, um nosso Irmão está morto.

E em homenagem a esse grande morto, encerramos esta Sessão com um só golpe de Malhete.

∴

14 DE JULHO – A QUEDA DA BASTILHA

LIBERDADE – IGUALDADE – FRATERNIDADE

"A maior revolução política conhecida até hoje, essa Glória imensa da França que nos batizou a todos nas águas lustrais da liberdade e da igualdade, esse ato formidável que divide a história humana em dois capítulos", foi a obra mais meritória da Franco-Maçonaria. O grande mérito dela foi saber aproveitar e concatenar os trabalhos que deveriam servir de alicerce à grande transformação moral, social e política dos povos.

Vitor Hugo, esse Maçom imortal, começou seu discurso de exaltação a Voltaire – outro ilustre Maçom – pela passagem do centenário de sua morte, dizendo o seguinte:

> *Antes da Revolução, senhores, a construção social era a seguinte: Abaixo o povo! Sobre o povo, a religião, representada pelo clero; ao lado da religião, a justiça, representada pela magistratura.*

E nesse momento da sociedade humana, que era o povo? – A ignorância. Que era a religião? – A intolerância. Que era a justiça? – A injustiça.

Meus Irmãos, a data que hoje se comemora tem, para nós, os Maçons, e para toda a humanidade, um imenso significado. Ela representa o ato de assinatura da carta de alforria dos povos e das Nações. Não foi uma simples masmorra que se destruiu nesta data. O povo francês, comandado pela Maçonaria, no dia "14 de julho" de 1789, não destruiu apenas uma fortaleza-prisão; destruiu, isto sim, a arma dos prepotentes, o símbolo da tirania e do terror, o punhal com que o obscurantismo assassinava o progresso, que a treva associava à luz em nome de um falso poder divino.

Alguém, algures, talvez perguntará: mas que papel representou a Maçonaria na Revolução? Onde estava ela que a história não viu? Qual! São vanglórias de Maçons pretensiosos!

Meus IIrm∴, vou ler a transcrição de um capítulo do livro escrito por um Coronel francês, Gabriel Bonet. Não me consta que Gabriel Bonet seja Maçom. O que consta é que é um escritor honesto. Eis o que ele escreveu no seu livro "Guerrilhas e Revoluções":

> *A Franco-Maçonaria representou um papel importante na Revolução Francesa. Lutou contra o absolutismo e o privilégio, defendeu a idéia de liberdade e igualdade de direitos. Foi mesmo o ideal dos filósofos do século XVIII, freqüentemente influenciados por ela. Voltaire pertencia à Loja "Nove Irmãs". A Maçonaria tomou parte importante na elaboração, redação e difusão dos Cadernos dos Estados Gerais. Sua organização, centralizada e hierárquica, permite-lhe propagar em todos os países a doutrina reformadora. Ela assegura a si própria, pelo renome de seus adeptos, o apoio de todas as posições oficiais. Tomou parte ativa na campanha eleitoral na primavera de 1789. A Assembléia dos Estados Gerais conta com uma forte proporção de Maçons: dos 603 deputados do Terceiro Estado, 477 pertencem à Maçonaria, entre os quais Le Chapelier, Presidente da Assembléia.*

O Grande Oriente da França compreende, então, trinta mil filiados, repartidos por 629 Lojas civis e 69 Lojas militares. Seu recrutamento toma um caráter aristocrático. A elite da burguesia – grandes negociantes, armadores, advogados, escrivães, sábios – mistura-se à nobreza e ao clero – em 1789, 27 Lojas são dirigidas por eclesiásticos – que fornecem um contingente importante. A família real aí está representada, pelo menos, pelo Grão-Mestre: o Sr. Duque de Órleans. Depois de 1785, torna-se mais acessível: os pequenos burgueses, pequenos proprietários, artífices, em íntimo contato com as realidades da vida, filiam-se à Maçonaria, que dá à Revolução alguns chefes de primeira linha: Mirabeau e Robespierre, Bailly e Desmoulins, os Lameth e outros. A Loja "Nove Irmãs" conta entre seus membros obscuros com Pétion, Brissot e Danton, Raboud, Saint Etienne e o Abade Sieyès.

As Lojas militares congregam 1.302 oficiais, comumente da mais alta graduação e da mais alta nobreza. La Fayette, Hoche, Cléber, Dumouriez e Kellermann são Irmãos. Os oficiais e subalternos, e, por vezes até mesmo soldados, acotovelam-se com os coronéis, os generais e os marechais de campo. É bom ressaltar o seguinte: a metade dos regimentos, aproximadamente, tinha suas Lojas, o que representa uma importante proporção. O Exército dispunha de 110 regimentos de infantaria, 24 regimentos de cavalaria, 24 regimentos de dragões, 4 regimentos de Hussardos e 7 regimentos de artilharia. Quase todos, além disso, freqüentavam a Loja civil da cidade da guarnição. Escapam, assim, ao isolamento mental e fazem das Lojas militares o cadinho das idéias novas; as Lojas tornam-se os centros de formação de um "Exército jovem", muito diferente do antigo, que se revolta de bom grado contra o despotismo. Elas estabelecem relações entre os diversos regimentos, cuja atitude segura, em Paris e na Província, garante o sucesso das rebeliões. Em Paris, a Loja "União dos Bons Franceses" era composta, exclusivamente, por guardas franceses e suíços. Ora, no dia 12 de julho de 1789, os guardas franceses recusaram-se a cooperar na manutenção da ordem pública e passaram à revolta, sob o comando de seus oficiais subalternos.

A Franco-Maçonaria, além disso, por organização e seus Ritos, favorece o aparecimento de numerosas sociedades intelectuais que lhe permite manter um contato mais íntimo com as massas proletárias, para discutir as questões políticas. Assim nascem e se desenvolvem os Clubes, que exercerão grande influência na opinião pública, sobre a Assembléia e nas esferas governamentais. A primeira sociedade que na França adotou o nome de Clube foi fundada em Paris em 1782. Era, então, expressamente interditado a seus membros ocuparem-se de política ou de religião. Mas a força dos acontecimentos não tarda a tornar ilusória esta proibição: depressa as questões sociais e políticas da época não são debatidas, em lugar algum, com tanta vivacidade como nesses clubes.

Desde a convocação dos Estados Gerais, os homens de tendências políticas semelhantes sentem, cada vez mais, necessidade de se reunirem, de comunicarem suas crenças, suas esperanças, e, sobretudo, de debaterem os processos de melhoria e de reforma. Os clubes estão na ordem do dia. O mais antigo, o Clube Bretão, com Sieyès, Mirabeau e Bailly. Beauharnais e o pintor Davi; o sábio Condorcet, Fabre D'Eglantine e Choderlos de Laclos, recupera em seu benefício a organização centralizada do Grande Oriente; denomina-se sucessivamente Sociedade dos Amigos da Constituição; Sociedade dos Amigos da Liberdade e da Igualdade e, por fim, Clube dos Jacobinos. As filiais não cessam de se multiplicar nos departamentos; há perto de mil. Outros Clubes fazem-se falar em Paris: o Clube dos Cordeliers, que, com personalidades tão fortes como Danton, Marat, Demoulins, Hébert, Chaumette e Legendre, não poderia ser menos famoso que o dos jacobinos; o Clube de Montrouge; o Círculo Social do Abade Fauchet, que publicava um jornal dentro do espírito das doutrinas republicanas; o Clube dos Enraivecidos, um dos que levaram mais longe a exaltação; o Clube Fauborg Saint-Antoine; o Clube da Sociedade Fraternal, teatro de tormentosas discussões políticas. É "Tou-Paris" que vibra e ferve sob seu sopro ardente.

Meus IIrm∴, isso vem demonstrar que a Maçonaria foi, realmente, a propulsora da Grande Revolução Francesa, aquele vendaval terrível que derrubou os tronos dos Reis e os poderes temporais dos papas. Vendaval que, indiferente à reacionária Santa Aliança, e suas congêneres, ainda hoje ulula por sobre a cabeça dos tiranos e ditadores.

Em carta ao Marquês de Chauvelin, Voltaire, o grande Maçom, escrevia em 2 de abril de 1764: "Tudo o que vejo lança as sementes de uma revolução que chegará inapelavelmente. O clarão se espalhou de tal maneira, que explodiremos na primeira oportunidade". O vaticínio de Voltaire aconteceu. A Revolução de 1789 marca o fim de um mundo. Ela substitui uma sociedade fundada sobre o privilégio, por uma outra onde a igualdade de todos é a lei comum. A nova França nasce e cresce em meio às lutas contra os últimos representantes da Europa feudal e monárquica. E é, ainda, a Maçonaria quem comanda a luta: a Revolução de 1830 derruba os Bourbons; a de fevereiro de 1848, proclama a República. O movimento se prolonga de Capital em Capital. Ganha Berlim, Viena, Milão, Veneza. Forças revolucionárias, em toda a Europa e América do Sul, visam transformar os regimes dos Estados, obter ou melhorar as liberdades políticas.

E em todos esses movimentos desencadeados com o "14 de julho", ergue-se um vulto Maçom, à sombra da Maçonaria.

É Galileu, na Itália; Luís Kossut, na Hungria; Hugo, na França; Hidalgo y Castilla, no México; José Martí, em Cuba; San Martin, na Argentina; Bolívar, no Peru; Miranda, na Espanha, França e Venezuela; Padre Roma, Tiradentes e Frei Caneca, no Brasil.

Poderia me prolongar por páginas e mais páginas, citando os grandes vultos da Maçonaria, em todo o mundo. Embora o dia de hoje deva ser dedicado a recordar os grandes feitos da nossa Sublime Ordem, já me estendi por tempo muito longo. E agora deixo a cargo de outros IIrm∴ tecerem mais loas sobre essa data memorável.

Salve o Grande Oriente da França!

Salve o nosso Grande Oriente!

Salve o 14 de julho! Carta de alforria dos povos e das Nações.

A ACÁCIA

Trabalho organizado pelo Irm∴ Assis

ACÁCIA – Planta consagrada como símbolo nas Cerimônias

Maçônicas, é uma árvore da família das leguminosas, quase sempre espinhosa, de madeira muito dura, folhas compostas ou divididas em folhinhas, flores aromáticas em cachos pendentes e frutos em vagem. Conhece-se várias espécies, entre elas a ACÁCIA SAYAL, ou verdadeira ACÁCIA, de cujos frutos se obtém a goma arábica. Geralmente, é confundida com a CÁCIA. Essa confusão data de 1730, havendo quem afirme ser ACÁCIA uma corruptela. Tal afirmação é contrária a toda experiência etimológica. As palavras ao corromperem-se, não se alongam, ao contrário, reduzem-se.

A ACÁCIA dos antigos era uma planta vulgar, sem significação mística, nem caráter SAGRADO. Servia para formar grinaldas com outras plantas odoríficas.

A ACÁCIA nada mais era que a Canela, a Alfazema, e às vezes, o Alecrim.

Na Bíblia, a ACÁCIA é citada no Ex. XXX, 24. Ex. XXXII, 9 e no Os. XLV, para traduzir a palavra hebraica HIDDAH e para verter o vocábulo KETZOTH, mas indicando sempre uma planta aromática. Por tal motivo, tem-se suficiente razão para afirmar ser a ACÁCIA nada mais que a Canela.

A ACÁCIA não existia na Palestina, era importada do Oriente; no entanto, a ACÁCIA sempre foi, na Antigüidade, tida como árvore SAGRADA. É a ACACIA VERA de Tournefort e a MIMOSA NILOTICA de Linneo, existentes nos arredores de Jerusalém, onde ainda hoje se encontra.

Na SAGRADA ESCRITURA ela é chamada de SHITTAH (no plural SHITTIMSETIM). A madeira da ACÁCIA era tida como SAGRADA entre os hebreus. Moisés recebeu ordem de fazer o TABERNÁCULO, a ARCA DA ALIANÇA, a MESA PARA COLOCAR OS PÃES DE PREPOSIÇÃO e o resto do mobiliário SAGRADO com esta classe de madeira.

Isaías, ao enumerar as graças que havia de outorgar aos israelitas ao voltar do cativeiro, entre outras coisas, disse que, para o seu descanso e gozo, plantaria no deserto: o Cedro, a ACÁCIA, o Abeto e outras árvores.

Assim, pois, a primeira coisa que se observa quando se estuda o SÍMBOLO da ACÁCIA, é o porquê dessa árvore ser escolhida entre tantas outras para fins SAGRADOS. A árvore com que haviam construído o tabernáculo e a ARCA DA ALIANÇA, foi considerada pelos judeus como a mais Sagrada entre as demais. E foi por tal motivo, talvez, que os primitivos MM∴, melhor conhecendo a história de ISRAEL, consagraram a ACÁCIA como símbolo de uma importante verdade moral e divina.

Não existe Símbolo de maior interesse para o estudante Maçom, que o da ACÁCIA, não somente pela sua significação peculiar, como também porque lhe abre um campo externo e belo de investigações, o que abraça o simbolismo das plantas sagradas.

Nos antigos sistemas iniciáticos e religiosos, sempre houve uma planta que teve simbolismo especial e foi venerada como sagrado emblema. Assim, nos MISTÉRIOS DE DIONÍSIOS, emprega-se a HERA; no de CERES, o MIRTO; no de OSÍRIS, a URZE; e no de ADONIS, a ALFACE.

Falemos agora da parte que mais nos interessa, da parte que mais de perto nos toca, isto é, a ACÁCIA NA MAÇONARIA.

No sistema místico da Maçonaria a ACÁCIA é o Símbolo da IMORTALIDADE DA ALMA, importante doutrina que constitui o objeto fundamental da nossa Instituição. Assim como a Natureza evanescente das flores que FLORESCEM E MURCHAM, nos recorda quanto é transitória a vida humana: a renovação das plantas, que parecem sempre jovens e vigorosas, pode comparar-se à vida espiritual, na qual a alma goza da juventude imortal e eterna primavera, uma vez emancipada da companhia corruptível do corpo.

Nas pompas fúnebres da Maçonaria, diz-se: *estes ramos verdejantes simbolizam a vida nova que tem na morte o seu ponto de partida, ou esta planta perene é o símbolo de nossa crença na imortalidade da alma. Ela nos lembra que no nosso íntimo existe uma parte imortal que há de sobreviver ao túmulo e que jamais há de perecer.* A mesma idéia é expressa numa das sentenças do 3º Grau: *com o ramo perene e sempre vivo o mestre tem maior confiança na imortalidade da alma.*

Nos funerais antigos, ramos de alguma planta perene eram levados e depositados no túmulo do ente morto. Os hebreus plantavam na cabeceira do túmulo um pé de ACÁCIA. Os gregos adornavam os túmulos com ervas e flores, costume este que ainda hoje se verifica entre nós. Os hebreus ao substituírem todas as outras plantas pela ACÁCIA nos atos fúnebres, faziam porque acreditavam ser ela incorruptível e inatacável pelos insetos, simbolizando com isto a natureza incorruptível da alma.

Do exposto, vê-se quão acertada é a colocação da ACÁCIA entre os Símbolos do Grau de MESTRE, cujas Cerimônias visam o ensinamento da grande verdade de que *a vida do homem, regulada pela moral, pela fé e pela justiça, será recompensada na hora da morte com a bem-aventurança eterna.* Quando o Mestre exclama: **A ACÁCIA ME É CONHECIDA**, é como se dissesse: *estive no túmulo, triunfei dele levantando-me de entre os mortos, e como estou regenerado, tenho direito à vida eterna.*

A significação usual da ACÁCIA é a de oferecer ao Mestre um Símbolo da imortalidade da alma e a sua natureza imutável e perene, recordar-lhe esta parte espiritual existente em nós e que jamais morrerá, por ser emanação do G∴ A∴ D∴ U∴.

A ACÁCIA é também o Símbolo da INOCÊNCIA. O vocábulo grego AKAKIA significa ao mesmo tempo a planta em questão e a qualidade moral de inocência e pureza da vida. Nesse sentido, o simbolismo se refere àquele Homem, cuja cova se plantou a ACÁCIA e por sua conduta virtuosa se converteu em modelo de M∴ e em conseqüência alude a todos os MM∴ que hão de emular seu exemplo.

Os antigos simbolizavam as virtudes e outras qualidades da alma com diversas plantas, de conformidade com sua natureza.

Quando a Maçonaria adotou a ACÁCIA como Símbolo da

INOCÊNCIA, não fez senão estender o costume universal de consagrar determinadas plantas a certas virtudes.

∴

A IGNORÂNCIA

No Trabalho que fiz sobre Hiram, tive a oportunidade de falar sobre um dos personagens que assassinaram o Mestre, e que a Maçonaria houve por bem denominar como a Ignorância, irmã gêmea da Vaidade, do Obscurantismo, do Fanatismo, do Extremismo e da Barbárie.

Nada mais justo, mais lógico, que este símbolo. Símbolo em relação à lenda, mas de uma realidade chocante, fatal, quando o analisamos à luz da História e dos próprios acontecimentos que nos cercam.

Desde a morte de Hiram, rolaram-se séculos e milênios e a Ignorância, maldita aos olhos de Deus e dos homens, vem marcando sua tragédia sinistra, com ferro e fogo, através da História da Humanidade.

Sua trajetória, sua ronda, está pontilhada por hecatombes terríveis, por guerras de extermínio e por tentativas de obstrução aos vôos do Gênio, da inteligência e do conhecimento.

A Ignorância, tanto no passado como no presente, tem manchado a História com a baba espúria da sua presença; ora personificando o despotismo político, ora a tirania religiosa.

Foi a Ignorância que condenou Galileu Galilei a retratar-se de joelhos; Arnaldo de Brescia à fogueira e Damião de Góis à prisão perpétua pelo terrível, pelo abominável crime de ter sido Damião um amigo de Martinho Lutero.

O Cristianismo, a primitiva religião dos escravos, gladiadores e libertos, dos desesperados, dos deserdados da sorte – foi uma promessa de progresso num mundo estagnado e retrógrado. A voz vibrante e revolucionária de Cristo, o Grande Iniciado Essênio, foi calada pela mão da Ignorância. A doutrina, os ideais, os rumos traçados por esse sublime agitador social, foram cruelmente estraçalhados pela Ignorância no sinistro Concílio de Nicéia, no ano 325 da Era Vulgar.

Desde então, a Ignorância, o obscurantismo, aboletados no dorso do cristianismo, declararam guerra sem trégua e sem quartel à inteligência, ao progresso e à ciência. O clero empoleirado no poder, agarrado às tetas providas do Estado, com todo o aparelho de repressão nas mãos, fez o melhor uso do mesmo, como só o clero sabe fazer. E as vítimas do obscurantismo e dos obscurantistas foram pontilhando a História da Humanidade.

Jerônimo de Praga e Savonaralla servem de alimento às chamas da Inquisição, a Santa Inquisição de Torquemada e Domingos Xavier (o piedoso São Domingos).

Joana D'Arc vai à fogueira por crime de heresia. Mas que heresia praticou Joana D'Arc? A abominável heresia de ter vestido roupa de homem para comandar os exércitos da França.

Luís Vaz de Camões se vê na triste contingência de entregar os manuscritos de sua obra imortal – Os Lusíadas – a um grupo de censores toupeiras, de inimigos da luz, de partidários do analfabetismo, de louvadores da escravidão e seguidores do teocrático "crê ou morre".

Galileu, por ter confirmado a teoria de Copérnico, de que a terra girava em torno do Sol; Miguel Servet, por ter descoberto a circulação do sangue; Damião de Góes, por ter sido amigo de Lutero; Dr. Wertt, por ter se vestido de mulher e assistido, disfarçadamente, um parto, a fim de aprender a sublime arte de Parteiro; o Padre Antônio Vieira – Glória do Brasil e Portugal –, pelo terrível crime de apiedar-se do povo; Etiene Polet, por ter traduzido as obras de Platão na íntegra, sem os cortes exigidos pelo clero; Giordano Bruno, por discordar da Teologia patrística; e milhares, centenas de milhares de Maçons, serviram de combustível às fogueiras da Santa Inquisição, pelo terrível, pelo demoníaco crime de serem Maçons.

A noite de 24 de agosto de 1562 (se não me falha a memória), a tão tristemente famosa "Noite de São Bartolomeu", quando Catarina de Médici, Rainha da França, em nome do Catolicismo, ordena a matança indiscriminada de uma vintena de milhares de protestantes e seus familiares, pelo terrível crime de terem por mentora Ana D'Albert, sua rival; e pelo tétrico, macabro desejo do Papa, de ter a seus pés a cabeça do bravo comandante dos protestantes, o Almirante Coligni, cabeça esta que o famigerado Mauwert teve a macabra missão de levá-la até Roma e depositá-la aos pés de Sua Santidade, o Papa.

Os Bórgias, a Santíssima Trindade da Família Bórgia: Rodrigo Bórgia, o Papa Alexandre VI, seu filho César Bórgia e sua filha Lucrécia Bórgia, formavam o trio mais famoso pelos seus crimes, pelas suas depravações sexuais, pela corrupção e incestos que a história de uma religião jamais registrou. No túmulo de Lucrécia Bórgia, mão anônima escreveu este epitáfio tão digno da Sagrada Família: "Aqui jaz Lucrécia Bórgia, aquela que foi em vida filha, nora e amante do papa Alexandre VI".

Todos esses fatos são obra da Ignorância, do obscurantismo e do fanatismo.

No presente, recente, atual, palpitante, temos o caso nosso, brasileiríssimo, de José Arigó: outra obra famosa da ignorância.

No decorrer deste trabalho temos traçado em cores vivas, para não dizer sangrentas, o perfil da Ignorância. Um ponto, porém, é necessário que se elucide. Existem dois tipos de Ignorância, duas formas assaz distintas.

Primeira forma – o não-conhecimento das letras, dos fatos; a falta de cultura, a ausência fatal de conhecimento. Desta forma de ignorância, o indivíduo, na maioria esmagadora das vezes, não é culpado. A culpa cabe ao meio social em que ele vive, a classe social a que pertence. Esta forma de ignorância só prejudica a quem a possui.

Mas a outra, a segunda, a que deu azo para a feitura deste Trabalho, é a que tem causado os maiores entraves ao progresso da humanidade. Diz um dito popular, que o pior cego que existe é aquele que não quer ver. Esta forma de ignorância obedece ao mesmo ditame. Ela fecha-se dentro de si mesma, e nega-se, terminantemente, a ver, a reconhecer, a admitir o que se passa a seu redor. Um sábio que diz que determinada coisa é impossível, deixa de ser um sábio e passa a ser um ignorante, talvez mais ignorante que aqueles que não tiveram a luz do saber.

O feudalismo encastelado em seus burgos e fortalezas, negava tudo, fazia questão de desconhecer tudo o que se passava além dos muros de seus domínios. E tudo aquilo que surgisse, às vezes com uma remota finalidade de modificar aquele estado de coisa, que significasse progresso, que ameaçasse, mesmo que de longe, o privilégio que desfrutavam, era esmagado simplesmente; fosse o que fosse, homens ou idéias.

Foi por essa época que surgiu a Maçonaria militante, a Maçonaria de luta, revolucionária, pode-se dizer, e inscreveu em sua bandeira de luta, morte a essa forma de ignorância. Essas fileiras foram engrossando-se com as inteligências que iam surgindo e transformando-se assim num grande, num imenso laboratório revolucionário e de pesquisa constante da verdade. Combatendo em todos os campos, todas as formas de obscurantismo, de opressão, de ignorância.

E, desse modo, as monarquias, as tiranias, as ditaduras políticas e religiosas, tiveram um inimigo valente, combatente e organizado, a lhe dar combate dia e noite, sem temor e sem trégua.

E nós, Maçons, membros dessa augusta sociedade, devemos ter sempre em mente que as duas formas de ignorância ainda subsistem mais fortes que antes, só que mais diversificadas, mais deslizantes, mais insinuantes e terríveis.

E na luta que o Grande Oriente do Brasil vem desenvolvendo desde 1822, data de sua fundação, figura no fronte principal a erradicação do analfabetismo, o ensino obrigatório e gratuito. Em segundo lugar, o esmagamento puro e simples, da ignorância institucionalizada, que grassa no seio de uma elite estagnada e retrógrada, como é a nossa e a de muitos países atuais.

A superstição, incentivada pelo clero a fim de dominar a massa inculta pelo medo e pelo temor; a dificuldade secular de acesso às escolas primárias, secundárias e universitárias, pela população menos favorecida, figuram entre as coisas mais imediatas que a Maçonaria se propôs a erradicar, como se erradica uma úlcera, um tumor maligno, para que o progresso, a luz do saber, as oportunidades, sejam o apanágio de todos os homens e não o privilégio de uma minoria misoneísta, egoísta e retrógrada.

Por isso, nós, Maçons, sob a gloriosa bandeira do Grande Oriente do Brasil, devemos nos engajar nessa luta secular e declarar guerra sem trégua e sem quartel a essas duas formas de ignorância, de obscurantismo, que tanto mal têm causado à humanidade e, em particular, ao povo brasileiro. Povo que ainda acredita que a miséria, a fome e a servidão são lei divina, e que as doenças, as mortes prematuras, são castigos de Deus.

Nosso trabalho será árduo, tão árduo que muitos se negarão a executá-lo e outros desistirão aos primeiros contatos com as dificuldades iminentes, avassaladoras, que surgirão a cada passo. A Ignorância é uma adversária perigosa e terrível. Aqueles que por trás dela se escondem e a manejam, agora, como dantes, estão empoleirados nos governos, encastelados dentro dos Templos e contam com os mais eficientes meios de propagação e de sustentação de suas filosofias obscurantistas e subjetivas.

A prova de que também somos adversários terríveis, está na imensidade de calúnias, infâmias e anátemas assacados contra nós e nossa ordem, na vã tentativa de solapá-la, de neutralizar nossa luta, de mostrar uma imagem distorcida da Maçonaria aos olhos dos Profanos, a fim de que a nossa arregimentação de novos combatentes se torne dificultosa.

Isso, longe de nos esmorecer, deve e será mais um estímulo a levar avante essa cruzada que teve como iniciador o Marquês de Pombal, e como propagador e batalhador o ilustre Grão-Mestre Lauro Sodré, de tão saudosa memória.

Meus Irmãos, voltarei em breve a apresentar novo Trabalho sobre o falso companheiro de Hiram, aquele que a Maçonaria simbolizou como sendo a ambição, tão ou mais nefasta à humanidade que a Ignorância e a Hipocrisia.

A LENDA DE HIRAM

(OS TRÊS PRIMEIROS GRAUS)

Belkiss, a lendária rainha de Sabá, tendo tomado conhecimento, através de mercadores judeus, que numa região entre o Eufrates e o Mar Vermelho, vivia um rei muito sábio, de nome Salomão, e que estava construindo um Templo a Jeová, o maior monumento artístico de todas as épocas; a maior arquitetura que um ser humano havia idealizado; e que o arquiteto, autor dessa obra genial, onde trabalhavam trezentos mil operários, fazia-se entender por todos através de sinais, já que esses obreiros vinham das regiões mais distantes da terra e falavam os mais diferentes idiomas, resolveu visitá-lo para comprovar o fato.

Salomão a esperava com uma comitiva composta de cortesãos e sacerdotes na esplanada de seu majestoso palácio sobre a colina de Ophel, de onde se descortinava o mais belo panorama da velha terra hebraica. Ao sul de seu palácio ficava o Templo monumental em construção.

Trocado o ósculo da Paz entre o mais sábio dos reis e a mais linda das rainhas, quis esta, na sua curiosidade de mulher, conhecer, pessoalmente, o genial arquiteto do Templo, que tinha o poder singular de fazer-se entender e obedecer por trezentos mil operários de diferentes nacionalidades.

Belkiss quis saber-lhe o nome.

– Senhora! – disse Salomão – esse homem esquisito e silencioso a quem ninguém trata por Hiram, que é seu nome, mas por Mestre dos Mestres, foi-me enviado pelo Rei de Tiro e é, por certo, o artista mais famoso que já lavrou a pedra bruta. Seus operários falam, na verdade, os idiomas mais diversos e pertencem a todas as regiões de terra, mas, a um simples sinal seu, todos se movimentam e executam os mais delicados trabalhos. Contudo, só o Mestre Hiram é que possui o segredo do fechamento das abóbadas.

Hiram, o grande arquiteto do Templo, curvou-se perante a grande Rainha de Sabá e, dirigindo-se para o Ocidente, subiu num bloco de pedra e estendeu a mão direita em direção ao Oriente, traçando no espaço um sinal misterioso.

Uma imensa multidão começa, então, a movimentar-se em direção à planície que circunda a colina de Ophel. Belkiss e Salomão assistem a grande massa humana que breve cercará o palácio. Belkiss sorri, Salomão mantém-se calado e com ar severo, um tanto inquieto.

Em dado momento, Hiram – o Mestre dos Mestres – ergue, novamente, o braço direito e, com a mão espalmada, traça no espaço uma linha horizontal, do meio da qual faz cair uma perpendicular figurando dois ângulos retos formando uma esquadria. Hiram, voltando-se para Belkiss, comenta: “Este sinal, senhora, é o que em Tiro se conhece pela letra “T”. Por meio dele todos os homens se movem e se congregam para a realização de uma idéia comum: A FRATERNIDADE HUMANA”.

O formigueiro humano agita-se como se uma tromba de vento o impelisse, subdividindo-se em grupos que novamente se reúnem, guardando impecavelmente as suas linhas harmoniosas.

– Majestade – volta Hiram – só pela harmonia se consegue realizar o ideal da beleza humana: A PAZ ENTRE OS POVOS.

As legiões que parecem intermináveis, ora se dobram e se desdobram, parecendo obedecer a chefes desconhecidos, que no seu próprio seio as orientam e conduzem.

Cada vez mais perto, formam agora três corpos principais, para, logo a seguir, cada um deles se dividir em três coortes distintas, espessas, profundas, marchando cada uma em ritmos diferentes.

– Reparai senhora, que nem todas guardam a mesma cadência. A primeira coorte é a dos Mestres; a segunda é a dos Companheiros, que um dia, talvez, breve, chegarão a Mestre; e, finalmente, a terceira, a dos Aprendizes, que logo serão Companheiros.

A terra treme sob o passo cadenciado daqueles 300 mil homens que avançam silenciosos, trazendo consigo os apetrechos da sua arte.

Uns, por terem esquadros, compassos, níveis e prumos; outros, réguas e alavancas; e, ainda, outros, as macetas, as trolhas e as colheres.

As rugas se aprofundam nas faces de Salomão, que medita.

– Se um sopro de cólera passasse sobre aquelas cabeças – pensava o grande Rei – "essas vagas imensas arrostariam no turbilhão do seu poder irresistível, tudo quanto ousasse opor-se a sua impetuosa marcha".

– Senhora – disse Salomão a Belkiss – como tudo é relativo no mundo! Meu trono pode ser esmagado ou submergido pelas ondas desse imenso mar humano! O poder material dos governantes vacila e cai perante o poder moral dos povos que se apercebem e formam consciência da sua força **invencível**!

Hiram – adivinhando os pensamentos de Salomão – fala pausadamente:

– Senhor, permita Deus que todos nós possamos realizar nossos ideais em paz e harmonia. Vós, entoando o Cântico dos Cânticos e fazendo justiça e nós, levantando templos à virtude e cavando masmorras ao vício.

Salomão responde:

– Sinto que há na terra um poder superior ao meu, junto do qual tenho passado sem dar por ele. Só agora compreendo que acima da majestade dos Reis está a majestade do povo.

Hiram, o chefe, que sem um grito, sem uma expressão mais forte, um gesto mais brusco, movia trezentas mil vontades ao levantar um só braço e ao espalmar a mão, estava, como todos os homens, sujeito ao ódio dos invejosos, ao rancor dos covardes, e ao pensamento mesquinho dos hipócritas.

∴

Três companheiros que ansiavam em chegar a Mestre, não pelo estudo que aprimora o espírito, nem pela dedicação ao trabalho que dignifica e leva o homem, mas pela fraude, pela infâmia e pela traição, combinaram entre si arrancar do Mestre, numa emboscada sinistra, a palavra sagrada e misteriosa que constituía o segredo do fechamento das abóbadas.

Eram os três os que mais se mostravam amigos e que mais louvavam o Mestre na comunhão dos Companheiros e Aprendizes.

Escondidos por detrás das cem mil escoras de cedro que suportavam os grandes blocos de mármore, aguardaram a passagem de Hiram e armados de alavancas e macetas, assaltaram-no:

– Mestre, o teu saber humilha-nos, revolta-nos, a tua vida está em nossas mãos.

– Vós?... Mas, então, a nossa amizade, os vossos louvores? Que exigem de mim, Companheiros?

– O segredo ou a vida.

– Traidores! Sabei que só o estudo e o trabalho vos poderão conduzir à Mestria.

Os falsos Companheiros estavam decididos e mataram-no.

∴

A mitologia maçônica figura os três companheiros traidores por três nomes que a Humanidade abomina e condena: a IGNORÂNCIA, irmã gêmea da Vaidade; a HIPOCRISIA, colaça da falsa Amizade; e a AMBIÇÃO, aliada da Violência e da Improbidade.

Rolaram os milênios e a Ignorância, a Hipocrisia e a Ambição, malditas aos olhos de Deus e dos homens, continuaram a sua ronda sinistra, encarando ora o despotismo político, ora a tirania religiosa.

A Ignorância cobrindo-se com falsos ouropéis, estende os braços à Ambição e fazem juntas o seu giro através os povos desprevenidos, pregando o regresso à lei das trevas. A Hipocrisia, solerte deslizante – dedo duro – vende o Grande Iniciado Essênio aos seus algozes; e a Ambição, arrogante e furibunda, promovendo a exploração, o esbulho e a escravização dos povos.

∴

Vejamos agora o que tem sido a ação dos três falsos Companheiros, assassinos de Hiram, através a História da Humanidade.

A Ignorância levou os povos da terra ao desespero, provocando hecatombes, e paralisando os vôos da Inteligência em nome da superstição, do medo e do erro.

Condenou Galileu a retratar-se de joelhos, Arnaldo de Brescia à Fogueira e Damião de Góis à prisão perpétua.

Com o Papa Xisto IV, estabeleceu o primeiro tribunal da Inquisição, em Sevilha, e com D. João III, introduziu-se em Portugal, torturando e queimando em autos de fé, judeus, mouros e novos cristãos.

Jerônimo de Praga, Giordano Bruno e Savonarola pagaram-lhe os seus tributos de sangue.

A um aceno seu vergaram-se reis e príncipes, e por sua ordem três mil crianças foram arrancadas aos pais e enviadas para o clima mortífero de uma ilha equatorial, a fim de serem purificadas pelos ensinamentos da Santa Madre Igreja! E lá morreram esses três mil inocentes.

Em 1490, senhora absoluta do mundo católico, e com o beneplácito do papismo, seu aliado, fez queimar os manuscritos hebreus da Bíblia, e transformar em cinzas a famosa biblioteca de Henrique de Aragão. A "Noite de São Bartolomeu" foi obra sua, e das mais famosas. No fogo desapareceram também seis mil manuscritos que tratavam das Ciências Ocultas. A Universidade de Salamanca, a mais famosa do século XV, perdeu suas obras científicas numa fogueira, cujas chamas se elevavam a mil metros de altura.

Tudo isso foi obra da Ignorância, inimiga visceral do progresso, da cultura e da Inteligência.

A Hipocrisia, deslizando de mansinho, e conquistando a confiança alheia, tornou-se a maior fornecedora de combustível para as fogueiras da inquisição, de hóspedes para as masmorras da tirania e para as prisões das Ditaduras atuais.

A Ambição, essa vem fomentando guerras, através dos tempos, vem subjugando povos e dizimando gerações inteiras.

∴

A **Maçonaria** inscreveu em seus escudos de combate, a morte aos três assassinos de Hiram. Não porque alimentasse ilusões quanto à "perfectibilidade humana", mas porque quanto menos inimigo melhor.

E nós, Maçons, herdeiros da tradição maçônica, devemos também inscrever em nossa bandeira de luta e de combate, a morte aos assassinos de Hiram, hoje com roupagens diferentes mas com as mesmas sinistras finalidades.

∴

A LIBERDADE

Venerável Mestre, Luzes meus IIrm∴

O tema que irei abordar neste Trabalho é um tema muito querido aos Maçons de todo o mundo e a todo mundo não-Maçom. É o primeiro nome dessa trilogia, dessa sublime trilogia maçônica, que tem servido de espantalho para os tiranos e de finalidade mediata e imediata de toda luta da Maçonaria – a Liberdade.

Sei que tudo que eu disser sobre a Liberdade será uma repetição do que já foi dito e repetido por milhões de bocas em todos os recantos da terra, mas, mesmo assim, nunca é demais falar sobre a Liberdade, especialmente nos dias de hoje, quando um governo de exceção tenta sepultá-la à moda Mussolini, que disse: "Acabamos de sepultar o cadáver pútrido da Liberdade". Sim, meus IIrm∴, o momento é propício para se falar de Liberdade, já que estamos à porta de um regime neofascista e totalitário.

A Maçonaria Universal sempre pautou na luta pela implantação de todas as liberdades entre os povos de toda a terra. A Liberdade de pensamento, a Liberdade de opinião, a Liberdade de não ter medo, a Liberdade de reunião, a Liberdade de escolher seus próprios governantes através do voto secreto e Universal, a Liberdade de Cátedra, a Liberdade de Religião e a Liberdade de se ter Liberdade.

O grande e poderoso Irm∴ Ibérico, Emílio Castelar, clama em altos brados:

Sem Liberdade a arte é reflexiva como a natureza, é a imitação do passado, é o vôo da ave prisioneira que ensangüenta as grades de seu cárcere. Sem Liberdade o Lar doméstico está exposto às delações e às violações do esbirro. Sem Liberdade, o pensamento, a alma da ciência, cai no silêncio e morre! Sem Liberdade toda a justiça é mentira, todo castigo é infâmia, toda religião é hipocrisia. E é por isso que o anelo de todas as artes, o segredo de todas as investigações científicas, o desejo de todas as gerações encaminham infalivelmente para romper as cadeias, sacudir as tiranias, conseguir, enfim, essa liberdade sem a qual é triste, é odiosa e impossível a vida.

Sobre a Liberdade de opinião, disse o grande Irm∴ Voltaire a um adversário: "Não concordo com uma só palavra do que dizeis, mas defenderei até a morte o vosso direito de dizê-las".

O artigo 141 da Constituição, que no governo anterior devia ser, tinha de ser intocável, mas que atualmente é mais tocável que corpo de meretriz, diz o seguinte: "É livre a manifestação de pensamento!".

Não acrediteis nessa balela meus IIrm∴. Desde que o seu livre pensamento não seja o pensamento do governo, está aí a política estatal para calá-lo, se não com a morte, pelo menos com o silêncio de um cárcere e a suspensão dos direitos políticos.

Liberdade é o inverso do determinismo, da coação, do jugo, da escravidão.

Liberdade civil é o direito de se fazer tudo aquilo que a lei não proíbe; Liberdade política é o gozo dos direitos da constituição dos povos; Liberdade de religião é o direito de professar a religião que achar melhor; Liberdade de consciência é o direito de acreditar no que julga ser verdade.

Além dessas formas de Liberdade, aqui citadas, existe ainda a liberdade de imprensa (um tanto cerceada pela censura estatal), a liberdade de ensino, social e econômica; a liberdade de livre câmbio, a liberdade de comércio de associação.

O Senador Robert Kennedy afirmou há poucos dias a um jornalista em Nova York:

> *Liberdade é a participação nas decisões do governo, é a oportunidade de exercer cabalmente o talento – sem entraves de origem social, falta de riquezas ou os arbitrários ditados de outras.*

Meus IIrm∴, as conquistas do povo há muito derrotaram o exercício da violência pura e simples. Cada um e todos sabem que é patrimônio jurídico da Humanidade – o direito de "pensar" e de "dizer". Que há um direito de não ter medo, conhecimento exato da inutilidade da "violência". Há um direito de "crer", de possuir "convicções", de discordar das formas milagreiras que tentam nos impingir, de lutar pelas suas idéias, dentro da tolerância e do respeito pelas opiniões alheias e isso não pode ser proibido, classificado como crime, sancionado por tribunais de exceção, do mais primário subjetivismo.

Esses direitos é que é preciso garantir, meus IIrm∴, porque somente através da vigência do exercício dessas liberdades, o Povo pode retomar a sua luta pela emancipação econômica, pela autodeterminação política da Nação, e reformar dentro do processo histórico, com as circunstâncias, o estilo, as condições, os costumes e as tradições que lhe são próprias, os resíduos de uma estrutura caduca que resiste ao progresso, às conquistas da ciência, ao condicionamento do homem em termos de Humanidade.

A Maçonaria Universal e brasileira possui a mais bela tradição de luta em prol dessas liberdades. A ordem dos carvoeiros de Hanover, a famosa Carbonária, instituição paramaçônica que foi criada com a finalidade de libertar os povos do jugo dos reis e dos Papas, bem demonstra o papel preponderante na luta libertária. A Maçonaria egípcia, a Maçonaria de Cagliostro, no Ritual do Grau 90 Copto. Lê-se o seguinte juramento:

> *Liberdade! Aceita o sacrifício dos nossos corações e o tributo do nosso*

sangue. Por muitos crimes que se hajam praticado em seu nome, tu és ainda, liberdade, a única esperança dos que têm fome e sede de justiça.

Recebe em teu seio os pensamentos nobres que brotam da nossa alma, e acredita, ó santo dos santos, que tudo o que em nós palpita de belo e grande, é por ti, e só por ti, ó Liberdade.

Os que te detestam, serão aniquilados! Os que te sufocam, serão, um dia, sufocados! Então, quando a fraternidade for o Evangelho da Humanidade, e o homem deixar de ser escravo de outro homem, tu reinarás como senhora, maior que todas as divindades, porque serás a única deusa no altar dos nossos corações.

Quando iniciamos no escocesismo, também assumimos um compromisso moral com a liberdade e juramos defendê-la a qualquer preço. Por isso, quando assistimos a prisão de estudantes pelo crime de se reunirem em assembléia na Capital mineira, quando até o clero conservador e retrógrado como o nosso, que vê o dedo do comunismo nos frutos mais franciscanos, se sentiu revoltado, e ao ver que o governo federal fechava todas as portas de Belo Horizonte aos estudantes, inclusive as suas Universidades – abriu as portas de seus conventos e a exemplo do que se está fazendo na Espanha, convidou, publicamente, os estudantes para que se reunissem dentro do Convento, longe dos olhares assassinos dos esbirros do governo; sentimos que alguma coisa precisa ser feita.

Quando vemos o governo suspendendo direitos políticos, pelo simples fato do possuidor desses direitos discordar da forma arbitrária de agir do nosso governo; quando os homens que o ajudaram a usurpar um posto que não conquistou nas urnas, se revoltam contra o sistema ditatorial que está impondo ao povo brasileiro – Amauri Krul, Justino Alves e Mourão Filho, como inegável exemplo – nós, Maçons que nos idos de 1789, acendemos a tocha da liberdade nos altares da Revolução Francesa; tocha que através os tempos os Maçons conscientes e progressistas têm dado a própria vida para mantê-la acesa na alma dos povos e nos altares das Nações, não podemos alienar-nos, acomodar-nos, fecharmos os olhos à realidade como a avestruz que esconde a cabeça para não ver aproximar o perigo.

Meus IIrm∴, se ligo o tema liberdade com os fatos ocorridos em Belo Horizonte, terra onde, dizem, nasceu e morreu a Liberdade, não é mera coincidência, é intenção minha alertar os IIrm∴ para a luta.

Estamos perdendo terreno meus IIrm∴. Nós que sempre estivemos na vanguarda das lutas libertárias e sociais, estamos perdendo terreno. E perdendo para quem? Para o clero meus IIrm∴, o elemento mais conservador e retrógrado de que se tem memória. Os manifestos que vêm sendo dados a público pelos Bispos do Nordeste e culminando com este último que ainda é causa de debates acirrados, é bem uma prova do quanto nós, Maçons, estamos nos distanciando das causas populares que sempre foi o apanágio dos nossos ilustres antepassados.

Falar sobre a nossa liberdade perdida é uma necessidade, mas, também, um sacrifício. É penoso falar daquilo que se perdeu. E em meio a esse trucidamento sistemático da liberdade, só resta um lugar, um tabernáculo, onde podemos ainda falar, expressar os nossos pensamentos. Esse lugar, o mais antigo laboratório de Liberdade e de Libertadores, é o nosso Templo Maçônico.

Aqui é o único terreno livre, tribuna da Liberdade, Lar dos homens livres, onde a declaração não medra e nem se dá pousada à hipocrisia.

Pois ninguém busca a Maçonaria para enjaular seus pensamentos, ou sujeitar a consciência aos grilhões da ignorância, do preconceito e do erro.

A primeira condição para ser Maçom é nunca ter sido escravo, nem possuir vocação para eunuco.

A segunda é ter independência de caráter, inflexibilidade na espinha dorsal e espírito de resistência a todas as tentativas de opressão, ostensiva ou disfarçada.

O Maçom que se humilha, que sofre calado e não reclama, que

vendo o sofrimento de seus IIrm.·. não acorre em seu auxílio, pode ser tudo na vida, menos um perfeito Maçom.

O moderno espírito maçônico – disse Adelino Figueiredo – é como a crisálida que, por amor à liberdade, rompe a parede estreita de seu cárcere e se lança esperançosa à conquista do infinito.

A Maçonaria é como a Fênix grega: renasce das cinzas de seus mártires, porque essas cinzas guardam o fogo sagrado da Liberdade. E a Liberdade é a vida.

∴

A MAÇONARIA E A LIBERTAÇÃO DOS POVOS

Venerável Mestre, Luzes, meus Irmãos

Como já fiz questão de frisar num Trabalho anterior, a Maçonaria é uma instituição de luta, é uma arma de alto poder e longo alcance. Tanto isso é verdade, que os governos absolutos e as Ditaduras não permitem o seu livre funcionamento. Exemplos estão aí com as Ditaduras de Franco e Salazar, e os regimes socialistas (exceção feita à China Comunista, onde a Maçonaria não foi molestada, podendo reunir-se regularmente) para provar a assertiva de que a Maçonaria é uma instituição de luta, não compactuando com a estagnação, com a prepotência e o isolacionismo.

Feito este necessário preâmbulo, retrocedamos no tempo até a Loja "Nove Irmãs", nos anos que antecederam a grande "Revolução Francesa".

Como ponto de partida, coloquemos a Iniciação de Voltaire. A Iniciação de Voltaire prendeu, por muito tempo, as atenções de todo o mundo maçônico. Nela se fizeram representar a Imperatriz Catarina da Rússia e o Rei Frederico II, por meio de Embaixadas especiais compostas das maiores notabilidades dos seus países: a Inglaterra e a Itália. O "Novo Mundo" foi representado pelo grande Benjamin

Franklin, que foi, conjuntamente com Court de Gebelin, o proponente do Candidato para a Loja "Nove Irmãs".

A Loja "Nove Irmãs", fundada pelo grande astrônomo Lalande, era uma espécie de Santuário parisiense, onde participava, além de seu ilustre fundador, o filósofo Diderot, o químico Fourcroy, o físico americano Benjamin Franklin, os geômetras Laplace e D'Alembert, os naturalistas Daubeton e Lamark, o grande matemático e filósofo Condorcet e todo um mundo de poetas e escritores e de artistas da França, Inglaterra, da Alemanha e da Itália. Só faltava mesmo o grande demolidor de preconceitos Francisco Maria Arouet – Voltaire.

A Iniciação de Voltaire, a alma dos Enciclopedistas foi, de fato, o morrão impiedoso que provocou a maior explosão da História da Humanidade.

Com a Iniciação de Voltaire, teve início o grande movimento de libertação dos povos dentro das Lojas Maçônicas. A Revolução Francesa foi o farol que guiou os povos na luta contra os imperialistas espanhóis e portugueses nos solos das Américas. Da Loja "Nove Irmãs" saiu a semente que, semeada nos solos férteis das Américas, brotou a grande Epopéia de Libertação.

No último quartel do século XVIII, Francisco Miranda, patriota venezuelano, exilado em Londres, fundava ali, ante a expectativa benévola da Maçonaria inglesa, uma sociedade secreta com finalidades políticas e Rituais Maçônicos, destinada a promover a libertação dos povos americanos do jugo imperialista espanhol, com o nome de "Grande Reunião Americana", para os Profanos e da Loja "Cavaleiros da Razão" para os Maçons. A "Grande Reunião Americana" recebia, dentro em pouco, a adesão e os juramentos solenes dos grandes revolucionários latinos: San Martin, Rocafuerte, O'Higgins, Montufar, Marino, Alvear, Coro e Simon Bolívar, todos acordes no propósito comum de banirem do continente americano o imperialismo espanhol e instituírem o regime Republicano como o único capaz de satisfazer os anseios de liberdade dos povos do Novo Mundo.

Deve-se esclarecer que a Loja "Cavaleiros da Razão" não era

uma entidade maçônica, mas sim uma entidade composta de Maçons. Tanto é verdade que um Maçom para filiar-se à Loja "Cavaleiros da Razão", tinha que ser Iniciado novamente nos seus mistérios. Uma Prancha da Loja "Lautaro" de Lima (Peru), sufragania da Grande Loja "Cavaleiros da Razão", que o Venerável endereçou a 6 de novembro de 1817, ao general San Martin, vem corroborar o que afirmamos.

Ao nosso querido Irmão Franco – Saúde, Força e União.

De acordo com as nossas observações, julgamos informar-vos, para melhor êxito de vossas operações, do estado de nossa Ordem neste hemisfério e também na Espanha, assim como dos progressos que vimos fazendo na arregimentação de novos elementos que podem colaborar em nosso movimento de independência.

Acabamos de Iniciar nos nossos Mistérios o Irm∴ Franklin, filho do país, ao qual delegamos poderes para se colocar sob as vossas ordens, a fim de lutar pela causa sagrada que desposamos. Estamos certos que o Irm∴ Franklin vos poderá ser de grande utilidade na libertação do Novo Mundo.

Aceitai o fraternal abraço do vosso Irm∴, etc.

A "Grande Reunião Americana" era uma sociedade secreta com finalidades revolucionárias, usando, contudo, Rituais Maçônicos em seus trabalhos.

Por sua inspiração se fundou, em Buenos Aires, a Loja "Lautaro", precursora de outra "Lautaro" chilena e ambas se converteram, mais tarde, em quartéis generais da independência americana.

Antes, porém, de dissertarmos sobre a "Grande Reunião Americana", devemos conhecer alguma coisa sobre seu fundador, o grande Revolucionário Francisco Miranda.

É o poderoso Irm∴ Henrique G. Brouquem quem lhe traça o perfil.

Francisco Miranda foi amigo de George Washington e dos filhos do Rei da Inglaterra; freqüentou assiduamente os gabinetes ministeriais da Grã-Bretanha e dos clubes revolucionários de Paris; foi comensal de Bonaparte e confidente do Duque Wellington, seu vencedor. Apertou a mão de Frederico "o Grande" e José II, e com os Girondinos se empenhou para humanizar a Grande Revolução. Serviu nos exércitos da França e neles se cobriu de Glória. Foi perseguido pelos jacobinos, pelos Termidorianos e depois pela polícia de Napoleão. Privou da amizade da Grande Catarina da Rússia e conheceu os salões aristocráticos de Paris no tempo do Diretório. Foi amigo de Jeremias Bentheran e de Thomaz Payne. Fundou sociedades secretas e cingiu o Avental Maçônico para iniciar Simon Bolívar e O'Higgins. Bateu-se heroicamente à frente dos exércitos venezuelanos contra a fatalidade e a incompreensão, e, como todos os idealistas, foi amado, admirado, caluniado e odiado pelos grandes de seu tempo. Conheceu a embriaguez das vitórias e sofreu as dolorosas conseqüências das derrotas; a doçura das amizades abnegadas e as amarguras das traições rasteiras. Foi ator principal na Grande Revolução Francesa e precursor e mártir da Independência Sul-Americana. Morreu nas masmorras de Cádiz, na Espanha.

Agora, voltemos à "Grande Reunião Americana" ou, para nós, Maçons, a Loja "Cavaleiros da Razão".

A Loja "Cavaleiros da Razão" tinha ainda uma função específica no seio da nova ordem política que brotava da "Grande Revolução Francesa": interpretar as novas idéias, adaptá-las às peculiaridades dos povos do Novo Mundo, e transmiti-las às filiais depois de apuradas no cadinho rigoroso das possibilidades políticas e sociais.

Das Lojas "Lautaro" saíram, pois, os libertadores de toda a América Espanhola, como das "Academias" e das "Universidades Democráticas" do Norte, herdeiras do espírito irredentista do "Areópago" de Itambé, e do Grande Oriente do Brasil, saíram os heróis da Independência Brasileira.

Como curiosidade, transcreverei para os IIrm∴ a doutrina objetiva que constituía a essência dos Cinco Graus em que trabalhavam as Lojas "Lautaro" na América espanhola.

1º Grau: ao Iniciar-se na Ordem, o Candidato jurava sobre o Esquadro e o Compasso, Símbolo da Maçonaria Regular, que dedicaria todo o seu esforço à Independência americana, pondo a serviço dessa causa a sua vida e os seus bens.

2º Grau: o Iniciado tinha que exibir os seus serviços prestados como Aprendiz e, reafirmando sua fé nos destinos da América, dentro da mais pura Democracia, jurava que jamais reconheceria como governo legítimo, senão o que fosse eleito pela livre e espontânea vontade do povo, obrigando-se ainda a trabalhos pela instauração do regime republicano sob a égide da Liberdade, da Igualdade e da Fraternidade, fontes da soberania popular e da solidariedade entre os povos americanos como ponto de partida para o aperfeiçoamento das relações fraternais entre todos os homens da superfície da terra.

3º Grau: o Candidato aspirante à plenitude dos direitos da Ordem, tinha de reconhecer que a cada um desses direitos correspondia um DEVER INDECLINÁVEL. Que para ele a Pátria americana sobrelevava o valor da sua própria vida. Assumia o compromisso de propagar entre os civis a necessidade de uma insurreição geral e, glosando a obrigação maçônica de "Levantar templos à virtude e cavar masmorras ao vício", declarava-se disposto a todos os sacrifícios em bem da Pátria e da Humanidade.

4º Grau: o postulante que nos três Graus precedentes dera provas de sua dedicação à Causa, subia agora da planície às regiões fortificadas do próprio poder político. Ele teria de converter os funcionários à Causa da Revolução, e de subverter a máquina administrativa, emperrando-lhe as engrenagens e dificultando-lhe toda a ação normal e regular. O "noviciado" do Candidato assegurava-lhe esta ascensão às esferas delicadas, onde um passo em falso poria em risco de perder-se toda a rede conspiratória tecida pela Loja "Cavaleiros da Razão", coração, alma e cérebro do movimento libertador americano.

5º Grau: a isto só ascendiam os grandes chefes militares e civis que tinham a seu cargo a preparação militar, a seleção dos valores mentais para funções de governo, e dos agentes diplomáticos, a cuja responsabilidade ficava a preparação psicológica e a captação das simpatias com o apoio moral e material das nações estrangeiras, cuja expectativa benévola já era, aliás, conhecida.

Decorados com esse Grau foram Puyrredón, O'Higgins, San Martin, Simon Bolívar, Belgrano, Sucre, José Marti, Santiago Rivadavia, Matias Irigoyen e o próprio Francisco Miranda, fundador da "Cavaleiros da Razão". E além destes, o malogrado Cura de Dolores, Miguel Hidalgo y Castilla, chefe do primeiro movimento mexicano contra o imperialismo espanhol na América Latina, arcabuzado com outros companheiros em Chihuahua, após a sangrenta batalha de Ponte Calderón.

Este cura, Miguel Hidalgo y Castilla, apoiado por índios e mexicanos, proclamou a independência de sua pátria, estabeleceu um governo livre em GUANAJOTA e partiu à frente das legiões libertadoras contra o vice-rei Venegas, que com a fina flor das tropas reais defendia a Capital. As forças de Miguel Hidalgo foram derrotadas e a revolução fracassou.

Miguel Hidalgo y Castilla, o primeiro que soltara o grito de independência do México, foi supliciado pela Igreja e depois entregue à polícia do Rei Fernando, que o fuzilou como traidor. Suas últimas palavras foram:

– Soldados de Castela! Opressores de minha Pátria! Dentro de dez anos sereis expulsos de toda a América Latina!

O resultado dessa grande epopéia, é do conhecimento de todos. O imperialismo espanhol e português foi banido do continente como profetizara o cura de Dolores. No Brasil, o grande Irmão Tiradentes abalou os alicerces do império com sua revolta e D. Pedro I, outro Maçom, derrocou as colunas do império português, e mais tarde outros Irmãos Maçons: os Andradas, Deodoro, Gonçalves Ledo e outros, nos deram a República.

A participação da Maçonaria na libertação dos povos oprimidos é um orgulho e um estímulo a todos os Maçons conscientes de sua missão e engajados na luta pelo bem comum, pelo engrandecimento de sua Pátria e da nossa sublime Ordem.

AS ORIGENS DA ESCRAVIDÃO

(TRADIÇÃO RELIGIOSA)

O mundo estava salvo.

A cólera de Deus havia passado.

Deus castigava a humanidade culpada, afogando-a no Dilúvio Universal.

A Arca jazia no cume do Ararat e as águas voltavam a seu leito, a natureza renascia em esplêndida primavera, mas, eis que no espírito dos privilegiados da Arca, no coração dos escolhidos de Deus, também, habitava o ódio.

O pecado perdurava no espírito dos filhos de Noé, como, no passado, havia-se engendrado no coração dos filhos de Adão.

O desacato de um filho traria a maldição sobre uma raça inteira e a cólera de Deus cairia sobre uma parte da humanidade.

Eis que Noé dormia embriagado e nu. O sumo da videira mergulhara-o na mais profunda embriaguez. Dois de seus filhos cobriram-no com um manto, enquanto Can, o terceiro filho, riu-se do grotesco e nada dignificante espetáculo que seu pai proporcionava.

E eis que o pai acordou e, ao tomar conhecimento do acontecido, amaldiçoou Can e Deus subscreveu a maldição do pai embriagado, indo além, colocando sobre a fronte de Can uma mancha negra como a sombra da noite, e o condenou à maldição, não só ele, mas a seus filhos e aos filhos de seus filhos e castigou no pai culpado, gerações e gerações de inocentes; e os irmãos não amaldiçoados, que eram os irmãos "virtuosos", receberam de Deus o poder de oprimir o irmão já tão duramente punido.

A maldição de Can gerou o ódio dos irmãos contra irmãos e criou a inimizade de raças entre os homens e o milenário preconceito de cor que ainda hoje não foi erradicado.

E o homem maldito – Can – fugiu para refugiar-se nos bosques e ali foi perseguido e caçado pelos irmãos e, em nome dessa maldição foi varrida para sempre a igualdade entre os homens.

E a maldição do pai semeou a discórdia entre os filhos e matou entre eles o amor, e anulou a piedade; e os irmãos se acreditaram com o direito à liberdade e à vida dos seus irmãos.

E foi em nome dessa estúpida e execrável maldição, é que surgiu a ESCRAVIDÃO.

Cristo, porém, veio provar que a "Lendária Maldição" não é certa.

Deus não poderia ter estabelecido a desigualdade entre os homens.

Deus, que é o amor, não impõe o ódio.

Deus, que é o bem, não ordena o mal.

Deus, que é a virtude, não manda o crime.

Deus, que é a caridade, não ordena a maldade.

Deus, que é o Pai dos homens, não quer que seus filhos sejam servos de seus filhos.

Deus, que é a paz, não deseja a guerra entre irmãos.

Deus, que é o Pai do Direito, não ordenou jamais o atentado.

Deus não estabeleceu distinção de raças, nem de cores, entre os homens.

Deus não fez servos e senhores.

Deus, que é o Pai da Liberdade, não sancionou jamais a Escravidão.

Todos os homens são iguais perante Deus.

Deus disse pela boca do Cristo:

> *Entre vós não há primeiro nem último. Amai-vos uns aos outros.*

Mais dilacerada, porém, que a túnica de Cristo, foi sua doutrina, e em seu nome se ergueram autocracias nefandas e teocracias sinistras.

Embalde à ciência disse:

> *Essa cor escura que vedes sobre a fronte de vossos irmãos, não é fruto de uma maldição, não é um castigo divino, é o resultado natural do clima*

em que eles vivem, do solo onde eles nasceram. A desigualdade de cor não é desigualdade de condição.

Em vão, os espiritualistas disseram:

Se a alma é diferente do corpo, se é sopro divino, Deus soprou igualmente sobre a fronte de todos os homens; logo temos alma igual; se a alma é que forma o ser, todos somos seres iguais.

O materialismo evolucionista tem pregado que a raça humana é originária de uma única célula e que, assim sendo, todos são iguais, já que têm a mesma origem.

Mas eis que os gritos da Ciência e da Filosofia não foram ouvidos, porque os homens necessitavam oprimir para vingar-se da opressão dos reis sobre eles. Os reis, por seu turno, necessitavam de povos escravos e em sua ambição quiseram derivá-lo do Céu e falaram do Direito Divino.

Esse Direito Divino os reis foram buscar na tradição religiosa; num livro sinistro (O Velho Testamento), cujas páginas estão cheias de castigos e anátemas. Onde se vêem nações conquistadoras, em nome de Deus, e povos assassinados, e nações passadas a cutelos, e raças submetidas à escravidão. Tudo isso em nome de Deus.

E foi nessas páginas sangrentas, que os reis acreditaram achar a razão de seu domínio, e oprimiram os povos em nome de Deus.

E foi preciso que a Maçonaria soltasse o seu brado de guerra à opressão – Liberdade, Igualdade e Fraternidade, e que escrevesse o novo Evangelho da Humanidade, compendiado nos "Direitos do Homem", para que a abolição da escravatura tivesse o impulso terrível, esmagador e triunfal.

∴

MAÇONARIA E FILOSOFIA

Meus IIrm∴, a Maçonaria não tem uma filosofia própria, específica. A Maçonaria é eclética, isto é, ela conseguiu quase o impossível, ou seja, reunir e harmonizar tantas correntes filosóficas e dirigi-las para um princípio comum – o aperfeiçoamento e o bem-estar da humanidade.

Quando digo que a Maçonaria conseguiu quase o impossível, me refiro à antinomia inerente a um amálgama de idéias diferentes e, às vezes, antagônicas, já que ela, a Maçonaria, tem por princípio fundamental dar a seus filiados a mais plena liberdade de opinião e de expressão do pensamento.

Há que destacar, porém, uma premissa: a Maçonaria é intrinsecamente metafísica, mesmo no Rito Francês, ou Moderno, ou Azul, que é agnóstico, prevalece a Metafísica, prevalece o espírito sobre a matéria.

O ecletismo da Maçonaria não é só filosófico. É político, é religioso. A Maçonaria em termos não é política e sim apolítica. A Maçonaria não é uma seita e muito menos uma religião. Para evitar a antinomia de idéias antagônicas, a Maçonaria proíbe a seus filiados toda e qualquer demonstração sectarista religiosa e partidarismo político, dentro das quatro paredes de seus Templos. Mas se ela, por um lado, proíbe o sectarismo, o partidarismo, por outro lado ela admite que se aborde os dois temas em sentido geral. Pois está dentro de seu postulado e é seu desiderato o congraçamento da humanidade e o aperfeiçoamento das sociedades.

A Maçonaria, em termos, é apolítica. Digo, em termos, porque de fato a Maçonaria é política.

Senão, vejamos: a Maçonaria é ilegal e funciona clandestinamente, na Espanha, Portugal, Síria, União Soviética, Cuba e outros países ditatoriais. Por quê? Porque a Maçonaria pratica a filantropia desinteressada? Porque a Maçonaria aspira o congraçamento universal e a fraternidade entre os povos? Não. Nenhum tirano, por mais tirano que seja, tem o coração tão duro, tão empedernido que considere fatal um ato de filantropia; que seja tão mentecapto, que rejeite um abraço fraterno daqueles que vivem sob seus tacões. Por que então essa descabida perseguição?

Meus IIrm∴, a resposta é simples. É porque a Maçonaria é uma força política inimiga tenaz dos regimes de força, das ditaduras políticas e religiosas, dos totalitarismos ostensivos ou disfarçados. A Maçonaria como força política que é, derrubou a monarquia francesa, fechou o tribunal do Santo Ofício e escarrou na face purulenta da Santa Inquisição, através de um grande Maçom, o Marquês de Pombal. A Maçonaria unificou a Itália através de seus três baluartes políticos que foram: Garibaldi, Cavour e Mazzini. Triunvirato famoso que dirigiu a saudosa Carbonária. Foi ela ainda que, por intermédio de Francisco Miranda, fundou a Grande Reunião Americana e que juntamente com seus IIrm∴ Maçons, Bolívar, Sucre, Washington, O'Higgins, Hidalgo de Castilla, San Martin, José Martí, Gonçalves Ledo e Feijó, libertaram as Américas do jugo colonialista dos ingleses, franceses e espanhóis.

Meus IIrm∴, quando escrevo sobre a Maçonaria, eu me entusiasmo tanto que vou dissertando a esmo e até fugi do tema principal do meu Trabalho, que é o Ecletismo Maçônico.

O Ecletismo Maçônico aceita e respeita quatro postulados filosóficos que são: misticismo, deísmo, teísmo e agnosticismo. Embora distintos entre si, estes postulados, estas correntes filosóficas são, essencialmente, metafísicas.

Misticismo vem do grego Mystos. Mystos era o iniciado nos mistérios da antiga Grécia. Mystagogo (Gogia significa condução) era o iniciado que conduzia o aprendiz aos mistérios.

O termo misticismo tomou o sentido da crença na possibilidade de uma união, fusão, íntima e direta, do espírito humano ao princípio fundamental do ser, ao conhecimento supernatural da divindade.

Chama-se, ainda, misticismo, toda atitude religiosa, que busca a união com a divindade.

O que caracteriza o místico é considerar sobrenaturais certos fatos naturais, que parecem violar as leis da natureza, ou são produzidos por poderes que ultrapassam as coisas, os quais determinam que se dêem de determinado modo.

O Deísmo – tem esse termo dois usos bem comuns. Para alguns

autores, Deus não tem uma relação imediata com o mundo, razão pela qual é inútil pedir-lhe ação através de súplicas. Outra concepção afirma a existência de Deus, autor da natureza, não, porém, providente, sem atributos morais, e que não é merecedor de um culto especial, nem se manifestou ao homem pela revelação.

Teísmo – a diferença fundamental que existe entre Deísmo e Teísmo é que, para o primeiro, Deus confunde-se com a natureza, como no panteísmo, com a qual se identifica.

O teísmo opõe-se tanto ao ateísmo como ao panteísmo. Para o teísmo Deus é pessoal, e causa do mundo. Para o panteísmo tudo é Deus.

Agnosticismo – é a doutrina que declara o absoluto inacessível ao espírito humano.

O termo é empregado para designar toda doutrina que afirma a impossibilidade peremptória de conhecer a realidade, cuja existência, porém, é admitida como certa ou como possível.

O agnóstico, se não crê num Deus pessoal, individualizado que é, ao mesmo tempo, Bom e Vingativo, que se comove com uma oração e às vezes não ouve o choro de crianças famintas, mas crê num Demiurgo. Não o Demiurgo de Platão e muito menos o de Plotino. Um Demiurgo, uma força criadora do Universo, construtora dos planetas.

O agnóstico não é carismático, não crê em milagres e desconhece por completo as especulações de ordem puramente idealista.

O agnóstico ama o homem, crê na ciência e é um intransigente lutador pela paz da humanidade. O mais alto representante do agnosticismo moderno é o Lorde Inglês Bertrand Russel, o maior líder pacifista da atualidade.

CAPÍTULO VI

Nasce um Escritor

O Xico Trolha sempre teve um pé no passado e o outro no futuro; ele agia no presente, mas não o vivenciava.

As suas memórias e os seus sonhos futuros ocupavam-no totalmente. A partir do momento que ele dava forma a um pensamento, outro já estava a caminho, era um movimento contínuo de criação. Gostava de rememorar os fatos já vividos, reescrevia-os para não se esquecer, lia incansavelmente os seus autores prediletos a fim de reavivar a memória.

Dentro de suas incursões pelo Brasil afora, ele preferia ir de carro para que pudesse ir ouvindo as músicas se,tanejas que mais gostava. O interessante, é que o homem bem-humorado e alegre, dava vazão neste momento ao homem rural melancólico e solitário, não havia depressão, apenas uma saudade imensa daquilo que já tinha vivido; mas como sempre, ele saía da introspecção melancólica e entrava na introspecção criativa, com uma lucidez de fazer inveja.

Todos os seus projetos tinham início, meio e fim; prevenido e prático como sempre foi, ele me mostrava onde estavam os livros escritos por ele (acabados e inacabados) e qual a ordem de publicação que ele desejava caso viesse a faltar, as capas que ele gostaria, etc.

É um verdadeiro quebra-cabeça organizar alguns de seus textos, porque como ele e o computador não foram sequer "colegas", os seus manuscritos eram escritos laboriosamente com canetas azuis, pretas e vermelhas, com letra trabalhada e legível. Segundo ele, escrever à mão lhe permitia "pensar". Estes manuscritos são dignos de serem guardados.

O seu grande sonho era escrever, junto com o Castellani, uma Enciclopédia Histórico-filosófico-maçônica. Ele pesquisou e escreveu os verbetes até a letra N, e a partir daí ele relacionou todos os demais. Terminar esta Enciclopédia passou a ser o meu objetivo de vida, sinto de coração que devo isso a ele.

O Xico Trolha sempre gostou de escrever, mas o empurrão que ele precisava foi dado com a morte do Irmão e amigo Alécio José Gomes, coincidentemente com a mesma idade do Fernando. E, para homenageá-lo, ele propôs a formação de um Centro de Estudos Maçônicos, o Centro de Estudos Maçônicos "Alécio José Gomes".

Nascia um escritor.

A MAÇONARIA EM FASCÍCULOS

Editoriais? Não, apenas um Bate-Papo entre amigos!

BOLETIM INFORMATIVO DA AUG∴ E RESP∴ LOJ∴ SIMB∴ "FRATERNIDADE JANDAIENSE"[1]

Ano I – Abril de 1971 – **Nº 1**

ENOCH: Grão-Mestre Estadual visita Jandaia

Irm∴ Assis

Pela segunda vez, dentro dos trinta meses de Fundação da Loja "Fraternidade Jandaiense", o Em∴ Grão-Mestre Estadual, Pod∴ Irm∴

[1] Boletim Informativo da Aug∴ e Resp∴ Loj∴ Simb∴ "Fraternidade Jandaiense" – Nº 1 – Abril de 1971.

Enoch Vieira dos Santos, nos visita. E é sempre com renovada satisfação que os Maçons de Jandaia recebem seu Grão-Mestre.

O orgulho e uma pontinha de vaidade predominam no coração de cada Irm∴ ao ver seu Templo erguido e Sagrado. Os esforços, os sacrifícios, os mal-entendidos, foram compensados. Temos um Quadro de 42 Obreiros e mais os 7 que hoje transporão os umbrais do nosso Templo; temos a harmonia necessária, o espírito fraterno e, acima de tudo, o imenso desejo de trabalhar pela Ordem e pela Humanidade; fazendo de nossa Oficina um laboratório de Pesquisa e de Progresso.

Hoje, ao dizermos adeus ao porão sem conforto, acanhado, do Albergue Noturno, onde até então reuníamos semanalmente para desbastar a P∴ B∴ e traçar na Pr∴ de M∴ o projeto do nosso Templo, desejamos agradecer, de público, ao Irm∴ Amaral, Presidente do Centro Espírita Lins de Vasconcelos, que nos cedeu aquele local, sem nos cobrar um centavo sequer.

OBRIGADO, IRM∴ AMARAL!

∴

BOLETIM INFORMATIVO DO CENTRO DE ESTUDOS MAÇÔNICOS "ALÉCIO JOSÉ GOMES"[2]

ANO VI – Setembro de 1977 – **Nº 2**
REDATORES: FERNANDO, QUILES E ASSIS

A TROLHA

Irm∴ Assis

Segundo Oswald Wirth, "a Trolha serve para mexer a massa destinada a cimentar as pedras do edifício, realizando assim a Unidade. Reúne, mistura, unifica. É, portanto, o símbolo da benevolência

[2] Boletim Informativo do Centro de Estudos Maçônicos "Alécio José Gomes" – Nº 2 – Setembro de 1977.

esclarecida, fraternidade universal e profunda tolerância que distinguem o verdadeiro Maçom".

Para o escritor maçônico, Plantagenet, "A Trolha é o símbolo do Amor Fraterno que deve unir todos os Maçons e que constitui a única massa à disposição do Obreiro na construção do Templo. Enquanto o Companheiro, apesar de consciencioso, assíduo e zeloso, não se der conta do fato, de que sua obra continua inacabada, ele não merece o aumento de salário".

A **Trolha**, este utensílio dos Maçons operativos foi adotado como Símbolo pela Maçonaria Especulativa, afirma Nicola Aslan, no livro *Grande Dicionário Enciclopédico*. A sua utilização para estender o reboco e cobrir todas as irregularidades, faz parecer o Edifício como formado por um único bloco, e, por isso, a Trolha pode ser considerada como um emblema de tolerância e de indulgência com que todo Maçom deve dissimular as faltas e defeitos de seus IIrm∴.

Símbolo que ensina a propagar os sentimentos de afeto e bondade que unem todos os membros da família maçônica numa sólida fraternidade, a Trolha tornou-se um emblema de benevolência para todos, de conciliação e silêncio.

Recorda-nos, portanto, que devemos perdoar os defeitos de nossos IIrm∴, transformando em doçura as suas palavras, por mais amargas que sejam.

PASSAR A TROLHA significa, pois, esquecer as injúrias ou as injustiças, perdoar um agravo, dissimular um ressentimento, desculpar uma falta.

Na Maçonaria Operativa, o Apr∴ ocupava-se do preparo dos materiais brutos, pelo que necessitava unicamente do martelo e do cinzel. Estes materiais passavam, depois, às mãos dos CComp∴ ou operários que os colocavam convenientemente, servindo-se do prumo, do nível e do esquadro. Por último, o Mestr∴ verificava a exatidão com que foi feito o trabalho, dando a última demão e estendendo com a TROLHA o cimento que une definitivamente todos os materiais.

Por isso considera-se que a TROLHA é um instrumento do Mestr.·. Maç.·. no Rit.·. Mod.·.; porém, ele é instrumento do Comp.·..

Esses ensinamentos que transcrevemos acima são para justificar duas coisas. Primeira: o título que escolhemos para nosso Boletim; Segunda: como nossa Ordem vem de um abalo, de um estremecimento entre IIrm.·. onde muito amor próprio, muitas vaidades, muitas sensibilidades foram feridas – devemos passar a Trolha, esquecer as ofensas que porventura houveram, e partir para a UNIÃO, a fim de que nossa Ordem tome inteiro e pleno vigor.

Nenhum símbolo no momento é tão importante como este. Nenhuma palavra, nenhum gesto é mais eloqüente do que este pequeno utensílio tão usado na arte de construir, de levantar edifícios e Templos.

Nosso CENTRO DE ESTUDOS MAÇÔNICOS lança seu primeiro Boletim, seu primeiro tijolo, sua primeira mensagem de Fé e Esperança nos destinos de nossa Subl.·. Ord.·..

Neste Or.·. duas LLoj.·., filiadas a duas PPot.·. diferentes PASSARAM A TROLHA em suas arestas e começaram, na base, o movimento de UNIÃO da Maçonaria brasileira. Trabalham no mesmo Templo, festejam juntas a mesma data, "falam a mesma língua" e seus membros se entendem como bons e verdadeiros Irmãos.

Só esperamos que o exemplo que Jandaia do Sul dá ao BRASIL, seja seguido, e que amanhã, talvez, outras LLoj.·. estendam as mãos e dentro de pouco tempo a TROLHA tenha aplainado tudo para que possamos dizer como o poeta gaúcho:

> *Assim, às portas do Templo que nos abre a natureza, só encontrarás beleza de um colorido diverso; e darás muito obrigado se fores bom empregado do GRANDE PATRÃO DO UNIVERSO*!

E aqui, na última linha, queremos deixar as nossas homenagens ao querido Irm.·. ALÉCIO JOSÉ GOMES, que tão cedo partiu para o Or.·. Eterno.

Enquanto houver Maçonaria – e ela existirá sempre – seu nome será lembrado.

REVISTA "A TROLHA"[3]

Ano V – Setembro de 1981 – **Nº 13**

10 ANOS

Irm.·. Assis Carvalho

Meu Irm.·. olha eu aqui, de novo. Da última página, mudei-me para a primeira. Mania de grandeza. Sei que muitos IIrm.·. já não acreditavam mais que a "A TROLHA" Nº 13 saísse. Pois bem, aqui está ela. Meio atrasada, mas saiu. O atraso, porém, tem um motivo. Nós queríamos tirar uma EDIÇÃO ESPECIAL para homenagear o Irmão Alécio José Gomes por ocasião da passagem do 10º ANIVERSÁRIO de sua morte (17/9/1971); pelo 10º aniversário de fundação do Centro de Estudos Maçônicos – Alécio José Gomes e, também, prestar nossa Homenagem à Academia Maçônica de Letras pela realização do 1º Congresso Maçônico Internacional, levado a efeito nos dias 18, 19, 20 e 21/3/81, na cidade do Rio de Janeiro – matéria em outro local da Revista. Quase todas as barreiras e dificuldades foram vencidas. Nossa Revista aqui está. Com formato novo. Com 80 páginas. Com capa diferente.

Acreditamos que conseguimos, mais uma vez, dar a público uma Edição de "A TROLHA". As dificuldades são tantas que, às vezes, nós mesmos não acreditamos na efetivação da tarefa. Aí vem a leitura das cartas recebidas, o incentivo dos IIrm.·., a nossa teimosia e o resultado é outro número.

Peço permissão para falar um pouquinho sobre o Irm.·. Alécio José Gomes, meu afilhado na Maçonaria.

O Alécio nasceu em Franca, SP, aos 3 de janeiro de 1930. Era filho de José Marciliano Gomes e de Luzia Bernardini Gomes. Passou sua infância e parte de sua juventude em Franca. Ali ele fez seu curso primário e começou a trabalhar. Sua mãe, atacada pelo mal de Hansen, teve que ser levada do convívio da família e internada. Para o menino Alécio essa foi a sua primeira grande dor, a segunda veio logo em

---

[3] Revista "A TROLHA" – Nº 13 – Setembro de 1981.

seguida quando seus coleguinhas de escola e de folguedos – temerosos pela doença de sua mãe (a Lepra por esse tempo, era ainda muito temida) – o abandonaram como se ele fosse um leproso também. A mágoa, a solidão, o isolamento, marcaram para sempre a vida desse garoto. É muito difícil para uma criança compreender uma atitude assim de seus colegas. Só os anos e a escola da vida lhe ensinaram o porquê dessas coisas. Daí nasceu nele o mais profundo apego às crianças e, especialmente, às crianças abandonadas. Ele sempre fez tudo o que pôde por elas.

Tangido pelas necessidades da família, ele começou a trabalhar muito cedo como confeiteiro e sapateiro. Em 1947 seu pai muda-se para o Norte do Paraná – Londrina. Ali, juntamente com seu irmão, Argentino Gomes, começou a trabalhar na American Coffee Corporation e, tempos depois, foi para a Anderson Clayton. Em 1952 ele casou-se com Darcy Aparecida Batista com a qual teve 3 filhos: Marcia, Sueli e Pedro Paulo. Adotando ainda o garoto Ricardo. Da Anderson Clayton ele passou para a Sanbra S/A. Como funcionário categorizado da Sanbra, ele fundou as filiais de Astorga, Jandaia do Sul e Londrina.

Foi em Jandaia do Sul, porém, que ele fez o maior círculo de amizades. No dia 24 de maio de 1969, pelas minhas mãos ele ingressou na nossa Subl∴ Ord∴ e para o Quadro da Aug∴ e Resp∴ Loj∴ Simb∴ "FRATERNIDADE JANDAIENSE". Um ano após sua Iniciação ele é transferido para a cidade de Londrina, embora permanecesse filiado à "Fraternidade Jandaiense".

No dia 17 de setembro de 1971, acometido por um enfarto do miocárdio, veio a falecer aos 41 anos de idade. Foi um Irm∴ de muito valor para a Maçonaria e, hoje, dez anos após sua morte, ajudado por seus amigos e IIrm∴ estamos prestando essa humildade mas sincera Homenagem.

Meus IIrm∴, cartas continuam chegando de todas as partes do Brasil. Com exceção do Acre e do Sergipe, tenho recebido cartas de todos os Estados.

Uma situação, porém, se apresenta. Não há mais possibilidades de fazer distribuição gratuita. O custo está muito elevado. Entre remessa e impressão de 2.500 exemplares de 80 páginas vai ficar na casa dos 400 mil cruzeiros. Isso nos leva a solicitar ajuda dos IIrm∴ através de assinaturas, ou de outra forma qualquer, a critério dos IIrm∴. É nosso desejo fazer uma boa revista. Se até agora, com a mínima ajuda, nós tiramos 13 números em 5 anos, com a ajuda de todos, temos certeza de dar continuidade e melhorar a qualidade. Contamos com a sua valiosa e necessária ajuda.

Assis

∴

REVISTA MAÇÔNICA "A TROLHA"[4]

ANO XV – **Nº 23** – Maio/Junho de 1986

MUDANÇAS À VISTA

Meu Irm∴, olha eu aqui de novo. E desta vez sem muita demora. Acontece que aconteceram fatos muito importantes para nossa Revista. Ela, a nossa Revista, no ano do seu Décimo Aniversário, passa por uma remodelação muito grande, especialmente no que se refere a diagramação visual, pontualidade e periodicidade. Tudo isso é devido ao fato da Editora Maçônica "A TROLHA" LTDA. associar-se à Editora e Gráfica Cotação da Construção Ltda., proprietária da Revista profana "COTAÇÃO DA CONSTRUÇÃO", do qual a mesma mantém um belíssimo parque gráfico.

A parte cultural e literária maçônica da Revista será, como sempre foi, de nossa responsabilidade, a parte técnica e comercial ficará a cargo da nova sociedade. Os critérios maçônicos usados até hoje serão mantidos e nenhuma alteração sofrerá esse setor a não ser no seu visual, mesmo assim, sempre atendendo, dentro do possível, as reivindicações dos nossos IIrm∴ assinantes.

Passando a contar com o know how dos novos sócios, temos certeza que chegaremos, em breve, à nossa meta, dos 20 mil assinantes.

---

[4] Revista "A TROLHA" – Nº 23 – Maio/Junho de 1986.

Queremos e vamos cobrir todas as 3 mil Lojas componentes das Potências Maçônicas existentes no nosso País.

É nossa meta ter, em cada Loja do Brasil, um representante credenciado, indicado pela Direção da Oficina, como nosso contato.

Até agora fiz isso – quase que sozinho – durante 10 anos, e nesses 10 anos fiz chegar a todas as Lojas, cujo endereço possuo, a Revista, e mostramos que é possível fazer uma Revista Maçônica – sem usar de "picaretagem".

Agora, com uma Gráfica e pessoal técnico competente, temos a infinita certeza que poderemos dar, aos IIrm∴ de todo o Brasil, a melhor Revista Maçônica já publicada no País.

Nossa primeira meta é atingir todas as Lojas Maçônicas do Brasil, fazer de cada Irm∴ um assinante, um leitor da nossa Revista. Para isso precisamos contar e temos certeza que contaremos com as colaborações dos IIrm∴ Veneráveis, Secretários, Tesoureiros, Oradores e Chanceleres de cada Loja na divulgação da nossa Revista.

Eu, Francisco de Assis Carvalho, 21 anos de Maçonaria, Grau 33 do R∴ E∴ A∴ A∴, pertenço ao Grande Oriente do Paraná. A Revista "A TROLHA", porém, pertence a todos os Maçons, indiferentemente de Potências. Até o presente momento Grão-Mestres e Dirigentes de todas as Potências existentes entre nós têm sido assinantes e patrocinadores da nossa Revista. Acreditamos que vamos continuar assim porque essa é a nossa finalidade. Se não é possível a UNIÃO, porém a pacificação já é fato quase consumado, se é que podemos assim dizer.

Com uma tiragem Bimestral, vamos necessitar de muita matéria para publicar e sabemos que essa matéria existe em grande quantidade. Além dos Escritores renomados que continuarão colaborando conosco, desejamos contato com os novos Escritores que querem ver seus nomes e seus Trabalhos divulgados, assim como os bons trabalhos pesquisados por IIrm∴ para aumento de Sal∴.

Salve os Dez Anos da nossa Revista, que se reveste e se transforma para comemorar essa data tão importante para a Imprensa Maçônica Brasileira!

Agora vamos a outros fatos, também, importantes. A

ACADEMIA BRASILEIRA MAÇÔNICA DE LETRAS, sob a Direção do querido Irm.·. Morivalde Calvet Fagundes, levou a efeito, nos dias 28, 29 e 30 de março, na bela cidade de Caxias do Sul, lá no Rio Grande do Sul, a realização do III CONGRESSO INTERNACIONAL MAÇÔNICO DE HISTÓRIA E GEOGRAFIA. A exemplo dos dois anteriores realizados no Rio de Janeiro, foi de pleno sucesso. Em outro local desta Edição estaremos dando mais detalhes.

Ah! já estava me esquecendo. Nesse Congresso tomaram posse em suas Cadeiras os seguintes Acadêmicos: Hércule Spoladore; Luiz Carlos Leme Franco; José Luiz da Silveira e Francisco de Assis Carvalho.

Quero, no final deste "bate-papo" deixar os meus agradecimentos aos queridos IIrm.·. de Caxias do Sul, pela maravilhosa acolhida e ao pessoal do C.T.G., que teve a benevolência de permitir que este escrevinhador fosse "declamar poesia gauchesca" para o Gaúcho. É o "fim da picada".

Agradecer ao Irm.·. Erwin Seignemartin, que nos indicou como membro Correspondente da Academia Maçônica de Letras de São Paulo.

Até a próxima.

Irm.·. Assis

.·.

REVISTA MAÇÔNICA "A TROLHA"[5]

Ano XV – **Nº 26** – Novembro/Dezembro de 1986

Meu Irm.·., é com o coração pleno de euforia que escrevemos este "bate-papo" de fim de ano. Como é bom e agradável sentir que o que fizemos, valeu a pena. Este foi um ano muito bom para a "A TROLHA". Fizemos circular cinco números da mesma. Duplicamos sua tiragem, melhoramos seu visual, sua parte gráfica – isto é – revolucionamos a nossa Revista.

Os dois Profanos que haviam entrado para a Sociedade, já não

[5] Revista "A TROLHA" – Nº 26 – Novembro/Dezembro de 1986.

são mais Profanos, são agora dois queridos IIrm.·. e amigos. Edson e Fernando, é bom guardar bem o nome destes dois Irmãos. A "A TROLHA" já deve muito a eles, à mocidade, ao dinamismo, à inteligência deles. Tem sangue novo circulando nas veias de nossa Revista.

Com este número encerramos uma fase, um período de 10 anos. É bem verdade que seu primeiro número é de 1971, quinze anos, porém ficou um período de cinco anos "adormecida", só latente e viva na mente e na alma deste velho Maçom. O velho e que querido Irm.·. Kurt Prober, insiste que a Revista tem 15 anos. Que ela nasceu na primeira fase e reviveu na segunda, tomou impulso e alçou vôo chegando até aqui. Talvez no próximo ano refaçamos nosso cabeçalho, e acrescentaremos os cinco anos que deixamos de contar. Há publicações que aumentam sua existência; nós, ao contrário, diminuímos a da nossa. Neste número estaremos republicando o primeiro número da Revista, para que o Irm.·. veja que estamos sendo sinceros.

Neste número ainda estamos inserindo ATUALIDADES MAÇÔNICAS, uma nota sobre o TIMBRE DO GRANDE ORIENTE – DO BRASIL, carta de um Grande Secretário do G.·. O.·. B.·., que corrige um outro timbre publicado no número anterior. É apenas um detalhe que parecia de pouca importância, pois não era. Neste número publicamos a "carta esclarecimento" e, no próximo, publicaremos um Trabalho muito bem pesquisado pelo nosso maior historiador maçônico – o Irm.·. Kurt Prober. Vale a pena esperar para ver esse magnífico Trabalho.

Muitos IIrm.·. têm nos telefonado ou escrito, pedindo informações sobre o vencimento de suas assinaturas; pois bem, na etiqueta de endereçamento, como no exemplo abaixo:

B1103/28
DARCY R. JUNQUEIRA
Cx. Postal 238
86900 – JANDAIA DO SUL – PR

O último número, da direita, é o último número que o Irm.·. receberá pela sua assinatura atual. Por esse número o Irm.·. poderá controlar o vencimento da mesma.

Uma irregularidade que cometemos através desses últimos dez

anos e que de agora em diante não será mais cometida, pois vemos que não há mais motivo de se fazer, é a seguinte: a Seção do Indicador Profissional sempre teve grande valia entre os Irmãos, especialmente entre os advogados. Irmãos de outros Estados contatavam com IIrm∴ daqui e vice-versa, solicitavam documentos que acompanhassem para eles alguns processos, enfim, essa rotina de Advogados.

Nós sempre acreditamos que fôssemos úteis, que essa despretensiosa publicidade beneficiava aos IIrm∴ leitores da nossa Revista. Como para se fazer isso havia despesa e a "A TROLHA", se nesses anos todos nunca visou lucro, também não podia ter prejuízos. Daí a cobrança de um "quase nada", de uma "tutaméia", por inserção, somente para cobrir as despesas. Muitas vezes nem cobrávamos – muitos IIrm∴ sabem disso.

Agora, porém, o Banco nos cobra uma taxa de Cz$ 25,00 para fazer uma cobrança. Uma Revista está custando Cz$ 20,00, o Correio nos cobra a remessa da Revista e a remessa da Carta com a Fatura; há os impressos, a embalagem da Revista, os funcionários, mais despesas com computador para imprimir as etiquetas de endereçamento e todas as duplicatas que o Banco devolve por decurso de prazo, ou por não ter encontrado o endereço, ou simplesmente porque o Irm∴ não quis pagar. E quanto era o valor cobrado? – Cz$ 100,00 (Cem Cruzados). Neste fim de ano, porém, um Irm∴ nos ameaçou processar por inserirmos uma publicidade sua, sem a sua devida autorização. Ele não deixava de ter razão; porém, a partir deste número, os Irmãos que ainda não autorizaram e que desejam que seu nome saia no Indicador, deverão preencher a autorização que vai dentro da própria Revista e nos enviar. Não queremos passar por desonestos, por tão pouco.

A "A TROLHA" está prestando uma homenagem à GRANDE LOJA DO ESTADO DE GOIÁS. O querido Irm∴ Pedro Calmon, nosso correspondente em Goiás, é o artífice desta. Foi ele quem nos proporcionou a possibilidade de se prestá-la. Fica um caminho aberto para outros Estados que queiram homenagear suas Lojas, suas Potências Maçônicas, suas Cidades.

Neste número continuamos a apresentação de uma série de

bons Trabalhos enviados por nossos leitores.

Estamos dando prosseguimento ao esquema de ATUALIDADES MAÇÔNICAS, criamos "CURIOSIDADES DO MUNDO MAÇÔNICO", pelo Irm∴ Kurt Max Hauser; a seção de Livros Novos está muito boa... e por falar em livros novos, acabamos de lançar a 2ª edição do nosso Livreto "Cargos em Loja", um pouquinho melhorado no volume e no preço. De 114 páginas passou para 200 páginas.

Para o ano que se inicia, teremos muitas novidades, muitas melhorias, em nossa Revista. Vamos ter um ou mais representantes em cada Estado da Federação, para fazermos uma cobertura eficiente do que acontece com o nosso Povo Maçônico.

Se os IIrm∴ assinantes de nossa Revista estiverem interessados em números atrasados, que nos escrevam, pois estamos pensando em reeditar todos os números esgotados da nossa Revista. Isso só vai depender do interesse dos IIrm∴. Conforme o número de interessados, nós veremos se vale a pena ou não.

Aqui, no final deste "bate-papo", queremos dar um pulo até Porto Alegre, para abraçar o Irm∴ Afonso Costa, da COLUNA GAÚCHA, que já fechou seu primeiro ano com honras e glórias. Em frente, tchê!

Irm∴ Assis Carvalho

∴

REVISTA MAÇÔNICA "A TROLHA"[6]

Ano XXI – **Nº 54** – Abril de 1991

VINTE ANOS

Meu Irmão, peço-lhe permissão para um "bate-papo" mais prolongado. Estou eufórico, pois chegamos aos vinte anos, e isso, na Imprensa Maçônica é uma grande vitória. Para alguém fora do ramo, isso não representa muito, todavia, para mim que palmilhei essa estrada

---

[6] Revista "A TROLHA" – Nº 54 – Abril de 1991.

dia a dia, semana a semana, mês a mês, ano a ano, foi uma longa jornada. Feliz, querida, mas uma longa jornada. Por isso, hoje, aqui neste meu recanto, neste pedaço de página, vou fechar os olhos e voltar para abril de 1971.

Após uma correria de 12 meses – onde vendemos 12 rifas de 12 Volks, para levantar dinheiro para construir o nosso Templo – ele estava pronto; inacabado, mas estava pronto para ser Sagrado, sendo marcada a data de 10 de abril de 1971 para esse evento. Muitos trabalharam para que isso acontecesse. Muitos. A lista seria de 42 nomes, pois vieram Irmãos de toda a região, e entre eles destacamos dois nomes – Enoch Vieira dos Santos, nosso querido Grão-Mestre Estadual, e o General Alfredo Damasceno Sobrinho, Grande Secretário Geral de Administração do Grande Oriente do Paraná. O Orador da Loja querendo prestar uma homenagem àquela data tão importante para a Maçonaria de Jandaia do Sul, resolveu publicar um Boletim. O Orador era eu, a Loja era a "Fraternidade Jandaiense", e o Boletim de quatro páginas recebeu o nome de "A TROLHA". E esse dia foi um dia de festa, muitos discursos; primeiro na Loja, depois no banquete. A "A TROLHA" foi distribuída e todos os presentes a leram. Eram 350 exemplares, e o que sobrou da distribuição foi enviado para as Lojas da região e para alguns Irmãos que não puderam lá comparecer.

E aí está o marco zero desta nossa caminhada que, temos certeza, prosseguirá por muito tempo ainda.

Mas, voltemos ao ponto de partida. Dessa época, evocamos os nomes de quatro Irmãos, três deles meus afilhados maçônicos, que sempre acreditaram em mim – um a morte levou 5 meses depois, Alécio José Gomes. Os outros três: Osvaldo Azolini, Darcy Rodrigues Junqueira e Luciano Caetano de Souza, que ainda hoje estão comigo. Hoje todos são Grau 33 da Maçonaria, sendo que dois já foram Veneráveis e nunca deixaram de apoiar a revista que ajudaram a fundar. A esses Irmãos, presto uma homenagem toda especial. Nesses três Irmãos estaremos homenageando todos aqueles que colaboraram conosco.

Depois desse dia, dessa data, o Boletim "A TROLHA" adormeceu por seis anos. Nesses seis anos, a vida me levou por muitos caminhos; fui vendedor de calçados, de "porta-jóias", isto é, de calcinhas e sutiãs para senhoras, fui recenseador para o IBGE e acabei em São Pedro do Ivaí, como despachante do Detran. Em 1977, a partir de janeiro, estava em São Pedro do Ivaí, com um escritório de despachante, que o Darcy, o Osvaldo e o Mauro Pires arranjaram para mim que, nessa altura, estava no apogeu da "lona". E lá, com um escritório com poucos clientes, sem ter quase o que fazer, reativamos, novamente, o nosso Boletim. E lá ele cresceu, aumentou as páginas e transformou-se em revista.

Nessa segunda fase destacamos, além do Darcy, do Osvaldo e do Luciano Caetano de Souza, o "velho" Elígio (hoje no Or∴ Eter∴); o Garcia (também no Or∴ Eter.); o Moryia; o Sérgio; o Pepe; o Silvano Poli; o Perseu e tantos outros que faltaria espaço para nominá-los todos. Sei que alguns dos aqui não nominados poderão magoar-se, todavia, sou muito grato a eles todos. Não citei aqui os literatos, os pesquisadores, aqueles que deram conteúdo. Os primeiros citados foram os que deram estrutura financeira para que agüentássemos até 1981 distribuindo a nossa "A TROLHA", gratuitamente, pelo Brasil afora; os segundos foram aqueles que deram conteúdo à nossa revista. Nicola Aslan (no Or∴ Eter∴); Hans Bachl e J. Leite Sobrinho (ambos no Or∴ Eter∴); Da Camino; Kurt Prober; Castellani; Morivalde; Varoli Filho (no Or∴ Eter∴); Kurt Max Hauser; Seignemartin (no Or∴ Eter∴); Carvalho Neves e tantos outros. São dívidas que jamais teremos condições de pagar. São Irmãos muito anônimos que ajudaram este velho idealista a sustentar uma idéia, a realizar um sonho. E nesses, uma criatura muito especial, que é a Dona Maria Aparecida Bianco Carvalho. A "Cidoca", a Doca, a Cida, a Bianco, a minha "véinha" que, às vezes, sem saber, colaborava com o seu minguado dinheirinho para que a "A TROLHA" não deixasse de circular. A você, minha "véinha", meu mais que muito obrigado; minha admiração e meu fervoroso afeto.

A "A TROLHA" teve, ainda, uma terceira fase. Foi em 1986, quando já estávamos em Londrina. Ela tinha crescido demais e já estava saindo do meu controle. A velha equipe de um só estava estafada. Não dava mais para segurar. Então, coração magoado, espremido, machucado, comecei a pensar em fechar a minha Revista. Procurei diversos Irmãos e propus sociedade; ninguém se interessou. Em casa, um dia, tristonho e magoado, falei pra minha Cida que ia parar e estabeleci mais três números – 20, 21 e 22. Foi então que um cara cruzou o meu caminho, vindo de outra direção. Foi no Rotary. Ele acabava de entrar para o nosso clube; chamava-se Edson Thomazinho. Ele era proprietário de uma Gráfica, em sociedade com outro cara – José Fernando Salles Paschoal. Nenhum dos dois era Maçom; eram dois jovens engenheiros, trabalhadores, inteligentes e de visão muito ampla. Da amizade com o Edson surgiu a proposta da sociedade. Eles se contentariam com 50% da Revista, mas dei-lhes, sem que pedissem, 33% para cada um. Dois anos depois os dois estavam na Maçonaria e a "A TROLHA" não MORREU. E, pelo que sentimos, não morrerá tão logo.

Com esses dois "meninos", ela tomou o "elixir da longa vida", e agora, mesmo que o Xico Trolha "se mande para as plagas sem fim do outro mundo", a "A TROLHA" não sofrerá solução de continuidade. Esses dois "garotos" são bons demais.

Meu Irmão, 20 anos é um bocado de tempo; todos os jovens que nasceram em 1971 já prestaram seu serviço militar. Nesse período, caíram três grandes ditaduras: Salazarista, Franquista e a nossa. O mundo passou por uma violenta revolução em todos os campos do conhecimento humano, e houve até uma grande cisão na Maçonaria Brasileira.

Durante esses vinte longos anos, nossa revista deu muitas oportunidades para muitos escritores maçônicos. Sentimos que abrimos uma larga porta para o Templo da Cultura Maçônica. Publicamos 54 Revistas que, somando-as, dão 3.120 páginas que, por sua vez, transformadas em livros, daria uma coleção de 31 volumes de 200 páginas cada; pois cada página da revista equivale a duas páginas de um livro.

E aqui, neste fim de página, gostaria de dar um abração bem forte em todos os nossos assinantes, espalhados por esse imenso Brasil e no estrangeiro. São Irmãos e amigos que angariei ao longo desses 20 anos e, ao contrário de Aheverus, jamais estarei sozinho em qualquer recanto desta Pátria. Sempre haverá um Irmão que conhece ou ouviu falar sobre o Xico Trolha, e o Xico Trolha encontrará mais um lar de Irmão e de Amigo.

REVISTA A VERDADE
- COLEÇÃO -

Gostaríamos de agradecer a todos aqueles que se interessaram pelo nosso apelo e nos enviaram exemplares da Revista "A Verdade". O Irmão Ortega veio a Londrina e nos trouxe em mãos o n° 1; número raro, e, além do mais, ele só possuía esse e assim mesmo nos trouxe, em troca de uma xerox do mesmo. Agora só nos faltam, para completar a COLEÇÃO, os números 201 – 6; 202 – 7; 204 – 9; 206 – 11; 228 – 33; 242 – 47 e o n° 243 – 48. Com esses números faltantes, nós completaremos uma coleção com 360 números da Revista "A Verdade". Quem possuir esses números em duplicata ou avulso, mande para nós juntamente com a conta.

BOLETIM DO SUPREMO CONSELHO

Dos boletins do Supremo Conselho do Brasil, só nos faltam dois números, o 56 e o 62, para então estarmos com outra coleção completa – do n° 1 ao n° 169. E isso só nos foi possível graças à ajuda dos Irmãos. Para atender os Irmãos que procuram completar coleções, vamos abrir um espaço aqui no nosso Editorial. Escreva-nos e publicaremos o seu pedido, dando, inclusive, seu endereço.

Até a próxima!

Xico Trolha

REVISTA "A TROLHA"[7]

Ano XXVI – **Nº 114** – Abril de 1996

25 Anos de Bate-Papo

Meus Irmãos, vocês não fazem idéia do estado de espírito do velho Xico Trolha, neste momento, neste dia, nesta data. São **25 anos** que vi a areia do tempo escorrer pela Ampulheta. A cada número que editava, eu me regozijava e passava dias acarinhando e acariciando as idéias e os Trabalhos que eu inseriria na próxima edição. Cada número era como um filho que nascia. Eu vivi todos os momentos da minha Revista. Eu sofri todas as dificuldades que a publicação de um órgão da Imprensa Maçônica padece. Eu chorei mil fracassos e cantei mil vitórias. Mas, dos meus antepassados – índios e negros –, recebi por atavismo – a paciência do Índio e a pertinácia do Negro. Recuar, sim. Mas, desistir, jamais! E foi essa teimosia, essa persistência, essa quase burrice, que está me dando a Alegria imensa de festejar o **Jubileu de Prata** desta minha querida Revista.

Ao longo dos anos, o nome dela foi se misturando ao meu, sem projeto, sem intenção, sem que eu mesmo ao menos percebesse. E hoje perdi, por completo, a minha identidade. Sou apenas e nada mais que – o **Xico Trolha**.

Eu me envaideço e me orgulho de ter dado vida e um nome a ela; e me orgulho e me envaideço por ela ter dado o seu nome a mim.

Sei que isso, para muitos, não é nada. Mas para mim, caboclo caipira, que somente aos 34 anos passei a freqüentar Escola, assim mesmo um subproduto do Mobral. Miniginásio e Minicientífico e Faculdade de 3 anos, é muita coisa. É uma realização cultural.

Meu Irmão, não ria da minha alegria nem do meu deslumbramento. É preciso que se tenha nascido na roça, em casa de pau-a-pique, coberta de sapé e de chão batido; ter em seu dia-a-dia de roceiro – a Enxada, a Foice e o Machado (ainda não me esqueci de suas marcas).

---

[7] Revista "A TROLHA" – Nº 114 – Abril de 1996.

A Enxada "Duas Caras", a Foice "Pedro Verne", ou "Vicente Minatti"; e o Machado "Collins", de 4 Libras e 7 Libras e meia, como instrumento de trabalho, é preciso ter passado por isso para valorizar o que fiz e estou fazendo. Não estou pedindo aplauso, não estou querendo louvores. Estou, apenas, extravasando uma imensa alegria que domina todo o meu ser. A "A TROLHA" (Revista) e a Editora "A TROLHA", são toda a minha realização como **Homem-Maçom**, e como **Homem que pensa, quer e luta**.

AGRADECIMENTOS

Em primeiro lugar desejo agradecer a todas as Obediências Maçônicas, que durante esses 25 anos acreditaram na honestidade e nas boas intenções do Xico Trolha – no divulgar das notícias e Trabalhos sem nenhuma distinção ou preferência, por esta ou aquela Obediência. Eu quis fazer e fiz uma Revista para a Maçonaria Brasileira.

Quero agradecer a todos aqueles Irmãos que nos acompanharam desde o Primeiro Número, colaborando com Matérias e Conselhos. Dos ainda vivos destaco o querido Irmão Kurt Prober. Hans Bachl, J. Leite Sobrinho e Nicola Aslan, já estão no Oriente Eterno. A todos aqueles Irmãos que, lá em Jandaia do Sul – Osvaldo Azolini, Darcy Rodrigues Junqueira, Luciano Caetano de Souza, Luiz Moriya, Salvador Garcia (in memoriam), Nery Sinn, Nenê (da Farmácia), Jerônimo Martinez, Pedro Carrenho, Amaral (in memoriam), o França, o Izauro Azolini, o Perseu Pugliesi, o Sebastião Teixeira Pinto (Geremias – in memoriam), que patrocinaram o nosso Primeiro Número. Número esse de tiragem de 350 exemplares e todos os demais Patrocinadores ao longo desses 25 anos.

Quando em 1981 (dez anos após a fundação de "A TROLHA"), lançamos um plano de assinaturas. Durante **Dez Anos**, fizemos distribuição gratuita. E o nosso **Primeiro Assinante** (guardo sua ficha até hoje), foi o nosso Irmão José Antônio dos Santos. A ele e a todos os Assinantes que vieram após ele, o meu mais profundo agradecimento.

E por último: não quero e não posso deixar de agradecer aos

meus dois queridos Sócios, Irmãos e Amigos – Fernando Paschoal e Edson Thomazinho – que vieram em auxílio do Xico, trazendo suas inteligências, sua juventude e um respeito e um carinho muito grande pelo Xico. Sei que o Fernando e o Edson não gostam dos elogios que faço em público, a eles. Mas eu preciso, tenho necessidade de gritar aos Quatro Ventos o que eles representaram e representam para mim e para a Revista "A TROLHA".

E junto com o Fernando e o Edson, veio o Moura, o "Goteirão" amigo (hoje grande e querido Irmão), que tem me acompanhado pelo Brasil afora, dirigindo para mim e me "paparicando" como um filho querido.

Meus Irmãos, devo ter feito alguma injustiça, esquecendo algum nome, algum fato. É que a memória do velho Xico Trolha já não anda lá bem das pernas, dando mancadas atrás de mancadas.

E por falar em memória, estava ficando para trás uma figura extraordinária dentro da Revista – o Irmão José Castellani que, desde 1979, não deixou sair nenhuma Edição sem uma colaboração sua. Isso precisa ficar registrado aqui, também.

SALVE O NOSSO JUBILEU DE PRATA!

Para externar toda a nossa alegria e contentamento e dividi-los com todos os Irmãos que nos lêem, nos conhecem e nos estimam, os Irmãos Xico, Fernando e Edson, neste ano do **Jubileu de Prata**, resolveram estabelecer que:

1 – Desta data em diante, todo e qualquer Irmão que for Iniciado, receberá sem nenhum ônus, uma Assinatura **Trimestral**, da nossa Revista. Bastando para isso que a Secretaria da Loja, ou da Obediência, nos mande os endereços completos dos recém-Iniciados, constando a data da Iniciação, a Obediência, o nome da Loja do Iniciado e o Rito praticado pela mesma.

2 – Ainda para este ano, estamos promovendo um Concurso de Trabalhos Maçônicos (ver no Impresso próprio como funcionará esse Concurso) para premiar os Irmãos com publicação do mesmo em

Coletâneas. Para mais e melhores explicações, entrar em contato com os Irmãos Fernando e o Xico Trolha.

TIRO PELA CULATRA

Com a intenção de chegar até os Irmãos da Loja, de uma forma decente – isto é, com o conhecimento do Venerável da Loja, nós enviamos às mais de 4 mil Lojas Maçônicas do Brasil, uma carta solicitando uma autorização para tal. A solicitação consistia de podermos levar a cada Irmão, os nossos Impressos. E esses impressos consistiam de:

a) Catálogos de nossos livros;
b) Catálogos dos Artigos Maçônicos;
c) Folder's e Cartazes para serem afixados na Loja;
d) Estatutos para o Concurso de Trabalhos Maçônicos.

Como acreditamos que Editora nenhuma já tenha feito isso – fomos mal-interpretados em alguns casos. Alguns Veneráveis nos escreveram se negando que mandássemos os tais impressos, alegando que a Loja e os Irmãos estavam em situação difícil; por isso, se recusavam a receber nossos Impressos. Julgando, talvez, que fôssemos pedir dinheiro ou colaboração financeira. Infelizmente fomos malcompreendidos. Em seus 25 anos de existência nunca pedimos esse tipo de Colaboração e não seria neste ano, em que estamos festejando o nosso ***Jubileu de Prata***, que faríamos isso.

Quando fazemos nossas Campanhas de Assinaturas, de novos sócios para o Círculo do Livro Maçônico, nós estamos apenas exercendo um sistema comercial de promover o nosso produto, como qualquer Editora de Jornal, Revista, ou Livros, anualmente faz através de seus próprios veículos, ou da Televisão. Cada Irmão tem a plena e absoluta liberdade de comprar nossos livros, assinar nossa Revista, ou associar-se ao Círculo do Livro Maçônico, ou não.

Acredito que agimos correta e honestamente com todos os nossos milhares de Assinantes e compradores de nossos livros, ao longo desses 25 anos. Nossa Revista entra, hoje, no lar de mais de 15 mil Irmãos, com respeito ao Irmão e seus familiares que lêem nossa Revista.

Milhares de Cunhadas, ao longo desses anos nos escrevem solicitando os nossos Artigos Maçônicos – canetas, relógios, placas de prata e porta-placas, broches, botons, fitas, discos, jóias e semijóias etc. –, para elas ou para presentear seus maridos, nossos Irmãos. Nós mandamos dentro da Revista, os **folder's**, catálogos e eles e elas, compram ou não – todavia, jamais forçamos ou exigimos que alguém, contrariando sua vontade, ou seu interesse nos comprasse o que quer que seja.

Peço desculpa a esses Irmãos que nos escreveram e/ou telefonaram, temendo que estivéssemos querendo explorá-los. Jamais faria isso Irmão. Só sinto que um ou mais Irmãos de sua Loja, tenha ficado desconhecendo algumas promoções (boas promoções), dos Artigos Maçônicos que comercializamos.

Tentei ser o mais correto possível com o meu Querido Venerável, mas o "tiro me saiu pela culatra".

OS IRMÃOS QUE DIRIGEM A MAÇONARIA NO BRASIL

Para festejarmos condignamente os 200 anos do **"Areópago de Itambé"**, solicitamos de todos os Grão-Mestres do Brasil, das **Três Obediências**, maiores (em número de Lojas) – COMAB, GOB e C.M.S.B., que nos enviassem fotos dos Grão-Mestres e Grão-Mestres Adjuntos, assim como alguns dados da Obediência – data de fundação, número de Lojas e de Irmãos –, para que pudéssemos homenagear essas Obediências e seus Grão-Mestres. A receptividade foi muito boa. Os Irmãos vão ver e ler nesta Edição Especial, essa homenagem. Suprimimos as **Atualidades Maçônicas** e alguns Trabalhos, para dar espaço para os nossos Queridos Grão-Mestres.

De alguns que não nos enviaram, como tínhamos em nossos Arquivos – fotos e dados – fizemos por nossa conta mesmo. Outros, de Orientes e Estados muito distantes, a correspondência não chegou em tempo hábil, por isso não publicamos nada. Todavia, se os Irmãos se interessarem nessa homenagem, podemos fazer nos próximos números. Também não haverá nenhum ônus, nem para o Grão-Mestre, nem para sua Obediência. A "A TROLHA", somente se sente honrada em prestar essa singela, mas sincera homenagem, aos Irmãos que Comandam os Destinos da Maçonaria Universal, em Solo Brasileiro. Obrigado meus Queridos Grão-Mestres pelo que estão fazendo em prol da Maçonaria Brasileira!

Estamos às portas do 3º Milênio e nossa Ordem vem num crescendo constante. E esse crescendo constante se deve muito a vocês. A vocês como atuais Grão-Mestres; a vocês que, antes de serem Grão-Mestres, já haviam dedicado grande parte de suas vidas à Ordem Maçônica. E é por isso que o Fernando, o Edson e eu, aproveitamos este ensejo do **Jubileu de Prata**, da nossa Revista, para prestar-lhes esta Homenagem.

Salve Itambé e seu **Areópago**! Salve a nossa Revista pelo seu **Jubileu de Prata**!

Esta Revista é minha vida. Leia e guarde com carinho. Eu vou continuar no Eito.

Até a próxima.

∴

REVISTA "A TROLHA"[8]

Ano XXXI – **Nº 174** – Abril de 2001

Trigésimo Aniversário

Como diz a canção: "Eu hoje acordei sorrindo", vendo o mundo de outro jeito, tudo ao redor estava lindo, inundando de alegria meu velho peito. Pois minha filha querida, tesouro e sonho da minha vida, marcava em seu calendário mais uma data festiva – seu Trigésimo Aniversário.

Enquanto sorrindo me levantava, as janelas da alma ia abrindo, e lá, ao longe, no tempo, paisagens nunca esquecidas, uma a uma iam surgindo, aladas no azul infinito as velhas e doces recordações.

Dez de abril de 1971. Como esquecer esse dia? Pois nessa

[8] Revista "A TROLHA" – Nº 174 – Abril de 2001.

manhã nascia a nossa Revista "A TROLHA". E como todos os que nascem no berço de um lar modesto, trazem na fronte o seu destino traçado. E o meu e o destino dela, envolto em mistérios trazia no amanhã da Maçonaria, um lusco-fusco de Luz no amanhecer de um novo dia.

Ao longo deste bate-papo, pedindo antecipadamente minhas desculpas aos leitores, vão desfilar algumas paisagens que guardei nas minhas retinas cansadas. Eu jamais acreditei que ela e eu tivéssemos tão longa vida, daí nossa alegria por termos percorrido 30 anos de caminho.

Ao longo desses 30 anos, quantas revistas, jornais e boletins maçônicos, vimos nascer cheios de esperança e morrer sem glórias. Quantos Irmãos e Lojas bem-intencionados tentaram, mas não conseguiram sobreviver.

Revistas e jornais livres, independentes, muito poucos estão lado a lado conosco, ao longo de nosso caminho. "O Prumo", "A Verdade", "O Aprendiz", "O Jornal do Maçom" – foram os que resistiram a todas as intempéries e obstáculos. Mas se fôssemos enumerar os que abateram Colunas ao sopro dos vendavais, precisaríamos de algumas muitas páginas. Alguns bons e com boas escoras de sustentação, não sobreviveram. "O Cinzel"; o "Colunas Gaúchas"; a "Astréa"; "O Painel"; "A Romã"; o "Correio Maçônico"; só para citar os mais conhecidos. Um dia, ainda, vou escalonar, vou fazer uma pesquisa – a lá Kurt Prober – e enumerá-los todos como uma ajuda aos futuros estudiosos.

Ao longo dos meus passos, pelas veredas da Maçonaria, quantos grandes vultos maçônicos vi tombarem. Vi desertarem do nosso meio. Aos que tombaram ao pé do eito, nossa eterna saudade, aos que desertaram – nossa profunda tristeza.

Temos, dia a dia, mês a mês, ano a ano, acompanhado o envelhecimento de nossos líderes maçônicos, e o surgimento de uma leva de novos estudiosos – Lúcio Baena; Omar Guimarães; Francisco Trautwein; Heinz H. Jakobi; Luiz Gonzaga da Rocha; Paulo Sérgio Rodrigues Carvalho e tantos outros, ainda desconhecidos do público maçônico. Terão grande futuro em nossa Ordem? Só o tempo dirá.

Poderíamos ir mais longe no túnel do tempo, em busca daqueles que deitaram com o arreio, ao longo do caminho. Irmãos que deixaram suas marcas nos picadeiros dos circos; nos tablados dos palcos; na negritude dos piscos; nas telas grandes e pequenas dos cinemas e televisões.

a) Nos picadeiros de serragem – os Irmãos Piolin, Arrelia, Carequinha, e tantos outros que fizeram rir muitas gerações, com suas caras pintadas e suas risadas cativantes.

b) Nos palcos – Rodolfo Maier, Procópio Ferreira, Apolo Correia, Oscarito, Manuel da Nóbrega, e mais;

c) Nos discos – Pixinguinha, Vicente Celestino, Nelson Gonçalves, Alcides Gerard, Albenzio Perrone, Jorge Veiga, o trio Iraquitã, Luiz Gonzaga, Luiz Vieira, Três do Rio, Dalvan, Tonico, Sulino, Bob Nelson, Jararaca e Ratinho, Ranchinho da Viola, e mais uma leva que não citamos, para não tornarmos muito extenso.

d) Nas telas (grandes e pequenas) além dos já citados: Irving São Paulo, Milton Gonçalves, Gonzagão (o formiguento); e quantos mais. Mas vamos parar por aqui, para não cansar muito quem nos lê.

Nesses últimos 30 anos aprendi a conviver com tantos Maçons famosos, somente no Brasil. São Irmãos que sempre elevaram o nome de nossa Ordem, por onde andaram.

No transcorrer desses trinta anos, eu registrei nas páginas desta revista os feitos grandiosos de nossos Irmãos.

E por isso, nesta passagem dos seus 30 anos, eu saúdo todos aqueles que conosco colaboram.

Até a próxima.

Xico Trolha

∴

REVISTA "A TROLHA"[9]

Nº 193 – Novembro/2002

Bandeiras Daqui e D'além-Mar

Foi com tamanha alegria que recebi uma das Bandeiras mais

9 Revista "A TROLHA" – Nº 193 – Novembro/2002.

antigas e mais gloriosas do mundo – a Bandeira de Portugal. Bandeira que também já foi nossa, até 7 de setembro de 1822, e que trazia ainda velhos Símbolos Portugueses, até 15 de novembro de 1889, quando da Proclamação da República.

Foi um presente, um dos maiores e mais queridos presentes que já recebi, em toda a minha vida, das mãos amigas e fraternas do Irmão Lusitano – **Bernardo J. Martins Pereira**, lá de Lisboa, um pouquinho além de Lisboa, da velha vila Chã de Ourique, onde tivemos a satisfação de, juntos, saboreamos uma **Sardinha na brasa**, preparada pelo **Irmão Bernardo** e pela linda e querida Cunhada **Custódia**.

Dias desses, o Irmão Bernardo J. Martins, através do Irmão Edenir, fez chegar até minhas mãos seu Histórico e Glorioso Pavilhão, que guardarei no museu Xico Trolha, e no meu velho coração safenado.

Esse Pavilhão Lusitano estava preso a uma Lança, lá Planície (hoje Chã de Ourique), com Dom Afonso Henriques, quando derrotou cinco Exércitos dos Cinco Reis Mouros; lá pelo meado do século XII; percorreu os Sete Mares, hasteada nos mastros mais altos das Naus Portuguesas. Essa Bandeira de Portugal foi companheira inseparável de Bartolomeu Dias e Vasco da Gama; de Cabral e Fernão de Magalhães, e foi hasteada em Gôa, Macau, Cabo Verde, Serra Leôa, Moçambique, Açores, Angola, Timor Leste, Madeira, Ilhas de São Tomé, Diu, Gabão e Guiné e, no dia 22 de abril de 1500, foi hasteada, pela primeira vez, em terras brasileiras. E hoje, tenho a honra de guardá-la, muito bem guardada – no meu Coração, e no "Museu Assis Carvalho".

Na seção de Cartas, estamos publicando a carta do Irmão Bernardo J. Martins Pereira.

A BANDEIRA DO AMAPÁ

O querido Irmão Derly Halfeld Alves, lá de Juiz de Fora, Minas Gerais, foi o portador de mais um maravilhoso Presente – a Linda Bandeira do Estado do Amapá.

Bandeira essa que, assim como suas Irmãs – Bandeira do Rio Grande do Sul, de Santa Catarina, de São Paulo, de Mato Grosso, de Minas Gerais, da Bahia, e dos municípios de Santana do Livramento – RS; Dourados – MS; Osasco e Presidente Alves – SP – estão irmanadas no coração do Xico e no seu Museu.

O Irmão Antônio do Carmo Ferreira, Grão-Mestre do Grande Oriente Independente de Pernambuco, prometeu-me uma Bandeira Gloriosa do seu Estado, e até agora estou no "Ora Veja!". Será que não vou ganhar uma Bandeira do meu Estado do Paraná? Digo meu, pois lá se vão 58 anos de boa convivência!

Meu espaço, aqui, já está se esgotando. Voltarei mais vezes ainda a falar e agradecer.

Xico Trolha

...não deu mais tempo! Depois de 31 anos de Bate-Papo com o Maçom, no dia 3 de novembro de 2002, às 14h10, o escritor Xico Trolha, com a sua casa em festa e os seus entes queridos ao redor, do jeitinho que ele gostava, paparicado, rindo e contando piadas até momentos antes da partida, pegou o trem da eternidade e foi embora, porém imortalizado pelas palavras.

CAPÍTULO VII

Cargos em Loja[1]

APRESENTAÇÃO

Desde a fundação do Centro de Estudos Maçônicos – Alécio José Gomes – em Jandaia do Sul, em 1971 – é que vimos acalentando um sonho de publicar uma série de Trabalhos para auxiliar os INSTRUTORES DE LOJAS. Até o título da série já tínhamos estudado para que estivesse de acordo com as matérias que seriam publicadas – "CADERNOS DE ESTUDOS MAÇÔNICOS" – pois seriam matérias para aqueles que estão iniciando nos mistérios maçônicos.

Também teríamos Trabalhos mais burilados, mais pesquisados, versando sobre – História, Ritualística, Liturgia, Simbologia, Administração, Literatura, Legislação, Poesia, etc.

Agora, com a fundação da EDITORA MAÇÔNICA "A TROLHA" LTDA., com nossa filiação à Loja de Pesquisas Maçônicas "BRASIL", de Londrina, estamos sentindo que esse velho e acalentado sonho poderá tornar-se realidade. Estamos compondo uma equipe de IIrm∴ que se interessam pelas coisas da Maçonaria e que estão de

[1] Com esta apresentação, o Xico dava início a um dos seus projetos mais audaciosos, o futuro **CLM**. Este livro, que já está na oitava Edição, foi o começo de uma carreira brilhante.

acordo conosco na elaboração dessa série. São IIrm∴ que ainda não são muito conhecidos dos Maçons de outros Estados, mas que vêm prestando grandes serviços à Maçonaria paranaense. São eles:

Hércule Spoladore, João Borba Jr., Raymundo Francisco Xavier, José Antonio dos Santos[2], Luiz Carlos Leme Franco, todos da Loja de Pesquisas Maçônicas "Brasil". Écliton Pimentel, Antonio Carlos Tavares Barbosa e mais outros que, temos certeza, surgirão. Dos nomes conhecidos, Castellani, Morivalde Calvet Fagundes, e outros, nada podemos dizer ainda porque os mesmos já possuem seus Editores.

O nosso intento é modesto, é primário; é como a nossa Revista "A TROLHA", consumível por todos aqueles que se interessam pela estrutura cultural da nossa Ordem.

Com este primeiro número – CARGOS, DEVERES E OBRIGAÇÕES estamos sondando a opinião dos IIrm∴, estamos levantando as possibilidades. São só mil exemplares. Não sabemos se o próximo número terá mais, ou menos exemplares. A aceitação ou não da idéia é que demarcará os limites.

Nos nossos 20 anos de Maçonaria já ocupamos todos os Cargos em Loja, de Arquiteto a Venerável, e sempre encontramos dificuldades em delimitar os Deveres e Obrigações de cada Cargo ocupado. Os Rituais não estabelecem normas, as Constituições e Regulamentos são vagos. Pouco ou quase nada existe na Literatura Maçônica sobre o tema. Sabemos que existiram algumas edições, mas que se esgotaram. Pensando nisso, juntando aqui e ali, opiniões de autores e atores; trechos e exposições de pequenos trabalhos publicados na Imprensa Maçônica, alinhavamos este modesto trabalho que, acreditamos, será de grande utilidade às administrações das Lojas.

Como militamos há muito tempo no Rito Escocês Antigo e Aceito, nosso trabalho se desenvolveu mais no campo do Escocesismo. Como é início de jornada muita coisa poderá ser consertada e

---

[2] Ele foi o primeiro Assinante Oficial da Revista "A TROLHA". O Xico lhe foi grato por toda a vida, pela confiança depositada, sem que eles nem ao menos se conhecessem. Fizeram amizade depois que o Xico passou a residir em Londrina, cidade do José Antonio dos Santos, e mais tarde ambos seriam contemporâneos da Loja de Pesquisas Maçônicas "Brasil", de Londrina.

melhorada no decorrer das próximas publicações. Nossa experiência no setor é zero. Por isso é que esperamos muito da compreensão e da colaboração das Lojas e dos Irmãos.

Como fim de conversa, gostaríamos de destacar e agradecer o incentivo dado pelo Grão-Mestre do Grande Oriente do Paraná, o Irm∴ João Laércio G. Fernandes, que nos autorizou a publicação deste Trabalho, pois as Constituições Maçônicas exigem o "publique-se" da autoridade máxima. No nosso caso, já que somos filiados a essa Potência, sua autorização se fez necessária.

Outro fato que fazemos questão de destacar para não passarmos por apropriadores de Trabalhos alheios, é que este livreto foi calcado em cima dos três maiores Ritualistas que nós temos: Nicola Aslan (falecido), Varoli Filho e Castellani. Não tivemos nenhuma pretensão de estabelecer confrontos. Simplesmente coligimos o que esses três Irmãos escreveram sobre o assunto e estamos entregando aos IIrm∴ que ocupam cargos em Loja, com a única finalidade de poder ajudá-los em suas tarefas.

No final deste Trabalho, relacionaremos as obras desses IIrm∴, para que aqueles que quiserem beber água limpa, possam ir à fonte buscá-la.

Dezembro de 1985, Londrina.

∴

UMA NOITE DE MUITA EMOÇÃO[3]

Alguém já disse que exercer Maçonaria é viver emoções. Somos uma família, nos tratamos como Irmãos, temos objetivos comuns, dá pra entender que o coração se sobreponha à razão na maioria das nossas atas e que a emoção nos domine a toda hora. Este, por exemplo, é um momento de muita emoção para mim. Ou de mais uma forte emoção entre tantas que tenho vivido neste primeiro ano de Grão-Mestrado.

[3] Transcrito do Boletim Oficial do Grande Oriente do Brasil, N° 2258 – 20 de Março, 1996.

Sou por generosidade de todos vocês e de 98% dos Maçons de São Paulo, o Grão-Mestre que tem a missão de modernizar, pela informatização e pela gestão empresarial, o Grande Oriente de São Paulo. E esta é, eu garanto, uma tarefa emocionante.

Sou, por via de seqüência, o Grão-Mestre das comemorações dos 75 anos da Maçonaria paulista, um evento que toca e emociona a todos nós, mais pelo que nos traz como desafio de futuro, do que pelo que nos acrescenta como realização de passado.

Esta noite sou, com a bênção do G∴ A∴ D∴ U∴, o Grão-Mestre que tem a honra e o privilégio de trazer de volta para o Grande Oriente do Brasil uma das mais importantes personalidades da Maçonaria brasileira: o brilhante, competente, dedicado e admirável Xico Trolha, um Irmão dos mais queridos, cuja saudade estava difícil de suportar.

Ser Grão-Mestre não é fácil. Principalmente nestes momentos em que o coração descompassa e sai do ritmo. Mas, por outro lado, é a melhor coisa do mundo. Porque este mesmo ritmo de batimento atravessado nos gratifica mostrando que estamos no caminho certo. São as razões que só o coração conhece.

A volta de Chico Trolha ao nosso convívio faz a emoção bater mais forte nesse instante. Uma batida que nos diz que a decisão dessa volta não podia mais ser adiada, para o bem de todos os corações da Maçonaria paulista e brasileira.

Seja bem-vindo, Chico, esta casa ainda é sua.

Discurso do Eminente Grão-Mestre Romeu Bonini, na Sessão Magna de Regularização do Irmão Francisco de Assis Carvalho.

A VOLTA DO XICO

Na quarta-feira, 13 de março, o Grande Oriente de São Paulo comemorou, em grande estilo, a volta de Xico Trolha.

(O afastamento dele foi tão longo que permitiu o lapso de seu nome escrito errado, com Ch, no último boletim. Nosso repórter tem menos tempo de Maçonaria paulista que Xico afastado dela.

Desculpe, Xico.)

Quando a saudade é muita, e por tanto tempo sufocada, o reencontro vira momento de emoção incontrolável. Foi assim, na quarta-feira, 13 de março, a noite que marcou uma das festas mais bonitas, mais concorridas e mais prestigiadas da Maçonaria de São Paulo. A Sessão Magna de Regularização de Xico, na Loja "Lautaro", lotou o Templo Piratininga da Rua São Joaquim e se transformou numa das maiores reuniões de autoridades maçônicas já registradas naquele local. O Venerável Mestre da Loja, Felipe Spir, que conduziu os trabalhos com a sabedoria e competência que lhe são peculiares, teve dificuldade para acomodar, nos lugares devidos, tantas autoridades e tantas celebridades.

No Oriente, ao lado do Grão-Mestre Romeu Bonini e do Venerável Mestre, sentaram-se: o Grande Secretário de Administração do GOB, Jafé Torres, representando Murilo Pinto, Grão-Mestre Geral do Grande Oriente do Brasil; o Grão-Mestre Adjunto do Grande Oriente de São Paulo, João Baptista Moraes de Oliveira; os Grão-Mestres Honorários do GOSP, Rubens Barbosa de Mattos, Dionísio Pereira de Souza e José Frederico Zanini; o Grão-Mestre do Rio Grande do Sul, Manoel Soares Leães, o Grão-Mestre de Minas Gerais, Aloisio Batista dos Santos; Renato Elmar Hager, Grande Subprocurador do GOB; o Grão-Mestre Adjunto de Santa Catarina, Walmor Backes; Walter Martins de Toledo, Grande Secretário de Administração do Paraná; seis dos Grandes Secretários do GOSP, Deputados Federais e Estaduais, Delegados e outras autoridades.

A todos que usaram da palavra, a todos que compareceram, Xico Trolha agradeceu, com um discurso emocionado.

∴

BATE-PAPO COM O IRMÃO[4]

Meus Irmãos, perdoem mais uma vez o velho Xico, por voltar

[4] Revista "A TROLHA" Nº 148 – Fevereiro de 1999.

a tristeza a esta página de abertura da nossa Revista. É que o meu Filho, meu Amigo, meu Irmão, meu Afilhado, meu sócio **José Fernando Salles Paschoal**, está morto. Dia 29 de dezembro, ele vestiu seu Terno Preto e foi fazer uma visita à Grande Loja do Céu.

Os Irmãos que estão lá devem ter ficado muito satisfeitos com a nova aquisição; todavia, os que aqui ficaram, só pesar, luto e tristeza. E principalmente o velho Xico que aprendeu a amar e admirar esse menino. Foram 12 anos e seis meses de convívio diário, de respeito mútuo, de comunhão fraterna.

Há 27 anos – 17 de setembro de 1971 – perdi o Irmão, Afilhado e Amigo, Alécio José Gomes, com 41 anos de idade. Hoje, 27 anos depois, perco o meu Irmão, Amigo, Afilhado e Sócio, José Fernando Salles Paschoal, também com 41 anos de idade. A imagem do Alécio está bem viva no meu coração. A imagem querida do Fernando, ainda mais profunda, mais marcante, não sairá de minhas velhas retinas e de minha mente já cansada, enquanto meu coração bater dentro do peito.

APELO FRATERNO

Meus Irmãos, durante 15 anos, fiz esta Revista quase sozinho – com a Doca; mais tarde Doca, Marina e Xico. Em 1986, o Edson e o Fernando se juntaram a mim. Com a inteligência e a juventude deles, mais do Fernando, porque ele se dedicou mais à "A TROLHA", e vocês meus Irmãos, a Revista se transformou no que é. Em janeiro de 1998, o Edson separou-se da sociedade, ficando o Fernando e o Xico. Agora, o Fernando resolveu deixar o Xico também. Treze anos depois e o Xico está só, com sua Revista e sua Editora. Com o Fernando e o Edson, publicamos 160 Títulos pela nossa Editora, e mais de 50 autores vieram fazer parte do nosso Quadro. Editamos também mais de 100 números da nossa Revista.

Hoje, felizmente, temos uma Equipe (engrenada, afinada) de 20 funcionários; portanto, não estou mais tão sozinho, como há 13 anos. Mas, o Fernando significava 80% e o Xico só 20%, na produção de nossa Empresa.

Ele era de um dinamismo extraordinário, de uma visão comercial muito aguçada. E é por isso – a razão do meu apelo:

Meus Irmãos, mais do que nunca, vou precisar de vocês, do apoio, da colaboração – não colaboração financeira – preciso que vocês divulguem, propaguem a nossa Revista entre os Irmãos, para que eu possa sustentar essa Peteca no ar.

Vou lutar como um desesperado, para que nossa Revista prossiga, e prossiga cada vez melhor. Essa é a Homenagem que pretendo prestar ao meu Irmãozinho Fernando.

AGRADECIMENTOS

Aproveitando esta Edição Especial, quero em meu nome e em nome de todos os familiares do Fernando, agradecer as demonstrações de pesares, refletidas nas 47 Coroas de Flores enviadas pelos seus Irmãos e Amigos, assim como nas cartas, fax, telegramas e telefonemas que chegam. Em retribuição a todo esse carinho, resolvemos antecipar, em dois meses, o seu sonho de editar uma revista, inteiramente em cores, a partir de abril, para fevereiro.

É nessas horas que se pode aquilatar o valor das boas amizades que angariamos ao longo de nossas vidas.

Xico Trolha

∴

A EVELISE MAÇONA[5]

Dia 17 de fevereiro de 2001, o Xico Trolha esteve presente à Iniciação da sua Filha – Evelise Bianco de Carvalho, numa Loja Mista de São Paulo. Com o Templo lotado, teve início a Cerimônia de Iniciação, com um Ritual muito semelhante ao nosso, com todas as Provas Simbólicas. Foi essa a primeira vez que o Xico participou de uma Reunião Ritualística, numa Loja Mista.

---

[5] Revista "A TROLHA" Nº 182 – Dezembro de 2001.

Minha filha, já com 38 anos, formada em Odontologia, com todas as suas faculdades mentais funcionando 100%, um certo dia anunciou-me que desejava Ingressar na Maçonaria. Se ela fosse um Homem, eu ia ficar exultando de felicidade. E por que não exultar, sendo ela mulher?

Se eu não tenho um filho para trazê-lo para a Maçonaria, tenho uma filha muito querida, que quis ser Iniciada.

Se a Grande Loja de São Paulo permite que meninas sejam adotadas como Lowton, o que, pelas leis maçônicas, dá-lhes direito de se Iniciarem na Maçonaria, por que não a minha filha?

Sei que eu não devia estar presente, mas quando a Evelise nasceu, eu ainda não era Maçom. Portanto, antes de ser Maçom, eu sou um pai muito orgulhoso da filha que tenho, e jamais eu faltaria à sua Iniciação.

Senti o orgulho que sentiu o meu Grão-Mestre João Baptista Moraes de Oliveira, colocando o Avental de Aprendiz em seu filho. Esse orgulho, essa satisfação, eu também senti em relação à Evelise.

Sei que, maçonicamente, de acordo com as nossas Leis, está completamente irregular. E que esse estado de coisa ainda vai continuar por muitos anos.

Mas, cá, comigo, a Evelise continua a mesma filha, com seu lugar bem reservado dentro e no fundo do meu Coração – maçonicamente, regular ou não. Eu não mudei, ela não mudou.

E como a morte andava rondando os passos do velho Xico, ele, prevenido, passou sua parte na Editora Maçônica para a Evelise.

Vá em frente minha filha querida, eu estou torcendo muito por você.

∴

Estes três fatos marcaram a vida do Xico nos últimos dez anos de vida.

Primeiro, quando ele mudou de Obediência em 1996, e se filiou à Loja "Lautaro", Or∴ de São Paulo, jurisdicionada ao GOSP-GOB;

depois, com a morte do sócio e Irmão Fernando Salles Paschoal, que ele acreditava piamente ser o seu sucessor, o discípulo que daria continuidade a um trabalho de anos. O baque foi tão grande que ele adoeceu gravemente em seguida, mas mesmo assim ele foi preparando as coisas para que tudo corresse de modo "justo e perfeito" quando ele partisse, continuou viajando, falando, escrevendo e ensinando. E, por último, a minha Iniciação, que fez com que ele revisse muitos conceitos, porque sabia que seria muito criticado. Às vezes penso ter sido há muito Iniciada por ele, desde o momento quando ele "cobrava" traduções de textos complexos e muito interessantes, fazendo com que eu me envolvesse sobremaneira com o assunto e passasse horas discutindo com ele. Sem que percebêssemos, ele foi me ensinando a conhecer a Maçonaria, me fazendo admirá-la e respeitá-la como ele sempre o fez. O Xico foi um visionário, que sempre soube onde colocar os pés e com quem contar, tanto é verdade que eu sou amparada e estimulada por seus fraternos amigos.

A forma natural com que enfrentou as dificuldades nos serviu de lição, porque em nenhum momento ele esteve só, sempre muito bem acompanhado por amigos e funcionários lutadores e corajosos como ele.

CAPÍTULO VIII

A Utopia

EDITORIAL ENCIMA[1]

Este é o nº 1 da Revista "Enciclopédia Maçônica", uma revista igual ou semelhante às demais existentes no campo da cultura maçônica. Ela tem uma finalidade: divulgar a Maçonaria fora de seus domínios; isto é, fora do mundo maçônico, que abrange um universo de 170 mil Maçons e seus familiares.

Por quê? Depois de 35 anos de vivência maçônica, e de 30 anos de Estudos e Pesquisas, achamos que, ao sermos combatidos, xingados, odiados, excomungados por pessoas que nada entendem de Maçonaria; que não sabem nada de nossa História, de nossa Filosofia, de nossos Princípios, precisávamos fazer alguma coisa e resolvemos fazer algo inusitado (no campo da Maçonaria), isto é, um Órgão Maçônico ao alcance de todas as pessoas interessadas.

A Maçonaria só possui três segredos, que não são satânicos e nem mortais – são apenas os Segredos dos Reconhecimentos Maçônicos – Sinais, Toques e Palavras. Assim mesmo são segredos de Polichinelo, pois muitos não-Maçons os conhecem. Fora desses três, não há nenhum segredo que não possa ser revelado. O exército,

[1] Enciclopédia Maçônica – Ano 1 – Nº 1 – Julho/Agosto de 2000.

o clero, o comércio, a indústria, possuem segredos profissionais que podem, mas não devem, por ética, ser revelados. Daí, pela primeira vez no Brasil, e talvez no mundo, uma revista de cunho puramente maçônico estar circulando em bancas de revistas e jornais e vendida a todos aqueles que desejarem comprar, sem nenhuma restrição.

Para esclarecimento inicial, devemos dizer que a revista estará apresentando em suas páginas, além de Trabalhos versando sobre História, Filosofia, Ética, Simbologia, Consultas ao Leitor, seções fixas como Cartas dos Leitores, Respostas a Consultas, Humor Maçônico e muitas outras seções, um fascículo sobre a História da Maçonaria Universal.

Como é nossa intenção, a revista terá Fórum de Debates, para tratar dos assuntos mais polêmicos, sendo os mesmos de inteira responsabilidade dos debatedores.

Este Editorial de nº 1 é de responsabilidade do Maçom Francisco de Assis Carvalho ou Xico Trolha. Os próximos serão de responsabilidade dos sete Editores, num revezamento natural. Serão os leitores que darão o direcionamento dos assuntos futuros.

Além dos Editores, teremos uma plêiade de colaboradores espalhados pelo Brasil – Maçons ou não, de elevada cultura, a fim de levar até o leitor o universo maçônico. Tudo, mas tudo mesmo, que se relacione com o mundo maçônico, com exceção dos Sinais, Toques e Palavras, estará à disposição do leitor.

A idéia desta "Enciclopédia Maçônica" surgiu no Primeiro Encontro do Instituto Brasileiro de Pesquisas e Estudos Maçônicos "Fernando Salles Paschoal", realizado em 1999, em Londrina – PR.

Os colecionadores, especialmente os detentores dos números do Ano, receberão, gratuitamente, uma capa dura para encaderná-los no final do ano. Como estamos começando no meio do ano, os três números formarão um exemplar, encadernado, menor. Junto com o nº 1 acompanharão selos que darão direito à capa dura.

A sorte está lançada, aguardamos a receptividade que teremos.

Xico Trolha

Londrina – julho/agosto – 2000.

Juntamente com os Irmãos Antônio do Carmo Ferreira, Hermes Elias de Moura, Octacílio Schüler Sobrinho, Arnaldo Egidio Bianco, José Carlos Pacheco e Anselmo Arruda Falcão, o Xico e seus demais sócios nesta empreitada deram o primeiro passo no resgate da Maçonaria perante a população. Sabedores de que poderiam não ser compreendidos, levaram à frente uma das mais ousadas estratégias para mostrar às pessoas que a Maçonaria é muito mais do que se comenta a boca pequena, combatendo os livros escritos por "ex-Maçons" falsos ou não, repletos de preconceitos e tolices, transformando-a no bicho-papão dos ignorantes e tolos. O antimaçonismo vigente é repleto de mentiras e lendas que se perpetuaram através dos séculos, misturando superstição, desconhecimento e má vontade de alguns religiosos fanáticos, que ao invés de conhecê-la ficam de longe a atacando, sem ter fundamentação alguma, só por ouvir dizer.

Eles planejaram e lançaram uma Revista, aos moldes das antigas Enciclopédias, onde assuntos variados relacionados à Maçonaria eram publicados, e distribuída em bancas. A Revista foi um sucesso, os Maçons mais ortodoxos não aceitaram, mas a grande maioria da comunidade maçônica apoiou, alguns com restrições, outros abertamente. Só teve um pequeno problema, o Xico adoeceu e a distribuição deixou a desejar, impossibilitando a publicação do número seguinte. Até hoje recebemos telefonemas de pessoas interessadas nos números posteriores desta excelente Revista. Foi uma pena ele ter adoecido, este teria sido mais um projeto marcante em sua vida de redator. O mais admirável é que estes Irmãos e Sócios enfrentaram com ele esta batalha, sem pedir e nem esperar nada. Apenas conjugando com ele o sonho de uma Maçonaria mais próxima das pessoas, mais educativa e elucidativa. Pode ser utopia, mas o primeiro passo foi dado e não tem como se voltar atrás.

∴

A CARIDADE MAÇÔNICA[2]

Meus Irmãos, estou iniciando uma Cruzada, através de palestras e livros, para que a Maçonaria Brasileira volte a praticar a PURA MAÇONARIA. A Maçonaria da corrente latina, dentre ela a Maçonaria Brasileira, que teve início como Maçonaria Política, conforme sua Mãe, a Maçonaria Francesa. Todavia, após 1877, quando a Maçonaria Francesa perdeu o reconhecimento da Maçonaria Inglesa (o que, na verdade, não lhe fez nenhuma falta), a Maçonaria Brasileira abandonou sua Mãe de sangue, para adotar a Maçonaria Inglesa, para não ser excomungada pela mesma, e, também, alguns de seus Costumes, menos o Rito, e o seu Sistema de **Caridade Maçônica**. Que era, e é, somente maçônica **mesmo**; só e unicamente para os Maçons e seus familiares.

Como ela deixou de ser Política e passou a ser "ESMOLEIRA"? Eu explico. Porque ela "**DÁ E PEDE ESMOLAS**". E assim ela passou todo o século XX. Fazendo uma coisa que não faz parte da Tradição Maçônica; isto é, fazendo Filantropia Profana.

A Caridade "Maçônica" e/ou a Filantropia "Maçônica".

Eu já disse isso em um Bate-Papo, e volto a dizer:

– O que a Maçonaria Brasileira tem feito pelas Cunhadas Viúvas e pelos nossos Sobrinhos órfãos?

– Quantas Bolsas de Estudo a sua Loja tem dado a filhos de Irmãos do Quadro?

– O que sua Loja tem feito em Benefício dos Maçons idosos de seu Quadro? Sua Loja tem um fichário com os nomes e endereços de Cunhadas Viúvas e dos Sobrinhos órfãos?

Enquanto ficamos dando essas **Esmolinhas**, arrecadadas nos nossos Troncos "MIXURUCOS", para Entidades Filantrópicas – esmolas essas que matam de vergonha quem as entrega; e, de raiva, quem as recebe.

Isso é pura Hipocrisia. E Maçom não pode e não deve ser Hipócrita, com sua Loja, com seus Irmãos.

---

[2] Revista "A TROLHA" – Nº 189 – Julho de 2002.

Esse negócio de fingir que dá, mas não deu – não é digno de um Maçom. O **TRONCO DA VIÚVA** é para ajudar as Viúvas dos Maçons!

A nossa Maçonaria, é a Maçonaria mais pobre do Mundo Maçônico.

As Lojas, as Grandes Lojas, os Grandes Orientes, precisam ter:

a) Um Fundo para Bolsas de Estudo;

b) Um Fundo para Empréstimos aos Irmãos e Lojas;

c) Um Fundo para a Caridade Maçônica;

d) Um Fundo para a **Cultura Maçônica**;

e) Um Fundo para a criação de **LARES MAÇÔNICOS**.

Vamos esquecer esse mau costume de enganar a nós mesmos, com essa farsa chamada ora Tronco de Beneficência, ora Tronco de Solidariedade. Vamos estabelecer um óbolo – de 1 a 5 reais, por Irmão presente a Sessão, e multas da mesma quantia para os ausentes, debitada junto com sua Mensalidade.

Os Irmãos que quiserem mais informações sobre essa Cruzada escrevam para o Xico, que ele atenderá com a maior boa vontade.

Continuaremos no próximo Bate-Papo.

Ate lá!

∴

CARTA DE LONDRINA[3]

Loja de Pesquisas Maçônicas "Brasil"

Or∴ de Londrina – PR

Ao finalizar duas Sessões de Pesquisas e Estudos realizadas pela Loja de Pesquisas Maçônicas "Brasil" de Londrina, ocorridas respectivamente nos dias 14.3.02 e continuadas no dia 11.4.02., dada a importância dos debates sobre o tema CARIDADE MAÇÔNICA, proferido pelo Irmão Francisco de Assis Carvalho (Xico Trolha), solicitaram os presentes que fosse redigida uma Carta de Intenções, tendo os presentes

[3] Idem à nota anterior.

solicitado que a mesma fosse publicada nas revistas e periódicos maçônicos de todo o País, onde fossem referidos os pontos básicos destas duas palestras alertando Maçons e especialmente os Veneráveis e Hospitaleiros sobre o uso correto do Tronco de Beneficência, bem como o teor da palestra que foi específica em esclarecer o que vem a ser a Caridade Maçônica enfocada pelo Ilustre palestrante. Em resumo, após a palestra e debates, os Irmãos presentes chegaram a algumas conclusões:

1) A Maçonaria atual está em muitos aspectos afastada dos seus valores antigos e tradicionais e, em especial, em certos Usos e Costumes, os quais foram paulatinamente sendo, através dos anos, totalmente distorcidos.

2) Sabe-se que a Maçonaria, desde que apareceu, conseguiu sobreviver, no mundo, sempre em condições adversas, sofrendo perseguições e que seus primeiros componentes se protegiam como irmãos quer física, quer financeiramente. Qualquer membro da confraria era defendido em todos os sentidos e em caso de sua morte a família, viúva e filhos eram assistidos financeiramente nos mesmos moldes das confrarias de pedreiros, das guildas e outras entidades afins. Em algumas destas organizações havia até auxílio funeral, além de outros atendimentos.

3) A Maçonaria não auxiliava Profanos de forma alguma, somente os Maçons, seus verdadeiros confrades, seus Irmãos e suas famílias, através de caixas ou fundos arrecadados especialmente para este fim.

4) No início do século XX a Maçonaria brasileira, alguns anos após a Proclamação da República, já sem outras metas maiores naquele momento, começou a competir com a Igreja Católica, Espírita e posteriormente com as Igrejas Evangélicas em matéria de caridade a Profanos.

5) A maioria das Lojas, atualmente cerca de 95%, desenvolve uma forma amadorística de filantropia, onerando seus Obreiros pagantes, e eliminando através das famosas Sessões de finanças aqueles

que estão em atraso, a maioria das vezes por dificuldades ocasionais. Temos perdido muitos Irmãos nestas circunstâncias. Se a Loja tivesse um Fundo de Reserva, estes Irmãos poderiam ser socorridos.

6) É uma situação até certo ponto cultural, um erro de avaliação, pois acabamos no afã de ajudar o próximo esquecendo de nós próprios.

7) É nossa intenção levantar este problema para que a Maçonaria Brasileira reflita. E que quem queira ser filantropo, ou que queira ajudar Profanos, que o faça em seu nome.

Deixe sua Loja de lado. Não faça caridade envolvendo a Loja, ou Irmãos. A Loja é mais uma Escola onde se aprende entre as grandes lições de Vida que ela nos ensina, algumas delas são justamente a caridade, a fraternidade o amor e o auto-aprimoramento. Mas como nossos recursos são poucos e a maioria dos Maçons brasileiros é de classe média baixa, não podemos fugir às nossas tradições de autoproteção.

Temos que investir nisso. Temos que acordar e fazer como faziam os primeiros Maçons.

Não são as mútuas que salvam situações. Toda Loja deve ter um Fundo de Auxílio. Às vezes a Família de um Irmão falecido necessita estudar um Sobrinho e não tem condições. Ficará o jovem à sua própria sorte. O Tronco de Beneficência não poderá jamais ser usado para reforma de Templos, ou para orfanatos, ou creches profanas. É uma tradição que não está sendo respeitada.

Estamos tentando este tipo de apelo para sensibilizar Irmãos e Lojas e até Potências para que reflitam sobre as exposições aqui feitas, no intuito de nos tornar fortes criando Fundos, com estatutos bem definidos, organizados de forma bastante transparente com assistência jurídica bem orientada, registrados em Cartório, etc., para que possamos atender as famílias enlutadas de muitos Irmãos, com dignidade, amor e fraternidade que elas merecem.

∴

A CARIDADE MAÇÔNICA - II[4]

Dando prosseguimento ao Bate-Papo anterior, vamos reproduzir a seguir uma carta vinda de Foz do Iguaçu, em resposta à nossa proposta.

CONCLUSÕES À "CARTA DE LONDRINA"

ARLS "10 de Junho"
Or∴ de Foz do Iguaçu – PR

Após análise de estudo e discussão entre IIrm∴, da assim chamada "Carta de Londrina", encaminhada até nós pelo Irm∴. Hércule Spoladore, tratando de proposta do Irm∴ Francisco de Assis "Xico Trolha", referente ao Tronco de Beneficência concluímos:

1. Apoiar a idéia ao que a carta se propõe;

2. Tratar de divulgá-la para outras Obediências;

3. Aplicá-la em nosso meio fazendo parte do Regimento Interno de nossa Loja.

Com referência a este último item, ficou assim aprovado em Assembléia da Loja:

- *O Tronco de Beneficência terá que ter uma conta poupança;*
- *Deverá ser movimentada pelo Ven∴ Mestr∴, Hosp∴ e o Tes∴;*
- *Haverá uma prestação de conta anual para a Loja, sem detalhes para quem foi beneficiado, conforme o prescrito no inc. VI, art. 94 do Regimento Interno do GOP;*
- *Somente poderá ser usado para auxílio de IIrm∴ e seus familiares diretos;*

[4] Revista "A TROLHA" N° 190 – Agosto de 2002.

- *Cada caso será analisado pela comissão de Solidariedade, reservando-se a essa comissão o estabelecimento de atualização monetária ou não;*

- *O "Fundo de Registro em Cartório" proposto pela "Carta de Londrina", segundo a análise realizada pela Loja, transformaria uma sociedade "filantrópica ... em um ente privado com finalidade lucrativa... devendo ser estudado a posteriori pelas Potências Maçônicas".*

Desta maneira fica registrada no livro próprio de Atas, aos dois dias do mês de julho de dois mil e dois.

Cezar Renato Zelinski Ven∴ Mestr∴

Para que essa cruzada tenha êxito, mande sua opinião, depois de tê-la apresentado em sua Loja. Essa cruzada está, apenas, começando...

Até a próxima.

∴

AINDA A CARIDADE MAÇÔNICA[5]

Como os Irmãos podem verificar, o número de cartas de apoio a nossa CRUZADA, pelo auxílio ao Maçom e seus familiares – esposa, viúva e filhos, ao invés de socorrermos os outros. Não que os outros não precisem, mas porque esse é o compromisso verbal feito pelo Maçom, ao Ingressar na Ordem.

Segue abaixo, mais um voto muito importante.

Manifesto de Apoio

Há tempos eu venho discutindo sobre esse assunto "CARIDADE MAÇÔNICA", buscando persuadir uma variedade de Irmãos, em

[5] Revista "A TROLHA" Nº 192 – Outubro de 2002.

diversos locais e Lojas e, em distintas oportunidades, com o objetivo maior de tornar essa prática realmente prática (lembrando que é nossa primeira obrigação como entidade filantrópica), ou seja, mais habitual, mais verdadeira, com maior desprendimento e maior sentimento emocional.

Como prova do que digo, basta citar que já, em várias ocasiões, apresentei Trabalhos escritos seguidos de (digamos) discursos sobre este referido assunto, inclusive, Trabalhos (com algumas alterações) retirados deste valioso veículo informativo que é a Revista "A TROLHA", na busca frenética de conseguir convencer meus pares a aliarem-se nesse propósito.

Portanto, prezado Irmão XICO, além do apoio que lhe damos, oferecemo-nos inteiramente no que pudermos ser úteis, e isto não é apenas da boca pra fora. Queremos que fique explicitado literalmente que estamos dispostos a chegar às últimas conseqüências no sentido de ajudar, isso porque, para nós, é uma grande felicidade quando encontramos uma bela oportunidade de poder participar ativamente de um projeto desse cunho e, certamente, conseguiremos induzir muitos, arrebanhando inúmeros adeptos à causa.

Por esta e outras razões queremos comunicar que estamos muitíssimo interessados em informações mais detalhadas sobre essa "CRUZADA", e aproveitamos o ensejo para tornar pública a nossa insatisfação, nossa indignação para com as atitudes – no mínimo insensatas, humilhantes e desprovidas da menor vontade, de uma variedade de Irmãos (a grande maioria) que se escondem atrás da mão fechada na hora de comparecer à Bolsa de Beneficência.

Nós, membros da ARLS "Arqui Real – 210", queremos deixar TRANSPARENTE e RATIFICADA a intenção e disposição em ajudar ao querido Irmão (XICO) nessa CRUZADA importantíssima e tão necessária que se faz oportuna.
Irm∴ José C. B. Bessa – M∴ M∴

Irmão Bessa, de início é necessário suspender as Esmolas, pelo espaço de um ano ou dois, depositando os valores arrecadados numa Conta-Poupança, sem mexer na mesma, pelo tempo estabelecido.

Estudar com os Irmãos uma taxa, por Sessão, para substituir o **TRONCO DE BENEFICÊNCIA**, nas Sessões. O Irmão poderá estabelecer como essa Taxa será paga – com dinheiro, com cheque, ou débito em sua mensalidade.

No final de dois anos vamos ver quantas Lojas aderiram ao sistema, então poderá ser convocado um Congresso para se decidir o Rumo a ser tomado.

∴

Durante muito tempo o Xico Trolha pesquisou este assunto, porque ele se sentia incomodado com certas situações vivenciadas.

A forma como a maioria das Lojas "excluía" as Cunhadas viúvas e seus filhos não apenas de auxílio, mas sem que o Hospitaleiro desse sequer "um" telefonema para compartilhar da dor daquela família, num certo período após tão grave perda; a situação precária em que viviam momentaneamente Maçons ativos e trabalhadores, devido a inesperados acontecimentos que alteravam o seu dia-a-dia; as dificuldades em se conseguir metais para tratamentos de saúde de Irmãos e familiares, em centros altamente especializados no exterior por falta de recursos; o descuido com Obreiros que participaram ativamente dos Trabalhos em Loja, e que se afastaram por problemas financeiros ou de saúde, mas que "ninguém" se dispõe a visitá-lo para saber o que está acontecendo, se ele está com problemas, "se" a Oficina pode ajudá-lo. Na verdade, o mais comum é este Irmão ser afastado por inadimplência, ao invés de ser auxiliado; auxílio ao Irmão idoso e sua companheira. Uma gama imensa de situações deixavam o Xico injuriado como Maçom e como pessoa.

A semente foi plantada, quem sabe daqui a algum tempo estaremos colhendo os frutos?

CAPÍTULO IX

Congregando Homens e Conquistando Amigos

Este Capítulo nasceu de um desejo pessoal de mostrar o Xico como ele foi em vida, rodeado de amigos.

Com esse objetivo eu convidei alguns Irmãos para que junto comigo costurassem essa colcha de retalhos que foi a vida do Xico, porque poucas pessoas contaram em vida com tantos amigos fantásticos como ele pôde contar.

Foram tantos que decidi, assim, como não tinha espaço suficiente para todos homenageá-lo, que faria o convite aos que estiveram mais próximo a ele. Também não deu, ainda assim eram muitos. Aleatoriamente escolhi quarenta nomes, e fiz o pedido para que me enviassem um "pedacinho" de retalho. Alguns não puderam, outros eu não encontrei, e ainda tinha os que estavam meio adoentados e eu não tive coragem de pedir.

Espero que vocês gostem desta belíssima colcha, feita com o maior cuidado, uma colcha bem quente, unida por laços fraternais e sinceros que a Maçonaria proporcionou a esse bravo guerreiro.

Na Revista "A TROLHA", Edição Especial de Aniversário – 18 anos, ele recebeu uma homenagem, organizada pelos seus sócios

Fernando Salles Paschoal e Edson Thomazinho; estes Irmãos se separariam em 1997, com a divisão da sociedade e, depois, em 1998, com a partida do Fernando para o Or∴ Eterno.

QUEM É QUEM[1]

IIrm∴ Edson Thomazinho e Fernando Salles Paschoal

Na edição da Revista "A TROLHA" nº 36 – julho/agosto de 1988, introduzimos a coluna QUEM É QUEM. Esta coluna é destinada a falarmos sobre a vida de Maçons, que fazem ou escrevem sobre a Maçonaria, pois existe sempre a curiosidade de sabermos sobre os Maçons atuais. Sendo este o exemplar de comemoração dos dezoito anos de circulação da Revista, nada melhor que fazermos uma homenagem Especial, neste número Especial, a um Irm∴ Especial.

Antes, porém, gostaríamos de esclarecer que será uma surpresa ao homenageado, pois para efetuarmos estas páginas precisamos pedir aos funcionários o maior sigilo e que trabalhassem à noite e aos domingos, para que o curioso não estragasse a surpresa, porque temos certeza que ele não aceitaria esta homenagem e também acharia que existem Maçons que deveriam ser homenageados antes. Também achamos, mas para quem fica persistindo em dezoito anos no mesmo "IDEAL" de divulgar a Maçonaria por todo o Brasil e também no exterior, precisa ser homenageado no seu aniversário. Estamos falando do nosso amigo, sócio e Irmão FRANCISCO DE ASSIS CARVALHO, mais conhecido como "XICO TROLHA".

Pode ser que alguns IIrm∴ não tenham entendido o porquê do Editorial, mas para escrever sobre o Irm∴ XICO TROLHA, seria necessário falarmos sobre a Revista "A TROLHA", sua terceira Filha; mas para escrever sobre a Revista, nada como o próprio pai, que sempre acha sua filha linda. Então Eu e o Irm∴ Edson, separadamente, pedimos ao Irm∴ Assis que fizesse um Editorial especial. Sem que ele percebesse, caiu na armadilha. Desculpa Irm∴ Assis.

---

1 Revista "A TROLHA" Nº 40 – Março/Abril – 1989 – Especial de 18 anos.

QUEM É FRANCISCO DE ASSIS CARVALHO?

Falar deste valioso Irm∴ é um tanto quanto fácil, porque além de Irm∴ exemplar, jorra de tantos requisitos que, se fôssemos colocá-los todos, não haveria páginas o suficiente, ou então teríamos que nesta edição fazer uma enciclopédia e não uma Revista. Mas vamos apenas aos fatos mais importantes, para deixar registrado em uma Revista "A TROLHA" esta homenagem jamais esperada por ele.

...

Uma das coisas que o Irm∴ Assis gosta, quando tem oportunidade, é visitar Lojas novas, fazer a saudação ao Pavilhão Nacional ou recitar o poema "SOB A LUZ DO LAMPIÃO", no estilo gaúcho. Está havendo uma disputa entre Eu, Irm∴ Spoladore e o José Castellani, quem já ouviu ele recitar mais; por última contagem estava em 2.343 para o Spoladore.

Quando da realização do I Encontro da Loja de Pesquisas, pedi aos IIrm∴ Castellani, Morivalde e Carvalho Neves para escreverem alguma coisa sobre o Xico Trolha; portanto, segue a opinião deles.

∴

DÁ-LHE, XICO!

Irm∴ José Castellani

Há três anos, mais precisamente em julho de 1986, eu fazia, na "A TROLHA", uma homenagem aos dez anos da Revista e ao seu criador. Agora, por artes e truques de Mandrake, cá estou, novamente, para falar dos dezoito anos da "A TROLHA" e do seu fundador (não, evidentemente, dos dezoito anos do fundador, pois só de calos nos cotovelos – haja janela! – ele tem muito mais quilometragem).

Mas, como é que pode? Oito anos em três? Isso até parece coisa do JK, o inventor de Brasília (Atenção, eruditos candidatos aos vestibulares: Juscelino Kubitschek não foi um imperador chinês, mas, sim, presidente do Brasil – de 1956 a 1961 – cujo "slogan" de governo era "50 anos em 5"). Ora, a coisa explica-se facilmente: o inventor da

"A TROLHA" só considerava a sua segunda fase, já como revista, a partir de 1976; e a "A TROLHA", todavia, nasceu em 1971, pequenininha (ou "piquininha", como se fala no meu interiorzão desse mundão de Brasil), ranhenta e ranheta, mijando nas fraldas e "chupando" o nariz, publicando, no meio de alguma matéria maçônica, as indefectíveis "notas sociais" e os invariáveis poemas "ortopédicos" (com versos de pé quebrado) dos poetas bissextos (tão encontradiços quanto os cantores de tango de mesa de botequim) e das "gentis senhorinhas" da sociedade local. Esse era o tributo ao jornalismo regional, incipiente e artesanal.

Apesar de tudo, era uma semente plantada no solo ingrato do mercado editorial maçônico brasileiro que, qual pantagruélico comensal, já devorara muitas publicações maçônicas, porque, na realidade, os Maçons não gostavam de ler, talvez até pelo fato de não terem coisa boa para ler; além de tudo, os poucos jornais maçônicos acabavam sofrendo os ataques devastadores e insanos de verdadeiros Maçons-gafanhotos, que não têm vontade de ajudar, mas se acham no direito de criticar.

E essa sementinha, que foi a "A TROLHA", cresceu, evoluiu e agigantou-se, porque nasceu sob feliz signo, cercada por dois acontecimentos de fundamental importância. O primeiro é que ela surgiu numa pequena cidade do Paraná, a minha querida Jandaia do Sul, longe das gralhas e dos urubus maçônicos das grandes cidades, sempre prontos a destruir a obra dos outros (ah, a insuperável e nunca por demais decantada dor-de-cotovelo!). O segundo fato, e, certamente, o mais importante, é que ela foi criada sob a liderança de um raio de um Maçom persistente, teimoso como um burro empacador (no bom sentido, pois enfrentou alguns que não eram empacadores, mas eram burros mesmo), um maravilhoso lunático que, no peito, na raça, no tapa e na porrada botou o seu ideal nas letras de fôrma de um jornalzinho chinfrim, que viria a se transformar na maior revista maçônica da América do Sul e numa das principais do mundo, sem qualquer exagero de minha parte. Refiro-me, evidentemente, a meu amigo

FRANCISCO DE ASSIS CARVALHO, Assis, para os Irmãos e XICO TROLHA, para os amigos mais chegados.

Tudo isso que hoje aí está, essa magnífica "A TROLHA" (que os irmãozinhos do Nordeste e do Rio de Janeiro chamam de A TRÓLHA) é o resultado do trabalho incansável do Xico, que, há algum tempo, conta com a colaboração inestimável do Fernando ("Bonita revista a sua, Fernandinho") e do Edson, que eu chamo, carinhosamente (e tirando o sarro, é claro), de Xico's Boys (e que os mais malévolos chamam de "xiquetes"), que ajudaram a dar, à revista, um padrão gráfico em moldes praticamente profissionais. Quando o Xico criou a "A TROLHA", todavia, eles ainda andavam chutando lata pelas ruas de Ribeirão Preto e armando arapucas para passarinho, atrás do cemitério (toda cidade do interior que se preza, sempre tem, atrás dos cemitérios, uns matinhos onde a molecada caça passarinho, namora e conhece os grandes "mistérios" da existência). Mas estava escrito – **Mactub**, como dizem os árabes – que os garotos encontrariam o "véio", para glórias mil d'"A TROLHA".

E seria a "A TROLHA" que viria a dar uma sacudida no acanhado meio intelectual brasileiro, contribuindo decisivamente para o grande incremento que a literatura maçônica de nosso País tem tido. E é por isso que, agora, com a permissão de todos os nossos leitores, eu me dirijo, especificamente, ao Xico, num papo coloquial de velhos amigos:

Xico, mano velho, talvez eu não seja o mais indicado para falar de ti. Sou teu amigo e os amigos são, sempre, absolutamente parciais (os amigos não têm defeitos; os inimigos, se não tiverem, eu invento). Acho, todavia, que essa parcialidade é irrelevante, quando a realidade é gritante; e a realidade está aí, bimestralmente, nas mãos dos Maçons brasileiros. E a maior prova de que a "A TROLHA" já ocupou um espaço incomensurável na cultura maçônica nacional, é que, hoje, ao contrário do que acontecia quando ela era pequenina, lá em Jandaia, provocando sorrisinhos de mofa das pretensas sumidades maçônicas, ela já sofre críticas, ataques infundados e pauladas, pois também é incomensurável a codalgia (dor-de-cotovelo) e a cornalgia (adivinha o que é) dos incompetentes, que, incapazes de realizar coisa igual, ou melhor, comprazem-se, num verdadeiro orgasmo mental, em denegrir as obras alheias.

A velha sabedoria popular já registrou, em brocardo, o fato de que "ninguém chuta cachorro morto". E tu, maninho, és, com o perdão da má palavra e da irreverência, um cachorrão vivíssimo, que incomoda os invejosos, que faz uma sombra imensa e que construiu um lugar próprio, luminoso e inarredável na Maçonaria brasileira.

Estás lembrado, meu caro, como eu conheci a "A TROLHA", a tua/nossa "A TROLHA"? Foi em 1979, quando recebi, vinda de Jandaia do Sul (onde será isso pô??!!), uma Revista sem capa e "outonal" (as folhas despencavam ao vento), com uma cartinha de um tal de Assis, que me comunicava que estava transcrevendo um artigo meu (citando a fonte) e me pedindo permissão para transcrever outros. Gostei do bicho, de cara, pela honestidade de propósitos, pois o que existe de publicação maçônica por aí, transcrevendo Trabalhos, sem citar nem a fonte e nem o autor, não está em gibi nenhum. Li a revista, gostei dela, e respondi ao pedido, não só autorizando novas transcrições, como, também, dispondo-me a enviar artigos diretamente; foi o que fiz. E nunca mais parei (pensas que é fácil ficar livre de mim?).

No número seguinte de "A TROLHA", de junho de 1980 (já que, na época, ela era semestral), levei um susto: na última página, onde ficaste muito tempo, com o editorial, estava a tua foto. Mano, nem te conto, foi um choque! Ao te ver com aquelas quilométricas costeletas, de camisa escura e de gravata clara, pensei, com os meus botões:

"Pô, será que esse cara é cantor de tango de tasca da zona, dançarino apache de bodega parisiense, bicheiro em decadência, ou mafioso siciliano?" E os botões nem responderam, pois eles também não sabiam.

Só em 1983, quando fui palestrar em Mandaguari, é que te conheci pessoalmente (ainda estavas em Jandaia) e verifiquei que entre a tua fachada "em cor e ao vivo" e aquela foto em preto, branco e lusco-fusco, havia uma distância interestelar. Também, mano, esta foto, seguramente, foi feita antes de embarcares no navio cheio de bichos de um tal de Noé (bons tempos aqueles, hem Xico?). No ano seguinte deixaste Jandaia (dizem que houve festa na cidade) e te fixaste em Londrina (apesar dos protestos da população). Daí para frente, temos nos encontrado, regularmente, em Londrina, em São Paulo e em outros lugares do País; temos feito muitas viagens juntos, levando nossa mensagem cultural a vários Estados brasileiros; temos sentado à mesma mesa, como Irmãos que repartem o mesmo pão (os árabes dizem que dois homens, para bem se conhecerem, devem comer, juntos, meio saco de sal; como o sal é usado em pequenas quantidades na comida, isso significa que dois homens, para se conhecerem bem precisam comer juntos durante muito tempo).

E, com essa convivência, eu comecei – e continuo – a admirar o teu idealismo e a tua fidelidade aos princípios maçônicos, a tua dignidade e a lucidez de tuas idéias, a tua lealdade para com os amigos e a tua fraternidade, quase carnal, para com os teus Irmãos em Maçonaria. Mas o que eu mais admiro em ti é essa fibra, é essa perseverança, é esse ânimo inquebrantável, é esse espírito forte, que nos legou e a "A TROLHA", com tudo o que ela hoje representa. Se o "Velho Chico" (o rio São Francisco) é o rio da integração nacional, tu, "Velho Xico", és o arauto da integração cultural da Maçonaria nacional, através da tua/nossa "A TROLHA".

É isso, mano velho. Estou na arquibancada da vida, batendo palmas para te aplaudir e torcendo por ti. Dá-lhe, Xico!

Amigo! Irmão!

∴

ALGUNS CONCEITOS SOBRE O FRANCISCO DE ASSIS CARVALHO

Irm∴ Morivalde Calvet Fagundes

1. O GRANDE CRIADOR

O fato de haver criado a "A TROLHA" – a maior e melhor Revista Maçônica do Brasil, que está também penetrando no resto do mundo, dá ao Assis um mérito extraordinário, com uma inteligência privilegiada, que tem o condão de enxergar longe e "tirar coelhos da cartola" como um mágico experimentado. Ele sentiu, como ninguém, como a Maçonaria brasileira estava necessitada de um órgão de imprensa, que a unisse como um todo e mostrasse toda a sua grandeza. Todas as grandes experiências, neste sentido, feitas no Brasil, anteriormente, fracassaram lamentavelmente. Assis é um vitorioso, graças a sua capacidade de liderança, empatia e simpatia.

2. A GRANDE MEMÓRIA

Dizem que o elefante tem uma memória privilegiada. Não esquece nunca. Isto dizem porque ainda não viram a memória do Assis... Para ele o elefante é "café pequeno". Ele é capaz de lembrar-se até das outras "encarnações"... Já viram ele recitando, de cor, sem um titubeio, o quilométrico "A Luz do Lampião"? Ou outro poeta qualquer, de todas as gerações, como Castro Alves, Casimiro de Abreu ou Fagundes Varela... ou saudando o Pavilhão Nacional? O homem, quando recita, transforma-se, torna-se violento e vive as suas peças, como se fossem de sua lavra e de sua inspiração. É como a lava de um vulcão, jorrando aos céus e inundando a terra, com o seu calor e o seu ímpeto. Portanto, aí não é só a memória que aparece, mas igualmente o artista que interpreta, e a alma que vibra, com lampejos da inteligência e a luz da sabedoria.

3. HOMEM DE SETE INSTRUMENTOS

Dir-se-ia que na cabeça do Assis está o mundo inteiro, dada não só a sua intensa atividade intelectual como as suas realizações multiformes. Sua personalidade se desdobra no autêntico chefe de família, no professor dedicado e exemplar, no Maçom operoso e experimentado, no pesquisador paciente e minucioso, no escritor aberto a novos rumos e caminhos, no empresário empreendedor e de visão, no poeta que embeleza a vida com seus devaneios, no amigo que torna fáceis as horas difíceis.

∴

ASSIS

Irm∴ Carvalho Neves

Foi há muito tempo. Lá pelos idos de 1980 que mantive o primeiro contato com o Irmão Francisco de Assis Carvalho, o Irmão Assis, para nós.

Tinha iniciado a minha vida maçônica quando soube da existência de uma revista maçônica denominada "A TROLHA", de São Pedro do Ivaí, Paraná.

A surpresa maior foi quando recebi carta do Irmão Assis, informando que eu era o primeiro piauiense a acusar recebimento de "A TROLHA", apesar da mesma estar sendo enviada aos órgãos maçônicos do Piauí desde a sua fundação, em 1971.

A partir daí, o contato foi estabelecido e passei a admirar a personalidade do Irmão Assis, sempre atento aos nossos reclamos, embora ultimamente não tenha respondido às nossas cartas. Ainda bem que atende ao telefone.

O Irmão Assis tem sido ao longo desse tempo um incentivador de minha modesta carreira de escrevinhador maçônico, proporcionando a difusão do meu pensamento, numa revista que tem hoje prestígio nacional.

Os seus dois novos companheiros – FERNANDO SALLES PASCHOAL e EDSON THOMAZINHO – completam o panorama da cultura maçônica nacional, agora que adentram no mercado editorial maçônico, com lançamento de vários livros maçônicos, enriquecendo a bibliografia maçônica nacional.

Assis tem sido incansável na busca de novos adeptos da Revista Maçônica "A TROLHA". Dizemos adeptos porque a "A TROLHA" traz o pensamento protéico do atual momento maçônico nacional, sem cor ritualística ou de Potência Maçônica, sempre dentro do ecletismo e do universalismo maçônico.

O homem que consegue vivenciar o simbolismo do PAVIMENTO MOSAICO, possui a amplidão própria dos que estão acostumados aos vôos no horizonte sem fim; aos que estão ambientados na brisa que sopra sobre o chaparral modulando a relva ao entardecer; aos que estão integrados aos raios de sol que se espargem sobre a natureza e o espírito do homem, irmanando-os.

É assim que vejo o Irmão Assis, o Maçom Assis, o arauto da cultura maçônica nacional, que vem paulatinamente revertendo o axioma que afirma que o Maçom não lê. Afirmativa essa constatada com livros da Editora "A TROLHA" em sua terceira edição.

Fico muito honrado em poder dar o meu testemunho para a coluna QUEM É QUEM, de "A TROLHA".

∴

Irm∴ Kurt Prober[2]

Paquetá, 25 de julho de 1991.

Amigo Chico Trolha,

Já na segunda-feira mandei para si o croquis do teu ex-libris, e faço votos que tenhas gostado dele.

Para o tipo do ex-libris quem é, DEVE SER DESENHADO DE FORMA RÚSTICA, não se esqueça que é "OBRA" – e de preferência os tipos deviam ser escritos na massa ainda mole, como se fossem feitos com a ponta do dedo, e deixando uma pequena saliência de massa onde o dedo foi tirado.

Enfim, você saberá o que achares melhor.

...

Prober

∴

---

[2] O Xico durante um bom período de sua vida, manteve sua correspondência em dia com vários Irmãos, como Kurt Prober, J. Leite Sobrinho (cartas impublicáveis, recheadas de piadas "picantes", diga-se de passagem que de ambos os lados), Pe. Valério Alberton, José Castellani e outros mais. Precisava escolher uma entre tantas, optei em transcrever parte da carta datada de 25 de julho de 1991, quando o Maçonólogo Kurt Prober presenteia meu pai com o **ex-libris** que passaria a ser sua marca registrada.
O escritor Kurt Prober me presenteou com o arquivo de cartas trocadas por eles durante mais de trinta anos, organizadas por data e envio, um trabalho de mestre.

XICO TROLHA[3]

Irm∴ Anselmo Falcão de Arruda

Xico Trolha (Francisco de Assis Carvalho) foi Iniciado na Maçonaria, em 27 de novembro de 1965, através da Loja "Ciência e Trabalho", de Rolândia – PR. É um andarilho, um viajante permanente. Embora com alguns problemas nas pernas (por trombose), continua andando e trabalhando por este País afora, levando, na sua bagagem de conhecimento, a certeza de estar contribuindo e muito para o progresso cultural de nossa instituição maçônica.

Há poucos dias, estivemos juntos em Campo Grande, e, antes, já havíamos participado, em Recife, de eventos comemorativos dos 30 anos de existência da revista "A TROLHA", assim como do bicentenário de fundação do 1º Supremo Conselho do mundo.

O seu caminho não tem sido fácil nem depressa. Mas como disse o poeta Jeir Campos – "não faz mal que amanheça devagar, as flores não têm pressa, nem os frutos; sabem que a vagareza dos minutos adoça mais o outono por chegar. Portanto, não faz mal que, devagar, o dia vença a noite em seu reduto de leste; o que nos cabe é ter enxutos os olhos e a intenção de madrugar!"

Esse paranaense sempre foi um madrugador. Não consegue ficar parado. Dorme pouco, trabalha muito para levar a todos nós, Maçons, o fruto do seu incansável e produtivo trabalho. Pessoalmente, tenho por ele admiração especial que me faz lembrar as palavras do Padre Vieira, no sermão da sexagésima, "quando perguntaram a Batista quem era, respondeu o que fazia; porque cada um é o que faz, e não outra coisa. As coisas definem-se pela essência. Definiu-se pelo que fazia, para declarar-se quem era".

O nosso Xico deixa rastros de realizações. Faz um trabalho fecundo. O seu valor está aquilatado por aquilo que fez e faz, pelas suas obras realizadas.

---

[3] INFORMABIM – Janeiro/2002.

Começou na vida literário-maçônica em 1986, quando escreveu e publicou sua primeira obra, denominada "Cargos em Loja", hoje na 8ª edição, totalizando 25 títulos lançados no mercado maçônico brasileiro, dos quais vendeu 152 mil exemplares.

Agora, lá de cima da prateleira, descobre uma obra valiosíssima que é o Primeiro Ritual do Grau 33 do Rito Escocês Antigo e Aceito. É mais um achado, um trabalho de pesquisa de Xico Trolha, maçonólogo que honra e dignifica a Maçonaria brasileira.

É a vida que deseja. É o seu destino. Que Deus ilumine sempre o seu caminho.

∴

"CAUSOS PITORESCOS"

Irm∴ José Castellani

Este é mais um dos meus "causos" pitorescos com o Xico.

Mas há necessidade de um preâmbulo:

Quando eu dirigia o Curso Integrado de Maçonaria Simbólica do GOB, que eu havia criado, como Grande Secretário Geral de Educação e Cultura, costumava levar um formidável "time" de expositores: Xico, Álvaro Gomes dos Santos, Fernando de Faria, Lucas Galdeano, Mário Name, William Carvalho, Fuad Haddad, principalmente. E costumávamos brincar, dizendo que o "circo" da fórmula 1, a nossa Ferrari, chegava às cidades designadas.

E o Xico, sempre com a câmera fotográfica, para clicar todos os detalhes para a revista "A TROLHA". Certa ocasião, no Nordeste, em visita a um forte do século XVII, ele posou ao lado de um velho canhão e, depois, pediu-me que eu cavalgasse a velha peça de artilharia; e "clic". Em outra ocasião, no Espírito Santo, eu falava para cerca de 300 mulheres da família maçônica, sobre a Ordem De Molay e a APJ; como gesticulo muito, ao falar, o Xico ia clicando uma foto atrás da outra, sem parar. E, no meio delas, houve uma em que um gesto meu dava a impressão de que eu carregava bandeja, ou seja, desmunhecava;

foi um instantâneo e não uma coisa feita de caso pensado, pelo Xico, como naquela do canhão; foi só o acaso. Mas a cada pequena e amigável discussão que tínhamos, o Xico ameaçava publicar as fotos, com legendas bem safadas.

Bem, explicado isso, já posso passar ao caso pitoresco seguinte:

Estávamos em Paracatu (MG), para ministrar o curso. Como o evento ocorreu num teatro, onde não havia escada de acesso ao palco, foram colocadas, de emergência, duas escadas (uma em cada extremidade do palco) de madeira, recobertas de carpete e sem corrimão. Quando eu, depois de uma das apresentações, fui descer do palco, não reparei que, no primeiro degrau, o carpete havia se soltado, formando um calombo. Quando me preparava para descer, alguém me chamou e eu desviei minha atenção da escada; foi o que bastou para que eu tropeçasse no carpete solto e caísse pelo lado da escada, de uma altura de dois metros sobre o assoalho da platéia. Comprovando a proverbial superioridade da madeira sobre os ossos humanos, os tacos de madeira nada sofreram e eu me arrebentei todo, com várias luxações, contusões e uma fratura exposta na mão esquerda. Felizmente, como havia colegas ortopedistas entre os Irmãos presentes, fui logo levado ao hospital, submetido a uma cirurgia na mão fraturada, sendo colocado gesso em meu braço esquerdo e na perna direita; e recebi a recomendação de que não deveria pisar com o pé direito. Fui para o hotel, ficando em repouso, mas, no dia seguinte, domingo, fui ao teatro, em cadeira de rodas, para promover a parte final do curso. Fiquei, então, sabendo que o Brasil inteiro já soubera do acidente, pois o William colocara a notícia na internet. E o Xico, morrendo de dar risada, contava-me que o Irm∴ Kurt Prober ligara para ele, para saber se eu caíra da escada por estar bêbado, com a intenção, provavelmente, de me dirigir mais alguns ataques tendo, o Xico, esclarecido que nós estávamos no horário do intervalo para café e que eu, como todos, estava absolutamente sóbrio. Mas não é esse o caso pitoresco. Este viria depois:

Como Paracatu é mais próxima de Brasília do que de Belo

Horizonte, fomos colocados numa van, que nos levou à Capital do País. Chegando ao aeroporto, foi requisitada uma cadeira de rodas para me conduzir; e o acesso ao avião foi fácil, pois há o túnel de ligação entre a sala de embarque e a porta do aparelho; e lá fui eu rodando, escoltado por uma beldade da Infraero; no avião, como havia sido solicitado, ocupei o primeiro banco, evitando caminhadas. O problema foi ao chegar a S. Paulo. Eu estava certo de que desceríamos em Cumbica, que também tem o mesmo sistema de embarque e desembarque. Todavia, quando dei por mim, estávamos descendo em Congonhas, onde não há o sistema, funcionando as escadas e o microônibus. Chamei, então, a comissária e lhe disse que precisaria de uma cadeira de rodas, mas que não poderia descer escadas, já que não podia pisar com o pé direito. Ela disse-me, então, que não haveria problema com a escada, pois ela chamaria alguém para me carregar. Permaneci sentado e, olhando pela janela, vi que se aproximava, do aparelho, um carregador de bagagens, com quatro metros de comprimento por dois de largura, com jeitão de Mike Tyson. E a comissária, indicando com o queixo, disse: "Está aí o seu carregador". Nisso, eu olhei, novamente, pela janela e vi, lá no pé da escada, uma funcionária do aeroporto, com a cadeira de rodas e, ao lado dela, o Xico, com a máquina fotográfica em punho. Em um segundo, eu vi a cena: o dobrado mulatão me carregando, como se eu fosse uma noiva e o Xico pronto a bater uma foto, para, depois, me tirar sarro e chantagear. Não quis saber disso: chamei a comissária e lhe disse que eu me viraria; e, assim, desci a escada, pulando de degrau em degrau, num pé só, até chegar à segurança da cadeira de rodas. Safei-me, mas foi por pouco. E o Xico chorava de tanto rir, pois ele vira o dobrado carregador e se inteirara do que ocorrera. A gozação eu agüentei, mas me livrei da chantagem futura.

E mais não acrescento, porque a emoção sempre me domina, quando me lembro desses momentos, e choro pelo que poderia ter sido e que não mais será. Hoje, daria tudo para tê-lo, novamente, à minha espera, ao pé da escada do avião.Até toparia descer carregado pelo "armário" de 2x4 metros, mesmo vendo-o lá embaixo, com a máquina fotográfica apontada, enrolando as pontas do bigodão mexicano e com aquele largo sorriso, de sessenta e quatro dentes, com que ele preparava uma gozação, ou contava uma piada.

∴

O PALADINO ILUMINADO DA MAÇONARIA FRANCISCO DE ASSIS CARVALHO

Irm∴ João Baptista Moraes de Oliveira

Por mais palavras que temos à nossa disposição, jamais conseguiremos mensurar o completo perfil de nosso querido Irm∴ Xico, no desempenho de sua sublime missão aqui entre nós.

Em seu rastro luminoso deixou para alegria e nosso encantamento tantas realizações lindíssimas, desde seus extraordinários livros, depurados pela singeleza de sua alma, passando pelas suas concorridas e requisitadas palestras em todos os quadrantes de nosso território e até no exterior e atingindo a sublimação, envolvendo o coração de todos nós com sua verve poética marcando-nos de forma indelével, imarcescível, e por toda nossa existência.

Xico, faz nos lembrar daquele senhor que conhecemos em nossa infância, que encantava a nossa imaginação de criança e de adolescente. Quem não se lembra daquele homem que víamos como um perfeito chefe de família, cidadão exemplar, cuja palavra detinha sabedoria e confiança?

Aquela pessoa qûe atuava na comunidade buscando a felicidade de seus semelhantes, orientando a todos que o procuravam com sabedoria e conhecimento, e que anos depois chegava ao nosso conhecimento que ele era Maçom.

Pois bem, Xico, seguramente, encarnou essa personagem maravilhosa e foi alvo da admiração de uma legião interminável de amigos e irmãos.

Nascido aqui em Cândido Mota, a 8 km de nossa cidade de

Assis, permite-nos considerar nosso conterrâneo e termos orgulho de seu trabalho extraordinário junto a nossa Sublime Ordem.

Tivemos a oportunidade de juntos realizar inúmeras viagens, compulsionados pela Maçonaria, muitas vezes acompanhados pela Cunhada Cida e pela Sobr.·. Evelise, juntamente com minha esposa Cléo, apelidada carinhosamente pelo Xico de "Pitchitchica", vivenciando muitos acontecimentos inesquecíveis.

Em 1996, quando retornávamos das festividades dos 200 anos da Maçonaria no Brasil ocorrida em Itambé, na divisa de Pernambuco com a Paraíba, Xico que já pertencia ao GOB-SP, inusitadamente, foi nomeado, a 10.000 pés de altura, para ocupar o cargo de Grande Secretário Adjunto de Educação e Cultura, cargo este que desempenhou até sua despedida neste plano.

Pranteado em todos os quadrantes deste País e do exterior, representa ele, um livro que se fechou, uma voz que emudeceu, impedindo-nos, lamentavelmente, de usufruir de sua agradável companhia, entristecendo os Templos Maçônicos desde sua partida e para todo o sempre.

Maçom de enorme bagagem literária, que serão transmitidas, através de seus preciosos livros, de geração a geração, sempre visando o propósito maior de nossa Ordem que é o aprimoramento do homem e o aperfeiçoamento da nossa sociedade.

Quando de sua despedida terrena exercíamos o cargo de Grão-Mestre do Estado de São Paulo e emitimos na primeira página de nosso Boletim Oficial nº 2406 de 20/11/2002, a nossa mensagem sobre a partida do querido e inesquecível Irm.·. e que reproduzimos abaixo:

UMA PERDA IRREPARÁVEL

Um dos elevados propósitos de nossa Ordem é o de se apresentar como norte, como guia, àqueles que, preocupados com a própria evolução, buscam o seu aprimoramento.

Na investigação incessante da verdade, o Maçom atento se

depara com as próprias imperfeições e procura, altivo, dedicar-se ao aperfeiçoamento intelectual, moral e espiritual.

Em nossas alocuções dizemos que as Lojas Maçônicas são verdadeiras escolas de sabedoria, nas quais desempenhamos papéis de alunos e de professores.

São essas fantásticas "Escolas da Vida", que têm formado, ao longo de suas existências, homens de visão e conhecimentos profundos, elevado altruísmo e inesgotável energia, oferecendo o seu contributo para o progresso do homem e o desenvolvimento da sociedade.

Evocando um desses homens, a Maçonaria silencia com a perda de um de seus mais ilustres mestres: Francisco de Assis Carvalho, o "XICO TROLHA".

O extraordinário Irmão e excepcional amigo, partiu no último dia 3 próximo passado, para a Grande Loja Celestial, tornando-se uma perda irreparável.

A notícia foi alvo de grande consternação em nosso meio, e o querido Irm∴, nosso Secretário de Educação e Cultura Adj∴, deixa um legado maçônico cultural imenso com vários livros publicados, milhares de artigos e centenas de palestras realizadas em todo território nacional, além da fundação da conceituada revista "A TROLHA".

À Cunhada Cida, companheira incansável da difícil jornada terrena e à Sobrinha Evelise, que é a materialização do amor de seus pais, as nossas condolências.

Que o grande Senhor dos Mundos o ilumine em sua última caminhada rumo ao Grande Templo da Eternidade.

Fraternalmente,

João Baptista Moraes de Oliveira
Grão-Mestre do Grande Oriente de São Paulo – GOB

∴

AMIGO

Irm∴ Renato Gabriel

"Verae amicitiae sempiternae sunt"
(As verdadeiras amizades são eternas)
Cícero em "De Amicitia"

Segundo o velho "Aurélio", AMIZADE é o "Sentimento fiel de afeição, simpatia, camaradagem. Entendimento, concordância, fraternidade...". Este é o sentimento que existe entre os "amigos da Maçonaria", sem que sejam, necessariamente, amigos entre si, pois muitas vezes mal se conhecem; mas também é este o sentimento entre os verdadeiros amigos de uma maneira geral, e particularmente entre os "amigos Maçons".

Para São Jerônimo: "Le amicizie devono essere inimortali"; e de fato as verdadeiras são imortais.

O Irmão Rogério Luiz dos Santos ilustrou o seu belo artigo "Amizade" com a música "Canção da América" e agora faço o mesmo:

Amigo é coisa pra se guardar
Debaixo de sete chaves,
Dentro do coração
....
Mas quem cantava chorou
Ao ver seu amigo partir
....
Qualquer dia amigo eu volto a te encontrar
Qualquer dia amigo a gente vai se encontrar.
(Milton Nascimento)

Em março de 1992 conheci o famoso Assis Carvalho, por todos, ou quase todos chamado carinhosamente por "Xico Trolha", quando, convidado pelo meu grande incentivador na Maçonaria, meu amigo e guru, Irmão Derly Halfeld Alves, fui a Londrina no Encontro anual de Membros Correspondentes da Loja de Pesquisas "Brasil". Desta data em diante muita admiração, respeito e amizade me uniram ao

Xico e por muitas vezes tive o privilégio de conviver um pouco com ele, sempre em eventos da cultura maçônica.

Eu considero a minha amizade pelo Xico "um benefício dos deuses" como disse "Voltaire", pois sem sombra de dúvida o Xico foi um grande homem.

A partir de outubro de 1994 ele se tornou um grande incentivador da Loja Fraternidade "Brazileira" de Estudos e Pesquisas e de seus Encontros de Membros Correspondentes, e se nós já realizamos dez desses encontros devemos muito ao amigo Xico.

No Encontro de 1996, um fato interessante nunca deixa a minha memória quando me lembro do Xico. Assim, passo a narrá-lo:

Era 18 de outubro de 1996, naquela noite a Loja Maçônica Fraternidade "Brazileira" de Estudos e Pesquisas iniciaria seu III ENCONTRO de MEMBROS CORRESPONDENTES na "Manchester Mineira", Juiz de Fora, e esperávamos ansiosos por muitos Irmãos de outros Orientes, alguns de bem longe, como o Xico Trolha e o Hércule Spoladore. Lá pelas 5 horas da tarde recebi um telefonema do Hércule, que estava próximo a Juiz de Fora, pedindo a indicação de um hospital, pois o Xico estava com problemas urinários e precisava ir direto para um hospital. Preocupado e com muito pesar, de imediato indiquei a Santa Casa de Misericórdia. Fiz algumas ligações, avisei os Irmãos mais envolvidos com a organização do evento e rumei para o dito hospital, onde iniciou o desencontro. Lá chegando não encontrei o Xico ou o Hércule e nem o Joel que dirigia o carro. Fui informado pelo hospital que não havia, naquele momento, plantão especializado em urologia e que talvez ele estivessem num hospital próximo, na Rua Delfim Moreira. Enquanto estava na recepção deste hospital, pedindo informações, consegui falar com o Joel, pelo celular do Xico, que me esclareceu: estavam eles no Hospital Monte Sinai, de considerável distância dali, aguardando o médico de plantão. Preocupado por aquele desencontro e ansioso por encontrá-los, rumei, agora, para o Hospital Monte Sinai e, lá chegando, para meu alívio, logo os avistei na recepção. O Xico, apesar de estar há horas sem conseguir urinar, estava bem, mas não aceitava ser internado conforme orientação por telefone do médico plantonista, sendo que o Hércule, que é médico, concordava com o Xico, dizendo não ter necessidade de internação. Ao indagar o nome do tal médico de plantão, Dr. Newton Ferreira de Oliveira, médico Urologista, apesar de não conhecê-lo pessoalmente, me lembrei que eu tinha referências dele, como "Sobrinho", filho de um Maçom da cidade de Miraí, próxima a Juiz de Fora. Imediatamente liguei para ele e me identificando como Maçom disse que um "tio" dele ali se encontrava e narrei os fatos, quando ele pediu para falar com a enfermeira e autorizou o atendimento ambulatorial que seria iniciado pelo Dr. Hércule e afirmou que em alguns minutos estaria lá.

Naquele momento, iniciou-se uma verdadeira "sessão comédia" com as brincadeiras e gozações entre o Xico e o Hércule (que o Xico chamava de "Carcamano" pela sua origem italiana). Como foi bonita a amizade entre estes dois.

O Hércule, em meio a todas aquelas brincadeiras, que deixavam o Xico, de certa forma, tranqüilo, iniciou o procedimento de colocação de uma sonda uretral, o que foi terminado pelo Dr. Newton, que realmente chegou após alguns minutos e assumiu o atendimento ao Xico.

Após o atendimento, o Xico e o Hércule seguiram para o Hotel e eu para o jantar de abertura do III Encontro de Membros Correspondentes da Loja Fraternidade "Brazileira" de Estudos e Pesquisas, que ocorreu no salão de Festas da Loja Maçônica "Montanheses Livres", sendo isto já lá pelas 21 horas, onde todos queriam saber notícias do Xico e tive que contar esta história algumas vezes.

O Xico realmente tinha uma capacidade incrível de recuperação, pelo seu otimismo em encarar qualquer situação. No dia seguinte, às 7 horas, lá estava ele no Hall do Hotel, todo alinhado num terno azul escuro, se eu não me engano. Eu o cumprimento e logo pergunto como ele estava passando e em seguida faço preocupado uma pergunta que durante todo o dia o Xico teve que responder várias vezes: você retirou a sonda? E ele me disse: calma Renato, eu já estou escolado nisso, olha aqui a bolsa e, com um largo sorriso a retirou do bolso do paletó, diante do meu olhar perplexo.

Como diriam lá na minha terra, o "danado" participou de toda a programação do III Encontro, naquele sábado, tendo partido para Londrina, conforme estava programado originalmente, no domingo pela manhã, sem demonstrar qualquer resquício de cansaço ou desânimo. Ele realmente foi um grande Irmão!

O Xico, durante os Encontros da Loja Fraternidade "Brazileira" de Estudos e Pesquisas em Juiz de Fora, sempre dispensou um tratamento muito carinhoso à minha filha Renata, que o tinha como um tio muito especial, e quando falei a ela que eu iria escrever sobre ele, imediatamente ela escreveu o texto que transcrevo a seguir, como fechamento deste pequeno artigo do muito que poderia falar sobre o "Grande Xico Trolha":

"TIO XICO"

Renata Gabriel

O I Encontro de Membros Correspondentes da Loja Maçônica Fraternidade "Brazileira" de Estudos e Pesquisas foi em 1994. Eu tinha apenas 19 anos e, sendo filha de Maçom, fiquei completamente envolvida por aquele universo misterioso. Eu trabalhava na empresa do meu pai que, na ocasião, era responsável pela organização do evento. Passei, então, a secretariar o Encontro. Conheci, assim, "tios" dos mais variados lugares do Brasil e, entre eles, o Maçom Xico Trolha.

Como era especial o tio Xico, sempre com um sorriso largo por baixo daquele bigode peculiar. Muito alegre e brincalhão, vinha sempre com uma piada ou gracejo para nos presentear.

Aquele I Encontro foi uma grande festa. Os anos seguintes não foram diferentes. Eu ansiava a chegada dos tios. Era divertido, como um encontro de uma grande família. E quanto mais o tempo passava, mais unidos ficávamos. As brincadeiras ficavam mais engraçadas, devido a maior intimidade que criávamos uns com os outros. E eu, uma garota em meio a um mar de homens de preto, virei mascote! O tio Xico, com três tapinhas no meu ombro, logo passou a me chamar de "goteira"... Felizes tempos!

No Encontro de 1997, por encomenda, em comemoração ao centenário da Loja, meu grupo de teatro apresentou uma peça intitulada "Uma Fraternidade Brasileira", sobre a história da Maçonaria desde seu início até a Fundação da Loja em 1897. Foi emocionante, um fato inédito na história da Maçonaria no Brasil. Eu não me continha de alegria! Ao final da peça, do palco, pude ver meus pais, tios e tias aplaudindo de pé com lágrimas nos olhos. Foi realmente muito emocionante! O tio Xico me abraçou forte e, visivelmente emocionado, só conseguiu pronunciar um embargado "obrigado". Ele queria que levássemos a peça para Londrina, mas, infelizmente, não tivemos tempo para isto.

Ele me chamava de Renatinha, com aquele "r" acentuado que o tornava uma figura ainda mais cativante. Eu me lembro bem do seu sotaque e também das suas bochechas que ficavam vermelhas quando ria. E ele ria muito! Sua alegria era contagiante...

Lembro nitidamente uma ocasião: o tio Xico carregando uma bolsinha que precisou usar durante todo um Encontro em função de um problema urinário que o levou às pressas ao hospital e nos deixou a todos muito assustados. Só ele não se abalou, continuou alegremente com sua bolsinha, comovendo a todos...

A última vez que estive com ele foi em 2000, no VII Encontro. Ele havia estado adoentado, mas reuniu forças para vir a Juiz de Fora, no Encontro. Era realmente um guerreiro!

Emociono-me ao lembrar. No final de cada Encontro tirávamos a foto do "time": todos os tios, os De Molay e eu! Era realmente uma grande família. Neste ano de 2004 haverá o XI Encontro. Há três anos eu me ausento, por desencontro de datas entre meu trabalho e a grande festa. Sinto imensa saudade!

Hoje, o tio Xico passeia lá no andar de cima, mas tenho certeza que ele vem nos visitar nos Encontros da Loja que ele tanto gostava.

Eu não acredito em morte, acredito em novo tempo, em passagem, em transformação. O tio Xico viveu, aprendeu, cresceu e se transformou. E transformou em todos que o conheciam a maneira de ver a vida. Hoje ele há de estar transformando os anjos que o acompanham. Ele há de estar fazendo o céu sorrir!

E ele sabe que aqui deixou uma legião de amigos e fãs... Saudosos, mas não infelizes, pois é impossível ser infeliz tendo conhecido um homem como Xico Trolha: um exemplo de alegria e vivacidade!

PS – Tio Xico: olhe por nós daí de cima, que daqui de baixo a gente vai levando... E se sentirmos vontade de chorar, nos lembraremos de você e aí sorriremos!

∴

XICO TROLHA

Irm∴ Mário Name

Não pretendo discorrer sobre a biografia do Xico, já que vários Irmãos o fizeram com muita propriedade. Resolvi escrever algo, apenas para prestar minha homenagem pessoal a esta figura extraordinária de homem, de pai e de intelectual da Maçonaria brasileira.

Eu o conheci nos anos 80, nas reuniões anuais de Membros Correspondentes da Loja de Pesquisas Maçônicas "Brasil", de Londrina. A primeira Loja de Pesquisas do Brasil, como dizia ele enfaticamente. Sempre daquele modo meio simplório e bonachão, Xico Trolha, ao que me consta, não tinha inimigos, apesar de ter a língua solta quando escrevia seus livros e suas crônicas.

Em 1990, me encontrei com ele no Rio de Janeiro, no Congresso Internacional de História e Geografia da Maçonaria, promovido pela Academia Brasileira Maçônica de Letras. Chamou-me carinhosamente de "turquinho", mas ele não sabia que eu tinha uns traumas de infância com essa expressão. Disse a ele não me chamasse mais de "turquinho", porque eu não gostava. Então, para não deixar de me chamar da maneira afetuosa como ele queria, passou a me chamar de "beduíno", e eu gostei. E iniciamos, por aí, uma relação que se transformou em uma sólida amizade ao longo da última década.

Tivemos muitas jornadas juntos, tanto na Loja de Pesquisas, como em cursos de Maçonaria que ministramos pelo Brasil afora sob a coordenação do Irmão José Castellani, seu amigo da época das vacas magras. Quando terminava o curso, geralmente com a palestra da manhã de domingo, sabedor de seus pendores pela declamação, eu me apressava a solicitar que ele declamasse "Sob a Luz do Lampião" e o Castellani, dizia nããão, outra vez?! Poema originário dos pagos do Sul, de autor desconhecido, carregado do sentimento regionalista que caracteriza nossos Irmãos rio-grandenses-do-sul e que ninguém divulgou como o Xico Trolha. Índio Velho, amante das tradições gaúchas, ele gostava de gaucheriar.

Xico gostava de tudo que era alegre ou que ensejasse um convívio fraterno e amigo, um bom churrasco e da moda de viola de raiz, como as de Pena Branca e Xavantinho, Tião Carreiro, Tonico e Tinoco e tantos outros do nosso cancioneiro.

Há cerca de dois anos, ele participou de um evento sobre o R.·. E.·. A.·. A.·. em Poços de Caldas e me telefonou, avisando que daria uma parada em Campinas para consultar um médico especialista em medicina ortomolecular. Fui ao encontro dele, estava acompanhado pelo Joel, seu fiel escudeiro. Xico calçava sandálias e usava meias. Ao me expor a planta dos pés, percebi a gravidade daquela doença que, sabia, a medicina ortomolecular não resolveria. Tratava-se de uma arteriopatia isquêmica, agravada pelo diabetes e pela dislipidemia, que são placas de ateroma que se formam no sistema circulatório devido aos distúrbios metabólicos do colesterol; aliás, pelo mesmo motivo, ele ganhara umas pontes de safena alguns anos antes. Estive em Londrina na época e fui visitá-lo no hospital.

O tempo passou. Ele até superou aquela fase crítica da doença e voltou a calçar sapatos novamente. Entretanto, o Índio Velho estava inexoravelmente acometido por uma série de outras complicações que o retirariam do nosso convívio.

No início de outubro, o Irmão Frederico (Freddy) me telefonou preocupado com o estado de saúde do Xico. Falei com ele pelo telefone. Voz fraca. Pela primeira vez, em mais de dez anos, chamou-me da mesma maneira:

– Diga aí turquinho!

Conversamos pouco. Tentei estimulá-lo.

Entretanto, a situação era muito mais grave. Sua filha, nossa querida Evelise, nos telefonou informando que o pai estava bem assistido em Londrina e que a situação do Xico se agravara com um quadro de falência de outros órgãos e sistemas e que seu quadro era irreversível.

A situação perduraria apenas um mês. Voltei a falar com ele novamente, uma semana antes do desfecho, mas já sentia sua voz bem mais tênue, sem aquela força habitual do Xico que a gente conhecia.

Quando liguei pela vez derradeira, lhe disse:

– Oi Xico, aqui é o "turquinho". Tudo bem por aí?

Tenho a impressão que só fiz piorar a situação. Homem perspicaz, ele percebeu que eu estava apenas tentando agradar. Pouco conversamos, ele disse que estava bem, não se queixava de nada. Como quem já tinha plena consciência da situação, resignadamente, pressentiu o inevitável.

E o inevitável chegou mais cedo do que nós imaginávamos.

Encontramo-nos no aeroporto, eu, Fred, Hermes Elias de Moura e Raimundo Rodrigues que, aos 83 anos de idade, foi, também, se despedir do velho guerreiro. Foi uma viagem meio tumultuada. Uma tempestade em Londrina nos fez fazer um pouso obrigatório em Presidente Prudente, de onde seguimos de ônibus até nosso destino ainda a tempo de render nossa homenagem ao Xico.

O clima era de muita consternação, as exéquias foram realizadas no Templo da Loja "Regeneração 3ª". A casa estava repleta de Irmãos, amigos, Cunhadas, Sobrinhos. Um grupo de violeiros cantava o "Chico Mineiro", música sertaneja celebrizada pelos versos e a música de Tinoco e Francisco Ribeiro. Foi realmente uma carga emocional muito forte.

Apesar de todo aquele clima, Evelise nos passou uma sensação boa quando nos disse que não houve sofrimento físico, pelo contrário, ele partira de maneira serena, com toda a família reunida. Tudo aconteceu de maneira branda e suave, como num sonho bom...

Amar e desaparecer são coisas que andam juntas desde a eternidade. Querer amar é também estar pronto para morrer (Nietzsche).

Fernando Salles Pascoal, Francisco de Assis Carvalho, como na liturgia da Igreja: "...requiem aeternam dona eis" – "dai-lhes o repouso eterno".

∴

NADA TERMINOU AINDA

Irm∴ Fernando de Faria

Do *Xico Trolha*, a recordação de uma convivência feliz. Tão boa foi e tão viva se encontra que, em verdade, me permite afirmar: *nada terminou ainda*. Antes, peço desculpas ao leitor pela primeira pessoa do singular. Escrevo à luz de sentimentos. Destarte, uma exposição impessoal retiraria a graça de algo mágico marcado pela fraternidade maçônica, em si mesma um mistério que os Maçons não sabemos explicar. Outrossim, desculpo-me por eventual inexatidão em datas e números (o que, por certo, mereceria crítica do próprio *Xico*, muito exigente nesse aspecto). Saiba o leitor, exponho o que trago na memória, ou apenas consultando alguns poucos títulos de livros e revistas, assumindo ofício de cronista, não de historiador. Coração, e não técnica historiográfica.

Assim foi no começo

Em 1992, a "A TROLHA" estava preparando um livro do Mário Name (*O Rito Brasileiro de Maçons Antigos Livres e Aceitos*, Londrina: "A TROLHA", 1992, 271 pp.). O Supremo Conclave do Rito desenvolvia-se sob a direção de Nei Inocêncio dos Santos, Grande Primaz empossado em 1985, e preparávamos a Convenção Nacional que viria a se realizar no Rio de Janeiro, naquele mesmo ano de 1992.

Nessa Convenção, os acontecimentos centrais seriam: (1) a discussão em torno do teísmo (vindo os convencionais a confirmar que o Rito Brasileiro é teísta, conforme declarado por Álvaro Palmeira, quando da reestruturação doutrinária de 1968), (2) uma conferência proferida por José Castellani (inaugurando amizade com Nei que perdura até hoje) e (3) o lançamento do livro de Mário, que também faria conferência magistral.

Até então, sobre o Rito, apenas um título havia sido publicado (Genulpho Hércules Pinto – *A Maçonaria e o Rito Brasileiro*, Rio de Janeiro: Maçônica, 1981, 278 pp.), esgotado ou com sua distribuição comprometida por falta de estrutura comercial, de modo que o livro de Mário, editado por "A TROLHA", com a sua enorme capacidade de distribuição por todo o Brasil, constituía-se, para nós do Rito, em acontecimento extraordinário de significativa importância.

Embora não esteja em um grande centro metropolitano (como São Paulo, Rio, Brasília, por exemplo), a "A TROLHA", editora, com sua revista e livros é (e já era naquele tempo) o maior centro divulgador dos fatos e da cultura da Sublime Ordem em nosso País, inexcedível na abrangência com que considera todas as correntes e manifestações maçônicas e paramaçônicas. Assim, justificava-se uma ida a Londrina, para visitar instalações, conhecer os Irmãos e, pessoalmente, agradecer-lhes pelo livro do Mário, ademais de promover a publicidade da Convenção Nacional do Rito Brasileiro, próxima.

Momento difícil, contudo. Estava o *Xico* convalescente em hospital de Londrina após cirurgia de grande risco no coração. Mário Name servia à aproximação. E lá fomos nós guiados pelo Mário, vindo de Campinas/SP: o Nei (Grande Primaz), a Iva (Maria Ivanilde Pereira dos Santos, esposa do Nei), a Rita (minha esposa, Rita Araújo de Faria) e eu (na época Grande Regente do Rito, ou seja, o lugar tenente ou substituto eventual do Primaz). Vínhamos do Rio de Janeiro/RJ e ainda não havíamos tido contato pessoal com o *Xico*.

Cabe parêntese. O Nei Inocêncio é um hospitaleiro por vocação. Até hoje procede do mesmo modo: incontáveis as vezes em que sai do Rio e vai longe, São Paulo, Brasília, Belo Horizonte, Goiânia, visitar um Irmão enfermo, levando-lhe a solidariedade pessoal e dos milhares de membros praticantes do Rito Brasileiro que ele, Nei, representa, isto sem falar nos bem conhecidos cartões de cumprimentos por aniversários de Maçons, esposas e filhos, prática que ainda não possuía naquele tempo em que tudo se esboçava ainda, mas que hoje é uma realidade aplaudida por muitos. Assim a viagem, além do pragmatismo de relações públicas, marcava-se pelo espírito da fraternidade maçônica ou pelo ditame bíblico *"estive doente e fostes me visitar"* (Evangelho de S. Mateus, 25:36).

Fomos recebidos por Fernando Salles Paschoal (sócio do *Xico*) que também não conhecíamos. Impressionaram-me a serenidade, a educação e a juventude do xará, na época apenas com trinta e poucos anos (idade para ser meu filho), mas um empresário já bem-sucedido e pleno de projetos que significavam amplo progresso no campo da cultura maçônica. Sua morte prematura, em 1998, foi uma perda inestimável. Sabemos que *Xico* sofreu muitíssimo, e, ao partir, um pouco menos de quatro anos depois, em 2002, deixou-nos *Xico* sutil impressão de pressa em reunir-se ao jovem Irmão falecido. Quem sabe?

Após um breve descanso da viagem de ônibus, o grupo se separou. As mulheres (Iva e Rita) ficaram sob a hospitalidade da Ivana (esposa do Fernando, Ivana Maria Garcia Paschoal, hoje sócia administradora de "A TROLHA"), passando a cumprir um daqueles programas que tanto elas gostam, como de fato gostaram: passeio pela cidade e compras. Os homens, fomos ao hospital. Lá estavam a esposa e filha: D. Aparecida (a *Doca*, na expressão carinhosa do marido) e a Evelise (a *Trolhinha*, na expressão carinhosa dos Maçons brasileiros). Contato breve, devido à delicadeza da convalescença. *Xico*, acamado e ainda sob severas restrições médicas, sorria.

E esta é a primeira marca que traço do homenageado: o sorriso, mesmo na dor. Em breve gozaríamos de eventual intimidade recíproca, reunidos em saudosas jornadas pelo Brasil, e (quanta vezes?) o *Xico*, em verdadeiro sacrifício, mortalmente enfermo e com muitas dores, teria o mesmo comportamento: sorrir, mostrando-se feliz e comunicando felicidade. Os companheiros de viagens (quantas o *Xico* fez pelo Brasil afora?) mal percebíamos o quadro, eis que o Irmão sorria e contava piada, impondo-se como o grande animador do grupo.

Aliás, tratando-se de recordar *Xico*, não pode ficar de fora um episódio (quase piada) ocorrido nessa visita a Londrina (embora sem a participação direta dele) que a Rita guarda com mínimos detalhes. Formados dois grupos de visitantes (homens e mulheres), havia necessidade de dois carros. Ivana ficou com o próprio automóvel, conduzindo Iva e Rita. Fernando Paschoal, para conduzir Nei, Mário e a mim, foi pegar emprestado o automóvel de Evelise, estacionado no condomínio de sua residência. Estaria tudo muito bem se não fosse o fato de Fernando, utilizando normalmente as chaves do carro de Evelise, em face de mera eventualidade de as chaves servirem, haver retirado, por distração, um carro de mesma fabricação, modelo e cor do que estava sendo emprestado, mas, em verdade, pertencente a uma vizinha. E ficamos nós pela cidade, absolutamente inocentes, usando carro alheio, enquanto a proprietária, ignorando o que havia ocorrido, dava o alarme de furto. Só no almoço, quando nos reunimos, os três casais de esposos, em um restaurante, o fato chegou ao conhecimento de Fernando Paschoal, que providenciou a troca e os esclarecimentos, antes que a polícia de Londrina nos pusesse as mãos em cima. Foi ótimo (estou rindo aqui com a Rita, recordando essa confusão).

E visitamos as instalações da editora. Equipamentos modernos, planos de expansão, além da incrível capacidade de produção que já possuíam. Contudo, deixa-me dizer: se as instalações da editora me impressionaram, tudo muito organizado e moderno, uma imensa capacidade de produção empregada na difusão da cultura maçônica no

Brasil, na realidade o que me encantou mesmo foram os livros do *Xico* sobre Maçonaria, ali postos nas estantes do escritório.

Como parte da visita à editora, Fernando Paschoal levou-nos ao escritório do *Xico*. Aquela pausa para uma água e cafezinho. Enquanto os outros conversavam, fiquei apreciando, e a memória guarda, com a nitidez dos sonhos, os livros ali dispostos. Muita coisa mesmo. Que material o *Xico* dispunha. Admirei-me, mormente literatura estrangeira original, em língua inglesa. E essa, sem dúvida alguma, é outra marca a registrar, além do sorriso de que já falei: a biblioteca pessoal do *Xico*. Interrogo: como foi possível a um homem de origens humildes, no interior de um Brasil de pioneiros – se não por um gênio inato, inexplicável – despertar o gosto pela cultura e ter essa capacidade de organizar uma biblioteca particular tão especializada?

Sim, ali no escritório do *Xico*, namorando sua coleção dos Anais da *"Quatuor Coronati"* (*Ars Quatuor Coronatorum – transactions of Quatuor Coronati Lodge nº 2076*) e outros livros e revistas maçônicas que eu não conhecia, despertou-se em mim o desejo de ingressar no mesmo mundo e ler aquelas coisas todas, deixando de lado a literatura maçônica corrente, de que me valia até então, pueril no concernente à doutrina, pouco exata quanto à história. Devo ao *Xico* esse salutar impulso de mudança, e nunca comentei isso com ele; o que é uma pena (daí a importância de se falar aos amigos todas essas pequenas coisas da vida, antes que seja tarde). Sim, naquela viagem há doze anos – fato subjetivo que retiro da memória mais profunda – a mudança de tom que imprimi em minha formação maçônica.

Não é muito fácil, em nosso País, o exercício da profissão de editar e vender livros. Há uma deficiência estrutural qualquer na sociedade brasileira, algo histórico ou sociológico determinando a circunstância de que ler ou possuir livros não se inclui entre as aspirações comuns das pessoas. No Brasil, considerados o contingente populacional e a extensão territorial, há poucas livrarias, mesmo se incluídas as pequenas papelarias que se denominam *livraria* apenas por registro comercial, mas não possuem diversidade de livros a vender, senão alguns poucos títulos destinados a uso colegial; outrossim, há poucas bibliotecas, com poucos volumes e normalmente localizadas apenas nos grandes centros urbanos. Ao fazer este comentário presto homenagem ao *Xico* e seus sucessores pelo esforço de "A TROLHA". O movimento editorial brasileiro reside ainda no ideal de uns poucos teimosos.

A seguir: a convivência feliz

Logo (1992/3) ingressei, pelas mãos do mesmo Mário Name, na Loja de Pesquisas do Grande Oriente do Brasil, então recentemente formada sob a direção de Zé Castellani. Estreei em Campinas/SP, apresentando aos confrades a análise de um texto intitulado de *Apello: "dirigido ao Exmo. Srn. Dr. Presidente da República pela Ben∴ e Sublime Loja Capitular Cayrú, pedindo a concessão da amnistia ampla para todos quantos se viram envolvidos nos acontecimentos revolucionários de Julho de 1922"* (título grande, assim mesmo, conservada a graciosa grafia da época – Rio de Janeiro: Loja Cayrú, 1923, 38 pp.), um documento original que me fora presenteado por Ari Morais (o *Ari Charuto*, decano dos Maçons fluminenses, membro da Loja *"Cayrú"*, até hoje se escrevendo assim, com ***y*** e assento agudo no ***ú*** final). Parece ter sido minha prova de admissão na equipe de palestrantes do GOB, que Castellani formaria em 1993.

Sim, em 1993, Francisco Murilo Pinto elegeu-se Grão-Mestre Geral do Grande Oriente do Brasil. José Castellani foi nomeado Grande Secretário Geral de Educação e Cultura. Não sei por qual circunstância (não sei mesmo), fui nomeado adjunto dessa Grande Secretaria no Rio de Janeiro. O jovem Lucas Francisco Galdeano seria o adjunto em Brasília (constituindo-se uma estrutura organizacional de adjuntos, introduzida por Castellani e conservada até hoje, 2004). Tudo ocorreu com muita rapidez e surpresa para mim. De contato com o Castellani, antes, três encontros apenas: um certo dia (1992) em que fui procurá-lo na UERJ (onde ele ministrava aulas de Maçonaria aos universitários cariocas), com a intenção do convite para a Convenção

Nacional do Rito; a jornada de que já falei, na Loja de Pesquisas do GOB; e, por fim, não me lembro por qual motivo (talvez só o deleite da fraternidade), um sábado, daqueles sábados perfeitos com churrasco, na granja do saudoso João Batista Roque, também em Campinas/SP (Castellani, Mário Name, Nei Inocêncio, Jair Calixto, de *A Gazeta Maçônica/SP*, um bom Irmão e amigo, sempre presente por todo o Brasil, também), e logo lá estaria eu, a convite de Castellani, na qualidade de Grande Secretário Geral de Educação e Cultura, adjunto, envolvido com a cultura maçônica e, logo adiante, convivendo com *Xico Trolha* na equipe de palestrantes do GOB.

Não sei o motivo exato, insisto. Entretanto, sem dúvida alguma (talvez a grande simpatia com que me liguei ao Castellani), algo levou o *Zé* a colocar-me como seu adjunto no Rio de Janeiro, com a missão específica de resgatar culturalmente o Palácio do Lavradio, onde (malgrado esforços eficientes de bons Maçons que nos sucederam) ainda repousam, desconhecidos, tesouros da História da Maçonaria no Brasil.

Em verdade, quanto ao Palácio Maçônico fluminense, falhei na missão que me fora cometida. O repositório histórico prosseguiu inexplorado. E, o que é pior, um tanto desesperado em realizar um ideal utópico – *resgatar o Lavradio* – para superar impedimento que julgava existente e causado pelo Grão-Mestrado estadual, voltei-me à política maçônica, na qual, graças a Deus, fui um desastre. Perdi feio duas eleições. Foi bom, porque só assim pude regressar, em 1998, exclusivamente ao mundo da cultura maçônica, vivendo um magnífico período de vida, cuja recordação me faz sorrir de felicidade.

Grande Secretário de Educação e Cultura do GOB em 1993, Castellani formou um grupo de palestrantes, já contei. Andamos pelo Brasil inteiro. Pessoalmente devo dizer que, nessas andanças (em parte pelo GOB em geral, em parte pelo Rito Brasileiro em particular), só não ocupei tribuna maçônica apenas em quatro Estados do Brasil: Acre, Amapá, Tocantins e Rio Grande do Sul. Pois bem, talvez apenas o Lucas Galdeano tenha a documentação exata do que foi feito naquele período, de novembro de 1993 a setembro de 2000, quando foram realizadas 28 jornadas triplas (sexta, sábado e domingo) do denominado *Curso Integrado de Maçonaria Simbólica do Grande Oriente do Brasil* (noite de sexta-feira; sábado o dia inteiro, domingo até o almoço). Viajamos por 18 unidades da Federação (Amazonas, Pará, Piauí, Ceará, Rio Grande do Norte, Paraíba, Pernambuco, Alagoas, Sergipe, Rio de Janeiro, Minas Gerais, São Paulo, Paraná, Santa Catarina, Goiás, Mato Grosso do Sul, Mato Grosso e Distrito Federal) não apenas em círculos do GOB, mas atendendo, também, a Irmãos de Grandes Lojas e de Grandes Orientes Independentes. Essa uma virtude (entre tantas) do Castellani e do *Xico*: não discriminar Irmãos por razão de Obediências. Também uma virtude de "A TROLHA", nascida, sem dúvida alguma, do ideal maçônico de seu criador.

Entre os palestrantes, evidentemente, além de José Castellani, a estrela era o *Xico*. Aonde os dois chegavam, em qualquer recanto que estivemos (e nos muitos e inumeráveis recantos em que os dois estiveram juntos ou separados, imagino), precisava ver o modo admirativo com que os Irmãos os recebiam, a simpatia que tributavam ao *Xico* e ao José Castellani.

Entre os dois, uma grande amizade que envolvia o grupo inteiro, formado, em cada jornada, por quatro ou cinco Irmãos. *Xico* revelava gratidão ao *Zé*, e sempre fazia declarações nesse sentido, pelo fato de Castellani, com seu *Consultório Maçônico* (uma seção da revista), ter sido um dos alicerces, a grande estrela (por que não dizer assim?) do sucesso de "A TROLHA".

Pois bem, passo a contar uma brincadeira constante do Xico, sempre muito divertido. Como parte de suas iniciativas como Grande Secretário de Educação e Cultura do GOB (entre outros empreendimentos: a instituição do Conselho Federal de Cultura e a implantação do Museu Maçônico e da Biblioteca do GOB em Brasília), Castellani criara e publicava a *Minerva*, uma revista excepcional, hoje inativa (MINERVA MAÇÔNICA – Revista Cultural do Grande Oriente do Brasil. Brasília: GOB, trimestral – Ano I, nº 01 ago./set./out. de 1997;

última edição, ano IV, nº 09 nov./dez./jan. de 2000/2001). Teve até um número especial, bilíngüe, português/inglês (MINERVA MAÇÔNICA – *Cultural Magazine of the Grand Orient of Brazil*. Brasília: Ano I, 1998, número especial – fevereiro de 1998). Em verdade, a *Minerva* nunca representou uma concorrência comercial à revista do *Xico*, "A TROLHA", que, à época (1998), já contava mais de 25 anos, e a mim parece que o próprio não dava muita importância a esse tipo de concorrência, mas, bem ao contrário, mais se regozijava com a divulgação da cultura maçônica assim promovida, nesse sentido torcendo pelo sucesso da revista do GOB. Evidentemente que Castellani sempre se referia com grandes elogios à *Minerva Maçônica*, *"menina dos olhos"* de todos nós. E a piada está aí: toda vez que Castellani falava da *Minerva*, *Xico*, sempre muito divertido e senhor de *trocadilhos* inesperados, brincava dizendo-se *enervado*: – "Essa revista *mi inerva!*".

Cumpre dizer que os dois concordavam na maioria das opiniões quanto à história e doutrina da Maçonaria. Assim, por exemplo, o Avental de cor vermelha do Rito Escocês Antigo e Aceito, hoje de largo uso no Brasil inteiro, inequivocamente motivado pelas palestras do *Xico* e do Castellani. *Xico*, inclusive, mandou preparar e distribuía um ornamento masculino de lapela na forma de um Avental vermelho do R∴ E∴ A∴ A∴, muito interessante, enervando círculos conservadores do GOB, fiéis ao ornamento azul.

Contudo, deliciosamente para nós outros do restrito grupo de palestrantes em viagem (e as conversas versavam sempre sobre Maçonaria), os dois Irmãos discordavam em alguns pontos, cujo debate respeitoso, mas pleno de *"estocadas"* irônicas (sinais da manifesta inteligência dos fraternos beligerantes), sempre acrescentava conhecimento aos ouvintes.

Lembro-me de duas dessas poucas discordâncias: uma, quanto ao que seria a *trolha*, propriamente dita, como instrumento de trabalho dos Maçons operativos (para *Xico*, aquilo que conhecemos como a colher de pedreiro; para Castellani, aquilo que identificamos como plaina); outra divergência era quanto seria correto ou não beijar a

Bandeira do Brasil após a saudação maçônica protocolar (*Xico*, um beijoqueiro convicto; Castellani condenava esse beijo emotivo, contrário à lei, conforme o fundamento de sua argumentação). Corajoso e honesto em seus pontos de vista, *Xico* documentou sua posição. Basta ler o livro que compôs e publicou (CARVALHO, Francisco de Assis – *Saudações ao Pavilhão Nacional*. Londrina: "A TROLHA", 2000, 135 pp, p. 29/42), incluindo uma *Saudação à Bandeira* de sua lavra. Na página 42, *Xico* fez publicar fotografia sua beijando a Bandeira Nacional. A mim, em verdade, pouco importava (ou importa) quem tivesse razão nessas pendengas maçônicas. Lucrávamos, sempre, pelas informações trazidas; lucrávamos, muito mais, por descobrir o carinho e o respeito subjacentes, tudo sempre terminando em mil piadas e muitos risos.

Nesse mesmo livro, *Saudações ao Pavilhão Nacional*, há uma exortação à prática do Rito Brasileiro, do qual, todos sabem, sou um entusiástico propugnador. Há, também, um recado direto de discordância comigo, quanta honra (p. 60/62): *Xico* considerava o Rito Brasileiro dotado de enfático sentido nacionalista (ele, *Xico*, na realidade um extremado patriota); ao contrário, pessoalmente considero que o *nacionalismo* não deve ser a característica fundamental do Rito, tanto por lhe tirar a necessária universalidade como por não servir de explicação plena ao fenômeno sociológico que representa. Persisto em dizer que o Rito Brasileiro é o Rito da cultura nacional, muito diferente do que seja um mero nacionalismo. Discordância sutil que nunca prejudicou nossa amizade, posto que, um autêntico cavalheiro, *Xico*, embora um duro debatedor, não constrangia o interlocutor por causa de opiniões pessoais. Nessa matéria de patriotismo ou cultura, por certo tratávamos das mesmas coisas segundo entendimentos aparentemente diversos. Uma questão de conceitos subjetivos, mais nada.

Ademais, ouvi dezenas de exposições do *Xico* nos congressos em que estivemos juntos, tanto em equipe do *Curso Integrado de Maçonaria Simbólica do Grande Oriente do Brasil* como individualmente, eis que, cerca de dez vezes, estivemos juntos em um mesmo evento. E nunca me cansei ou completei a aprendizagem dos conhecimentos que *Xico* transmitia.

Os livros da biblioteca particular davam-lhe uma base extraordinária e era sumamente agradável, com o eterno sorriso nas feições, ouvi-lo falar com voz pausada, como quem bate um papo, analisando os fatos da história universal da Maçonaria. Um domínio de datas, uma profundidade de análise, uma linha doutrinária sem desvios.

A didática maçônica, tendo por base o amor fraternal que deve unir toda a humanidade, utiliza intensamente símbolos, alegorias, lendas e mitos. Em verdade constitui um sistema eficiente de transmissão de ensinamentos, mas propicia, às vezes, um campo fértil para desvios perigosos, com caídas indesejáveis em superstições grosseiras, quando não manifestações ostensivas de ignorância mesmo.

Na realidade dever-se-ia distinguir o que é um concreto elemento da História, por exemplo, do que seja meramente uma lenda ou narrativa alegórica. Há, inclusive, um segundo nível de distinções necessárias: o de separar lendas com algum fundamento histórico ou literário, não as confundindo com mitos totalmente imaginários, decorrentes de uma série de invenções ditas *esotéricas,* mas desprovidas de qualquer consistência. Sim, Maçonaria não se reduz a um historicismo, mas, também, não se expande em *invencionices* e crendices. Por um lado, ao tratar de história devemos aplicar critérios historiográficos, fundados em documentos; ao lidar com lendas, símbolos e alegorias maçônicas, devemos estar prevenidos com que os especialistas chamam de *mitos etiológicos,* isto é, não meramente uma *invenção* desprovida de fundamentos, mas, sim, uma explicação ou aprofundamento da origem primitiva das coisas, as raízes míticas, em parte autênticas, em parte oníricas, mas sempre referidas a algo com algum conteúdo de verdade. Um Mestre Maçom é hábil na arte de compor *mitos etiológicos*, não os confundindo com o que é puramente histórico.

Xico foi um dos que ajudou, e muito, a construir entre nós, Maçons brasileiros, o gosto pelo estudo científico da Maçonaria, nesse mister aplicando os instrumentos do século em que vivemos: a História, a Arqueologia, a Sociologia, a Ciência Política, a Filosofia Moral, a Fenomenologia, a Teologia, enfim, todo esse aparato construído pelos seres humanos em termos de Ciência, Filosofia, Arte e Religião.

Nas palestras do *Xico*, sempre sem consultas – isto é, sem ler ou consultar algum texto – o tema freqüentemente era de caráter histórico ou doutrinário, fundado nas muitas leituras que devia fazer, imagino, dispondo, como de fato dispunha, daquela biblioteca pessoal, da qual falei lá no início desse capítulo. O eterno sorriso, o tom bem humorado, a informação precisa, a análise substancial.

Tempos que não voltam mais. Desfilam pessoas, lugares e nomes em minha memória. Não era exatamente um *"turismo"* como muitos talvez nos imputassem, posto que, em verdade, íamos a lugares bonitos, sempre com a convivência agradável dos Irmãos da região. Capitais, grandes cidades, pequenas localidades. Sempre o mesmo entusiasmo, a mesma fraternidade. Contudo, não era muito fácil não. Fins de semana (a família em casa, sem nossa assistência): sexta-feira, sair do aeroporto de chegada para o hotel; na mesma noite, do hotel para o lugar do congresso e depois – já cansados da viagem e do trabalho de falar e debater em público, participando de uma sessão de *perguntas e respostas* – jantar e dormir; sábado, voltar cedo ao congresso, almoçar, cansaço agravado pelo acúmulo da véspera, nova jornada pela tarde (sempre as *perguntas e respostas*, o povo maçônico ávido de conhecimento, atento ao erro eventual, deliciado, e às vezes revoltado, pelas opiniões pessoais dos debatedores), jantar, dormir; domingo, mais palestras (reservadas às questões de ritualística), encerramento, almoço festivo, voltar ao hotel e, correndo, ir ao aeroporto para o regresso ao lar e retorno às atividades profanas da semana que se iniciava.

Xico, por mais variado que fosse o cardápio, sempre pedia um *filé a parmegiana*. E exagerava na sobremesa, nos doces, embora a turma sempre *"pegasse no pé"* dele, advertindo-o do excesso de acúcar e essas coisas assim, posto que o sofrimento da enfermidade já se evidenciava, embora, e isto é magnífico, ele conseguisse disfarçar de maneira tal que poucos de nós desconfiássemos da dor que *Xico* estava sentindo e dos riscos que corria. Entendo que um risco calculado. Ele parecia saber que desfrutava de pouco tempo de vida e se entregava inteiramente a sua grande vocação de divulgar a cultura maçônica, além de viver a ampla felicidade que sua presença proporcionava aos Irmãos.

Viajou até com o apoio de cadeira de rodas, tanto o sofrimento no andar. E só uma vez o vi gozar de privilégio em relação aos demais membros do grupo: em Sinop, Mato Grosso. Sendo necessário percorrer longa e inconfortável rodovia até o aeroporto de Cuiabá (onde pegaríamos os respectivos aviões para regresso a nossas cidades de origem) – *Xico* aceitou voltar em um pequeno avião particular, sem a companhia do grupo (colocado na estrada). Ficamos muito gratos aos Irmãos de Sinop.

Sim, ele sabia, mas viveu no limite, cumprindo muito bem a vocação que o animava, difundindo cultura, fazendo poesia, sendo feliz e comunicando felicidade.

Parêntese

Em outubro de 2003, Poços de Caldas/MG, ocorreu o IV Simpósio do Rito Escocês Antigo e Aceito, uma realização do Pacto Maçônico do Sul de Minas, por certo o maior evento periódico nacional, reunindo Irmãos de Obediências brasileiras diversas que praticam esse Rito. Naquele ano, o Simpósio foi especialmente promovido como uma homenagem póstuma a Francisco de Assis Carvalho – *"o Xico Trolha"*. Fuad Haddad – grande líder e organizador do evento (membro também da equipe de palestrantes de que já falei) – montou um vídeo com imagens do *Xico* tomadas em algumas de suas apresentações públicas. Projetou-o na cerimônia de abertura do Simpósio. Foi de chorar, tanta a emoção. Como se não bastasse, um ator, especialmente vestido a gaúcho, recitou uma das poesias preferidas do *Xico*, uma descrição *gauchesca* da Maçonaria, que *Xico* sempre representava, para gáudio de todos e a fraternal gozação do Castellani – "*Xico, ninguém mais agüenta isso!*" – gozação apenas, porque na realidade era sempre agradável e o Castellani não escondia o agrado. Em verdade, repito, muitos se emocionaram durante a declamação do ator lá em Poços de Caldas. Emocionei-me, também. Uns, porque nunca haviam ouvido aqueles versos sobre a Maçonaria (tão bem declamados pelo digno convidado); outros, como eu (e tenho certeza a Rita, pois comentou comigo), porque já havíamos ouvido, uma ou duas vezes (talvez três ou quatro), *Xico* recitá-los (a última em João Pessoa/PB, no encerramento de um dos *Cursos*, ali ministrados), e estarmos ali, sob a hospitalidade mineira, verificando que aquele talento e aquela emoção que o *Xico* nos transmitia, nunca mais!

Sim, já que esta página é meramente memorial, me perdoará o leitor se consigno passagens subjetivas de caráter pessoal. Entendo que servem para configurar a personalidade do *Xico*, ademais de despertar, em cada um de nós, fatos indeléveis que a memória possa ter submergido.

Em um encontro, em Londrina, quando se reuniam escritores maçônicos e outras associações paramaçônicas que o *Xico* liderava, na solenidade de abertura foi procedida uma cerimônia de entrada de bandeiras estaduais. Qual não foi minha surpresa, maior, talvez a surpresa da Rita, quando *Xico*, rompendo com todas as formalidades, mormente em um meio masculino como o é o da Maçonaria, convidou a Rita a portar a bandeira do Rio Grande do Norte, não só revelando o detalhe pessoal de haver guardado o fato de ela ser de Caicó/RN, como a distinguindo, entre todos, por aquela, para nós, inigualável honraria.

Ele era assim mesmo: mestre no detalhe de fazer os outros felizes.

Um último ponto

Xico se declarava ateu. Aliás, o único que conheci capaz de uma declaração tão clara e tão peremptória, desprovida de qualquer incerteza. Sou evangélico. Sempre fui muito carola. *Xico*, dado a meu discurso de caráter religioso, mesmo na tribuna maçônica, apelidou-me fraternalmente de *"reverendo"*. E assim fiquei sendo tratado no grupo: *"reverendo"*. E sinto falta de esse apelido haver se perdido pela dissolução da equipe.

Possuo rudimentos de Teologia e, em matéria de religião, sou conservador, emprestando à Bíblia a condição de única autoridade em matéria de conduta e fé. Advogo a opinião de que somente o Criador sabe do destino do espírito após a separação do corpo quando a matéria *"volta ao pó de onde veio"*. Em verdade, tal crença não é incompatível com a doutrina ortodoxa da Maçonaria, incluindo o ensinamento inequívoco da *imortalidade da alma* que nos é transmitido por lendas e Cerimônias Maçônicas, sem esclarecer, contudo, o modo exato como a *imortalidade* se processa.

Pois bem, *Xico* confessava-se ateu. Ah, se todos os teístas fossem tão bons, sinceros e honestos quanto o ateu Xico! Não me lembro de o ter visto conspirando o mal de alguém. Sempre pronto a ajudar. Virtuoso, amigo de sua família; trabalhador operoso; enfim, um bom cristão, caso ele mesmo se declarasse um cristão (ou um israelita, ou um muçulmano, ou mesmo um mero deísta). Mas *Xico* dizia-se ateu.

Hans *Küng*, um teólogo liberal católico, em um de seus livros (KÜNG, Hans – *Ser Cristão*, trad. do Pe. José Wisniewski Filho [*Christ sein*], Rio de Janeiro: Imago, 1976, 569 pp.), logo no capítulo primeiro (p. 15 e ss.) fala da necessidade de uma análise mais completa e de uma resposta mais concreta quanto ao fato de não bastar ao indivíduo apenas *ser-homem*, devendo acrescentar o *ser-cristão*.

Essa análise e essa resposta não ouso fazer e apresentar quanto ao ateísmo do meu Irmão ateu declarado *Xico Trolha* que até em prisão arbitrária, por razões políticas, andou jogado por conta desse seu amor à humanidade. Estou convicto de que ele estará me esperando lá no que penso ser o céu, sorrindo a mil sorrisos e com muitas poesias para recitar e piadas para contar. *Xico*, seguindo a classificação de *Hans Küng* na especulação vertente, foi um *"humanista não-cristão secular"*.

E estou vendo a reação dele, fraternalmente fazendo piada com essa minha reflexão. Por isso mesmo vou encerrá-la de pronto. Seria o teísmo algo realmente tão diverso *"do amor, justiça, sentido de vida, bondade no ser e no agir, humanidade"*, características da vida do *Xico*, mesmo ele se declarando ateu? Essa a pergunta que retiro de *Küng*.

A minha resposta é não. Não há diferença. Nele, no *Xico*, por certo, porém, uma superioridade: comportava-se como se comportou, apenas por possuir uma humanidade refinada; não o fazia sob o impulso consciente do amor de Deus (digo *consciente*, porque no fundo, no fundo, sem que *Xico* soubesse, estou certo de que Deus agia nele). Fazia-o por ser um homem bom. Por certo, esse Deus que conheço muito bem – que nos criou, nos sustenta, nos ama – o Senhor, nosso Deus, estava ali impulsionando o *Xico* a ser como ele foi e o compreendeu muito bem.

Os Maçons, entre as nossas muitas lendas derivadas da Bíblia, contam que o Templo do Rei Salomão foi construído com madeiras e pedras já talhadas. No interior do Templo não se ouviu barulho de martelo, de cinzel, nem de qualquer outro instrumento de ferro durante a construção (2° Livro de Reis 6:7). Os operários de Salomão, Rei de Israel, e de seu aliado, Hiram, Rei de Tiro (personagens importantes de nossas lendas) e os *gibilitas* (da cidade fenícia de *Gebal*, que os gregos chamavam de *Biblos*) cortaram e prepararam as madeiras e as pedras para a construção fora do Templo. Somente após estar devidamente preparada era a pedra polida levada a seu destino final, integrando-se na composição do *grande edifício*.

O mesmo ocorre conosco, os Maçons especulativos, simbolicamente *pedreiros e pedras* (um duplo papel que um bom Mestre Maçom por certo entende, também vinculado à Bíblia): neste mundo, *"fora do Templo"*, somos submetidos a uma preparação, às vezes dolorosa. Aqui retinem as ferramentas do trabalho do qual somos ao mesmo tempo artífices e objetos. Aqui são lavradas pedras e madeiras. De repente, a morte. Então as pedras aptas (ou bem preparadas) são levadas por operários mais hábeis ao *Grande Templo do Além*, onde o *Supremo*

Arquiteto reina e vive para sempre. Lá a paz e a felicidade que só os que alcançaram a *Vida Eterna* podem conhecer.

Isto sem dúvida ocorreu com *Xico* e com tantos outros bons e legítimos Maçons. Isso vem ocorrendo conosco: pedras sendo preparadas para o *Grande Templo* do além.

Pois é, tudo foi assim, e por isso que digo: *nada terminou, ainda.*

Até logo, *Xico*!

∴

"E PARA VOCÊ NÃO DIZER QUE NÃO FALEI DAS FLORES"

Irm∴ Derly Halfeld Alves

Quis desiderio sit pudor aut modus / Tam caris capitis

Que pudor ou limite poderia ter nossa saudade de um amigo tão caro? ***(Horácio 65-8 a. C.), Odes, 1,24.***

Jamais poderia me furtar à convocação da Sobrinha-Irmã Evelise, a nossa querida "Trolhinha", para que eu reportasse algumas notas sobre o nosso saudoso Xico, cuja intenção está na publicação de um livro relacionado com assuntos envolvendo os seus amigos, assuntos estes relatando fatos mais aconchegantes.

Tão logo recebi a triste notícia da sua ausência terrena, dias após escrevi uma singela cartinha para a Evelise, e, se os meus próximos 76 anos não me colocam em estado de vacilo, tenho quase que certeza de que apresentei esta sugestão; entretanto, em nada altera sua convocação.

De início quero justificar o título, um pouco longo; entretanto, não são minhas as palavras do título enunciado, e sim do inesquecível Xico Trolha (abaixo comentaremos).

Meu primeiro contato pessoal com o Irmão foi em 1992, quando recebi a Revista "A TROLHA", onde havia a publicação do Encontro Nacional dos Membros Correspondentes da Loja de Pesquisas Maçônicas "BRASIL".

Estava eu nessa época empenhado no reerguimento da Loja Fraternidade "Brazileira" (com Z), fundada em 1897, no Oriente de Juiz de Fora, e que havia abatido Colunas por volta de 1920, e, nosso propósito era exatamente reerguê-la com a finalidade idêntica à Loja "Brasil" de Londrina, o que tivemos a felicidade da concretização.

Preenchi a ficha de inscrição como Membro Correspondente e encaminhei diretamente ao Xico, suplicando me enviasse cópia do Estatuto da Loja "Brasil", no que fui prontamente atendido, cuja cópia xerocada encontra-se ainda em meu poder.

Aportei pela vez primeira na bela metrópole de Londrina, numa madrugada, após uma viagem de ônibus, de aproximadamente 30 horas de duração.

Cheguei ao Hotel Crystal, e apresentei-me como integrante do encontro maçônico. O funcionário de plantão conferiu meu nome e colocou-me à disposição dois aposentos: – um ficaria em companhia do Ilustre Irmão Castellani, e o outro com o meu também inesquecível Irmão e "guru", Prof. Lysis Brandão da Rocha, hoje trabalhando com o Xico na Loja Celestial. Por aproximação, fui fazer companhia ao Lysis.

Por volta de oito da manhã, no hall do hotel, pude, com grande alegria abraçar o Sr. Francisco de Assis Carvalho, e me apresentar como seu grande admirador – daí nasceram os laços de profunda amizade, que no dizer do nosso Irmão Voltaire "*A amizade de um grande homem é um benefício dos deuses*".

De pronto perguntou-me se havia trazido cópia do meu Trabalho enviado para o Encontro, e foi logo anunciando que eu seria o primeiro da lista de apresentadores.

Confesso que senti um calafrio, como se fora sentir um acesso de febre...

Cumpri meu dever, pois o calor humano dos Irmãos presentes à Assembléia do Encontro Nacional refez minhas forças, e voltei ao estado normal de temperatura.

No ano seguinte, já em 1993, escrevi-lhe uma carta, de início, participando o meu ingresso na Academia Maçônica de Letras de Juiz de Fora, e rogando, se possível, me fosse enviada literatura sobre o Irmão, Frei Manoel de Arruda Câmara – o fundador do Areópago de Itambé, pois eu o havia escolhido como Patrono da minha Cadeira, de nº 14.

Em 29 de setembro de 1993, recebi sua resposta, em carta de próprio punho, cuja cópia estou anexando a este comentário, alegando haver pouca literatura em seu poder; entretanto, sempre solícito e preocupado com a literatura maçônica, enviou-me o endereço do que ele chamou de "**querido Irmão**", Adauto Barreto da Silva, residente em Recife.

Havia igualmente na carta endereçada a solicitação de esclarecimentos quanto aos "Painéis" dos Graus Simbólicos, tendo o Xico respondido que poderia encontrá-los nos seus livros: "O Companheiro Maçom", "O Mestre Maçom" e "Símbolos Maçônicos".

E, é aí que aparece sua frase, que ilustramos como título. E prosseguiu o Amigo Xico:

> *E para dizer que não falei das flores, segue anexo os dois mais antigos Painéis Impressos (1742), que se tem notícia.*

A partir da minha primeira presença no Encontro do ano de 1993, jamais deixei de tomar parte em todos aqueles que foram patrocinados pela Revista "A TROLHA", inclusive no de Pernambuco, quando se comemorava dois grandes eventos: – os 200 anos do Areópago de Itambé e os 25 anos da Revista "A TROLHA".

Tive o imenso prazer de se unirem a mim, dois valorosos Irmãos: Renato e Nunes, e por algumas vezes viajamos de carro, de Juiz de Fora para Londrina – ocorrências que só a Maçonaria nos proporciona, e que o "Profano" nem sempre se faz entender.

Mas, a "**recíproca torna-se verdadeira**": Se tivemos a felicidade de ter a graça de não faltar aos Encontros que sempre alegravam e entusiasmavam o valoroso Xico, por algumas vezes nos prestigiou com sua presença no Encontro da ARLM "Fraternidade Brazileira" de Estudos e Pesquisas de Juiz de Fora, sempre de carro, em companhia do seu "Ajudante de Ordens", nosso Irmão Moura, que de "moura" não tem nada no nome, pois está registrado como Ronaldo Pinto de Moraes.

E numa destas viagens, também se fazia acompanhar do seu grande amigo e eterno *Secretário das Assembléias*, Irmão Dr. Hércule Spoladore, o qual o Xico carinhosamente o "alcunhava" de *Carcamano*.

Ao se aproximarem de Juiz de Fora, o Hércule, pelo celular, entrou em contato com o Irmão Renato, comentando que o nosso Xico estava sem condições de fazer "*xixi*", e solicitava que o orientasse para um hospital local – lógico, prontamente atendido por um dos nossos Sobrinhos médicos – diagnóstico: prostatite – e o Xico foi para o Encontro com "dois sacos" – (o outro de coleta).

Em 1998, por ocasião dos 28 anos de "A TROLHA", remeti para o Xico, com vistas a ser publicado, um artigo que intitulei "Maçonaria Contemporânea".

Como se tratava de elogios à Revista, ele, na sua simplicidade, julgou por bem não publicá-lo. Hoje, peço desculpas ao amigo, e como apareceu a oportunidade, aqui vai o que você não publicou:

> *Prezado Xico,*
>
> *Dizem que a história da Maçonaria se fixou em três períodos bem distintos: dos antigos mistérios (Maçonaria primitiva), dos construtores (Maçonaria operativa), e a especulativa (Maçonaria contemporânea ou atual).*
>
> *Não vamos aqui expor ou descrever estes períodos, os quais são muito bem definidos por Alec Mellor, em seu Dicionário da Franco-Maçonaria, e sim arrolar os frutos obtidos com a Maçonaria Contemporânea, isto é, a Maçonaria que hoje praticamos, e que, mesmo os não seguidores do Rito Brasileiro, todos nós, direta ou indiretamente seguimos a linha por ele praticada, coaptando a Tradição com a Evolução.*

Na tradição, conserva-se em todos os Graus Simbólicos os meios de reconhecimento, e, como dizia o nosso saudoso Professor Lysis: "A Tradição representa o conteúdo ***substantivo*** *da Maçonaria; a Evolução significa o seu aspecto* ***adjetivo****. A Tradição é permanente, constante, imutável; a Evolução significa imanência. Evolução quer dizer contingência".*

Uma das maiores provas da evolução maçônica está na sua larga literatura atual.

Hoje, podemos conceituar, no caso da Maçonaria praticada no Brasil, em duas grandes fases:

1800 – data presumível da criação da 1ª Loja regular;

1971 – data da fundação da Revista "A TROLHA", e mais tarde com a criação da Editora, que veio selar a cultura maçônica brasileira.

Não temos procuração para falar em nome da Revista "A TROLHA," entretanto, temos o direito e, sobretudo, o dever de enaltecer seus feitos nestes 28 anos de existência e resistência.

E por que nomeamos duas fases, isto é, antes e depois da fundação da revista?

Antes, alguns poucos escritores maçônicos se valiam também de raras editoras para algumas publicações de caráter maçônico, deixando de citar aqui nomes desses autores para não cometer injustiça.

Inegavelmente, esses valorosos Irmãos foram os pioneiros na divulgação da Maçonaria em nosso País.

Após a implantação da Editora "A TROLHA", também pioneira, não só da circulação regular da revista, como, principalmente na publicação mensal de livros, onde vários autores, inclusive o próprio Xico, já ultrapassaram ou estão perto da casa dos cinqüenta.

Despontaram um sem número de escritores maçônicos, todos ávidos em enriquecer a literatura maçônica, pesquisando, rebuscando publicações internacionais, emitindo idéias próprias, por vezes discutidas, mas, que todas elas enobrecem e enriquecem as nossas bibliotecas.

Pouco ou quase nada se sabia sobre o desenvolvimento litúrgico e ritualístico da nossa Ordem, apenas os Rituais se direcionavam na prática da realização das Sessões.

As origens, não só dos meios de identificação, dos símbolos, da própria desenvoltura das Sessões, muito pouco se tinha conhecimento.

E, graças à "A TROLHA", e hoje, com outras publicações periódicas, todos nós fomos beneficiados com explicações e explanações sobre o assunto.

As Lojas de Estudos e Pesquisas, hoje já bastante difundidas, também contribuem enormemente para o desenvolvimento cultural dos Maçons.

Há dias, relendo a "A TROLHA" de nº 30 (Jul./Ago. – 1987), deparei com a publicação de uma entrevista feita pelo Xico ao General Calvet sobre o IV Congresso Maçônico realizado, ao que parece, em Curitiba.

Nesta entrevista, são citados pelo entrevistado, vários autores, ou melhor, escritores, adiantando que o "assunto preferido pelos nossos autores é a História Antiga e Moderna da Maçonaria".

Na página seguinte, sob o título "Brasil Maçônico", são feitas referências às Lojas "Quatuor Coronati", da Inglaterra, bem como à Loja de Pesquisas Maçônicas "Brasil", de Londrina, a primeira Loja de Pesquisas do País, onde também são citados escritores maçônicos que nos têm brindado com seus Trabalhos proveitosos.

O avanço literário tem sido suficientemente capaz, e nos proporcionado conhecimentos mais aprofundados dos mistérios maçônicos.

De parabéns, pois, a Editoras Maçônica "A TROLHA", nestes 28 anos de profícuas publicações que se espalham por este imenso território, levando a luz às regiões mais distantes, proporcionando a que todos os Maçons espalhados pela superfície brasileira, e até mesmo estrangeiras, evoluam nas suas trajetórias maçônicas.

Desculpe-me, prezado amigo e Irmão Xico, de ter a oportunidade de publicar neste livro que presta a você a homenagem póstuma, homenagens dos seus amigos que o consideravam como um irmão carnal, um exemplo de dignidade, de companheirismo, enfim, de um fiel amigo.

Fostes um bravo vencedor! Fostes um pioneiro da cultura maçônica! Fostes um bravo professor da língua pátria! Fostes um pai exemplar, e um Maçom de escol! Fostes um nacionalista e um brasileiro patriota!

Amastes a nossa Bandeira e a beijastes em todas as solenidades onde estivestes presente.

No teu livro "Saudação ao Pavilhão Nacional – Edição de abril de 2000, na página 42, está perpetuado o seu ato de brasilidade: "O beijo ao seu, ao nosso, Pavilhão da Terra Natal".

Era sua intenção conseguir com os Irmãos as Bandeiras Estaduais, para montar uma "panóplia". Tive o prazer de ofertá-lo, pessoalmente, com uma Bandeira do Estado do Amapá, à qual havia recebido de um amigo, Oficial da Polícia daquele Estado.

Xico, fostes poeta e declamador, e, encerrando esta minha singela homenagem, aqui vou plagiar um trecho do livro **"Um Boêmio no Céu"**, de autoria de Catulo da Paixão Cearense – oitava edição – 1966 – Livraria Império Editora – Rio de Janeiro, em que o poeta, chegando no céu, conversa com S. Pedro:

("São Pedro – maravilhado)

Poeta? Tu foste poeta? Falas sério?!!!
Qual o teu nome?

(Xico Trolha):

Eu vos direi no ouvido.

(S. Pedro – sorrindo):

Eu, de há muito, já tinha pressentido!
Tu és o grande poeta regional!
Já pertences à nossa Academia!
Fostes eleito por Deus! És imortal!

Em que país do mundo tu nasceste,
Com teu bravio e senhoril?

(Xico Trolha):

Num Paraíso esplêndido: – O BRASIL".

Nota do autor – Qualquer semelhança com fatos aqui narrados, são meras coincidências.

∴

O MESTRE, IRMÃO E AMIGO, XICO TROLHA

Irm∴ Fuad Haddad

Muitos podem até achar muita pretensão de nossa parte intitularmos esta peça de arquitetura sobre nosso Estimado e Saudoso Irmão Francisco de Assis Carvalho com o título acima. Porém, é desta forma que sempre o consideramos desde os nossos primeiros contatos, que se iniciaram assim que ingressamos na Maçonaria em 1991, e tivemos a oportunidade de conhecer uma revista maçônica denominada "A TROLHA".

Naquela época, ávido que era na busca de informações sobre a Maçonaria, buscava o conhecimento nos Trabalhos publicados pela revista, dentre os quais se encontravam vários escritos pelo Irm∴ Xico. Ali se revelava, para nós, o Mestre, que buscava, em seus escritos publicados e em seus inúmeros livros editados, espargir todo o seu conhecimento e amor pela instituição maçônica, escrevendo com o coração aberto e a todos contagiando. Aprendia com ele a importância da pesquisa séria e comprometida com a verdade, alicerçada em fontes seguras e fidedignas.

A convivência como membro em diversas Lojas de Pesquisas e Academias Maçônicas, assim como a participação nos inúmeros Seminários, Congressos, Mesas-Redondas e Simpósios Maçônicos por todo este Brasil, muito contribuiu para o nosso crescimento como Maçom, pois buscamos sempre nos espelhar na figura íntegra do Homem Maçom e do verdadeiro Mestre que sempre foi o Irm∴ Xico Trolha.

É importante que se registre o apoio de primeira hora, e que depois se tornou permanente desde 1977, quando o Irm∴ Xico assumiu o compromisso de patrocinar e apoiar integralmente, através da Revista "A TROLHA", a realização do primeiro e até então único no Brasil, o Seminário sobre o Rito Escocês Antigo e Aceito, promovido pelo Pacto Maçônico do Sul de Minas, com suas 58 Lojas Afiliadas, promovido a cada dois anos no Oriente de Poços de Caldas (MG) e que hoje se encontra na sua quinta edição com a presença de 600 Irmãos, em média, a cada edição.

Ao longo destes mais de dez anos de convivência com o Mestre Xico Trolha, aprendemos o significado da palavra Irmão e Amigo, pois ninguém como ele sabia entender os sentimentos de cada um daqueles que o cercavam. Sempre tinha a palavra certa para a hora certa. Apoio constante de todos e amigo leal sempre presente e disposto a todos ajudar.

Falar do Irm∴ Xico é falar também de emoção e de muita alegria que a todos contagiava, quer através de suas anedotas maçônicas, que adorava contar durante suas palestras, quer através da narrativa de contos, "causos" e poesias, pelas quais tinha uma enorme admiração e se emocionava às lagrimas quando as declamava, dentre as quais "Sob a Luz do Lampião", uma de suas preferidas.

Outra grande paixão deste saudoso Irmão era nossa Bandeira Brasileira, pela qual tinha um enorme respeito e uma imensurável e verdadeira paixão.

A partida do Irmão "Xico Trolha" para o Oriente Eterno, deixou uma lacuna impreenchível no meio cultural maçônico brasileiro. Pelo seu idealismo, por seu trabalho como Professor, Historiador, Escritor, Jornalista, Editor e Conferencista se tornou, sem dúvida alguma e sem medo de errar, numa das mais importantes figuras da História Maçônica brasileira contemporânea.

O tempo passa, os anos se vão, porém a lembrança não se apaga, pois seus ensinamentos, sua imagem, seus exemplos, como Mestre, Irmão e Maçom, estão gravados em nosso coração e em nossa alma, para todo o sempre. Ao Mestre, Irmão e Amigo FRANCISCO DE ASSIS CARVALHO – "Xico Trolha" nossa eterna gratidão e fraterna homenagem.

Entre o céu e a terra amiga
há tanta filosofia,
que à nossa sabedoria
é impossível compreender.
Nasce a estrela no oriente
e morre no ocidente,
pra de novo renascer.
(Sob a Luz do Lampião – *Irm∴ José Pain Brites*)

∴

VALE A PENA LUTAR[4]

Irm∴ Raimundo Rodrigues

Se procurarmos lembrar o que acontecia há 20, 30 anos com relação aos ensinamentos ministrados em nossas Lojas, verificaremos que houve extraordinária mudança para melhor.

A pesquisa historiográfica, a pesquisa ritualística e a pesquisa filosófica alteraram substancialmente o quadro das cogitações maçônicas.

As invenções e os achismos começaram a esboroar-se quando, em Londrina, a Loja de Pesquisas "Brasil" e a "A TROLHA" iniciaram um trabalho sério e permanente, procurando mostrar que muita coisa ensinada como certa não passava de invencionices, sem nenhuma base de verdade.

---

[4] IOD – N° 72 – Maio/Junho de 2004.

Mercê de Deus, Irmãos estudiosos, capitaneados por Xico Trolha, começaram a vencer a luta contra Maçons acomodados no *dolce far niente* do deixa estar para ver como é que fica.

É bem verdade que a luta continua; contudo, verifica-se que os historiadores, os filósofos, os estudiosos da ritualística, enfim, os pesquisadores Maçons estão ganhando a luta travada com certos líderes, desinteressados por tudo aquilo de sublime que ornamenta nossa simbologia.

Queiram alguns ou não queiram outros, a Maçonaria é total e completamente estruturada sobre bases filosóficas. Por isso mesmo, ela sabe que a filosofia é, antes de mais nada, a arte de ensinar a pensar, a arte de ensinar a raciocinar, a arte de ensinar a intuir, a arte de ensinar a discernir.

É necessário que todos nós nos conscientizemos de que a filosofia não é, simplesmente, matéria de caráter escolar ou divertimento de "pseudos" superinteligentes, mas a arte genuína do meditar.

Faz-se mister que todos nos voltemos definitiva e resolutamente para o campo das idéias, sem que nos importemos com a conceituação abstrata que alguns fazem da cultura, do saber, do conhecimento.

Que ninguém se iluda: quanto mais culto é o homem, mais humilde se torna, pois verifica que diante do infinito de coisas que existem para serem conhecidas, pouquíssima coisa ele conhece.

Temos verificado que quanto mais humilde é o Maçom, tanto mais ele sabe sobre nossos Símbolos e alegorias, tanto mais ele é senhor de nossa filosofia.

Aquele que estuda, aquele que busca identificar os ensinamentos da simbologia maçônica, tem sempre diante dos olhos a figura de Deus. Não de um deus antropológico, mas do Deus verdadeiro, buscado e procurado pelos primeiros filósofos, a começar por Xenófanes de Cólofon, o primeiro grego a ter a coragem de criticar e combater os deuses adorados pelos homens de seu tempo.

A verdade é uma só: é preciso estudar, é necessário pesquisar. Para que se estude, para que se pesquise é preciso que se ame a coisa estudada, é necessário que se ame a coisa pesquisada.

Como não amar a Maçonaria?! Como não amar a Sublime Instituição se o que ela quer é, nada mais, nada menos, que nos aperfeiçoemos intelectual e, sobretudo, moralmente...

Como não amar a Maçonaria, Sagrada Instituição que nos dá o direito de pensar livremente, de fazer a exegese de seus ensinamentos com plena liberdade, evitando sejamos vítimas de lavagem cerebral. Alguém já disse que, na Maçonaria, a mensagem filosófica é cogitativa, ou melhor, deixa-se à razão o encargo da livre apreciação de seu simbolismo, tendo-se em vista transmitir apenas a necessidade da constante pesquisa dos enigmas da Natureza e do Homem.

Podemos afirmar que na Maçonaria não há sábios; na Maçonaria há de haver homens estudiosos, buscadores da verdade. Na Maçonaria não há santos; na Maçonaria há de haver homens que procedam de acordo com as exigências da Ética e que façam da Fraternidade o grande primeiro ideal de suas vidas.

∴

O ADEUS DE NOVEMBRO[5] SAUDADES DE ABRIL

Irm∴ Antônio do Carmo Ferreira

Aquele canto de amor vai ser emendado, agora, com esta mensagem de adeus e de saudade, quando me refiro ao Irmão Maçom Xico Trolha. É que a "traiçoeira" é especialista em pregar essas peças à gente. Quando menos esperamos, acontece... E, aí, só o cancioneiro popular para entender, para explicar ... em refrões, como estes: "Adeus, cinco letras que choram..." "saudade, coisinha danada que em mim fez morada e não quer se mudar ..."

Xico Trolha, a cada ente familiar ou amigo que perdia, protestava desse "privilégio" da morte.

Recordo daquele Congresso que fizemos, em Maceió,

[5] "A TROLHA" – Nº 212 – Maio de 2004.

organizado pelo mui ilustre Irmão e apreciado escritor João Alves da Silva. O Irmão João Alves havia escalado para conferencista, na abertura do Congresso da Academia Maçônica de Ciências, Artes e Letras, o médico Maçom Breno Trautwein, do Paraná. Sabe o que aconteceu? Breno morreu na hora do embarque. Isto foi uma perda irreparável para o Congresso, e, muito mais, para a Maçonaria brasileira. Dr. Breno sabia das coisas. E tinha o dom, que Deus lhe deu, de explicar essas coisas bem direitinho pra gente. Todo mundo aprendia, rapidinho, a lição que o Dr. Breno ensinava.

Xico ficou furioso com essa desfeita da "traiçoeira". Falou comigo, irritadíssimo, como quem cobrava minha adesão àquele seu estado emocional. Dizia Xico:

Não posso gostar da morte.
Pois ela matou meu pai
e Breno que tanto prezo.
A gente mata e vai preso.
A morte mata, e não vai.

Estou com você, Xico, foi o que lhe respondi.

Francisco de Assis Carvalho nasceu em Cândido Mota – SP, no dia 4 de outubro de 1934. Fez curso superior, com licenciatura plena em Inglês. Jornalista, registrado em várias associações da classe, inclusive na AIP – Associação da Imprensa de Pernambuco, e Presidente do Conselho Editorial da Revista Maçônica "A TROLHA", da qual é fundador e recebeu a adjetivação que completa o nome com que, hoje, é chamado – XICO TROLHA.

Iniciado Maçom em 27 de novembro de 1965, em Rolândia – PR, alcançou o Grau 33 do Rito Escocês Antigo e Aceito, em 20 de abril de 1970, pelo Supremo Conselho do Rio Grande do Sul. Declarava amar o Rito Escocês, mas conhecia bem todos os outros Ritos, a respeito dos quais escreveu vários livros, e muitos dos quais praticou. É nome da Biblioteca Central do Grande Oriente Independente de Pernambuco, homenagem, justa e merecida, que lhe foi prestada, na oportunidade da abertura dos festejos comemorativos do bicentenário do Areópago de Itambé, para o êxito dos quais Xico contribuiu com o estímulo, com o prestígio e sua brilhante presença, trazendo, para o evento, os integrantes da Editora "A TROLHA" e centenas de altas dignidades da Maçonaria brasileira – seus amigos e admiradores, em ABRIL de 1996.

Todo ano ímpar, no mês de ABRIL, estava Xico conosco, aqui em Recife. Repetiu isto várias vezes, comemorando o aniversário de sua filha – "A TROLHA" – Revista nascida em 10 de abril de 1971, e ao mesmo tempo realizando o Congresso Nacional de Cultura Maçônica que, em alguns anos, foi internacional. No ano de 2003, no Onda Mar Hotel de Boa Viagem, onde se realizou o VIII Encontro, estava, no cenário acima da Mesa Diretora o seu retrato rindo, inspirando, espargindo luz, e, em cada canto, nas feições, nas emoções, o encanto duma SAUDADE infinda...

Escreveu e publicou mais de trinta livros. Deixou outros tantos para serem editados. Todos escritos em estilo cativante, como era o próprio Xico, e "o estilo é o homem", garantia Buffon. E numa noite, de 13/11/1991, de muita inspiração, participou, comigo e com José Castellani e José Carlos Pacheco, da criação da ABIM – Associação Brasileira da Imprensa Maçônica. Xico Trolha é verbete pluralmente singular que a memória do Coração Maçônico brasileiro registrou, para significar escritor, poeta, conferencista, professor, jornalista, comunicador, construtor social, amigo e Irmão Maçom.

Meu grande amigo Xico "nem se despediu de mim", nem de ninguém. A "traiçoeira" não deixou. Cortou sua ligação com todo o mundo. Não há quem possa medir a dimensão deste ato de "terrorismo" praticado com um comunicador...

Domingo, 3 de novembro de 2002, morre Xico. A Maçonaria protesta. Veste-se de tristeza.

No dia 4 de novembro, Francisco de Assis Carvalho foi sepultado, no Oriente de Londrina – PR, perante seus familiares, todo o pessoal da Editora Maçônica "A TROLHA" e muitos de seus Irmãos Maçons. Chovia copiosamente. Eram lágrimas do céu irrigando os canteiros de saudade da Maçonaria Universal. Duas homenagens marcaram seus últimos instantes, precedendo o sepultamento. No Templo da Loja "Regeneração 3ª", o jogral dos Sobrinhos De Molay e os cantos da Confraria da Viola. Ele difundia a Ordem De Molay e patrocinava a Confraria.

É impreenchível a lacuna aberta no seio da família maçônica brasileira, com a partida do Irmão Assis Carvalho, para o Oriente Eterno, por ter sido ele expoente em todas as áreas em que atuou. No batente e combatente durante seus últimos 32 anos de existência, em "A TROLHA" e na ABIM, tornou-se o maior jornalista maçônico brasileiro de todos os tempos. Deixa alçada a bandeira do amor e da dedicação à ORDEM, como exemplo a todas as gerações que haverão de vir.

Ganhou o prêmio da imortalidade, não só porque fez parte de quase todas as Academias Maçônicas de Letras de nosso País, mas também, e, sobretudo, em face do que profetizara Daniel (Cap. XII, Vers. 3) – *quem fez da vida uma cátedra de ensino* aos *muitos, brilhará, com a intensidade das estrelas, por toda a eternidade.* Xico foi professor de 190 mil Maçons espalhados por todo o mundo. Que o Grande Arquiteto do Universo o tenha num dos melhores lugares de sua morada.

Xico Trolha, rogai por nós.

∴

AS QUATRO BOLAS DO XICO[6]

Irm∴ Wlaudemir Bigão Peijo

Há uma história que nos ensina que a vida é um jogo em que devemos fazer malabarismo com quatro bolas. Elas se chamam Trabalho, Família, Saúde e Amigos. A história consiste em passarmos nossa existência terrena mantendo essas bolas todas no ar e, no decorrer da vida, aprendermos as lições que elas traduzem.

A BOLA DO TRABALHO

Com o passar dos anos aprendemos que A BOLA DO TRABA-

---

[6] Revista "A TROLHA" – Nº 195 – Janeiro de 2003.

LHO é feita de borracha, se cair quicará de volta, significando que se perdemos um emprego podemos encontrar outro, ou que não estando satisfeito com a profissão que exercemos podemos sempre mudar para outra atividade, onde nos sentiremos melhor e mais produtivo.

XICO TROLHA aprendeu cedo as lições que essa bola ensina, ele a deixou cair algumas vezes. Foi lavrador, alfaiate, vendedor, dono de casa lotérica, despachante do DETRAN e professor, entre outras atividades. Mas foi como Escritor Maçom que ele encontrou o equilíbrio que sempre procurou. Como tal, teve uma vida ativa e fecunda, criou uma Revista que alcançou fama internacional – "A TROLHA", foi autor de mais de trinta livros, ministrou centenas de palestras, fundou e ajudou a fundar dezenas de Entidades Maçônicas, foi padrinho de 65 Maçons, recebeu homenagens e honrarias em toda parte por onde passou, deixando sua marca indelével de grande escritor e pesquisador Maçom. Durante mais de trinta anos difundiu a Literatura Maçônica. Enfim, foi brilhante a BOLA DO TRABALHO do XICO TROLHA.

A BOLA DA FAMÍLIA

A BOLA DA FAMÍLIA é feita de cristal, se cair poderá riscar, lascar ou estilhaçar, demonstrando uma rusga entre marido e mulher, desavença entre pais e filhos, ou separação irreparável do casal.

XICO TROLHA soube como poucos manter essa bola no ar, tendo por ela um carinho todo especial. Como marido e como pai foi marcante. Teve um casamento duradouro e estável com sua esposa "DOCA". Pai estimoso, dedicou todo amor, admiração e carinho para com suas filhas EVELISE e GLÓRIA, amou-as de paixão e por elas foi amado e respeitado por toda vida. Seu lar sempre foi um local de alegria contagiante. A BOLA DA FAMÍLIA DO XICO TROLHA não caiu uma única vez.

A BOLA DA SAÚDE

A BOLA DA SAÚDE também é de cristal. Quando somos

jovens ela dificilmente cai, mesmo sendo relegada a um segundo plano mantém-se firme no ar. Porém, com o passar dos anos vai ficando arredia, começa a escapar por entre os dedos e se torna cada vez mais difícil de ser controlada. Talvez XICO TROLHA não tenha dado a devida importância que essa bola requer, pois quase sempre a deixava cair, principalmente depois dos 50 anos. Viagens cansativas, noites maldormidas, alimentação inadequada. Quantos remendos foram feitos nesta Bola – com esparadrapos, com super-bonder, com uma cola qualquer. Por fim, em 3/11/2002, XICO TROLHA a deixou novamente cair e dessa vez ela se estilhaçou. Que pena XICO, não foi possível consertá-la.

XICO TROLHA nos deixou, foi viver com o G.·. A.·. D.·. U.·. onde por certo continuará por toda a eternidade a escrever, amar, zelar pelas verdades em que sempre acreditou e pelas quais sempre lutou.

A BOLA DOS AMIGOS

Mas ainda resta a BOLA DOS AMIGOS, esta que é feita do mais puro cristal e que requer cuidados especiais. Com certeza é a bola mais sensível e mais difícil de ser entendida e controlada. No entanto, XICO TROLHA jamais teve qualquer dificuldade para mantê-la no ar.

Por onde passou deixou grandes amigos entre crianças – a quem dedicava carinho especial – jovens e adultos, dispensando a todos igual e fraterno tratamento e atenção. Ao final de sua vida somou um verdadeiro exército de amigos, em todos os cantos do nosso imenso Brasil.

Entre as homenagens que recebeu por ocasião do seu passamento houve uma que foi pungente, destacando-se no meio dos mais de vinte Buquês de Flores que ali se encontravam, um deles, ostentando uma faixa prateada dizia: *"Homenagem das crianças e amigos do Plaza de Las Torres"*.

As crianças e amigos do prédio onde morava deram o tom de sua vida. XICO TROLHA, no fundo de sua alma, sempre cultivou o espírito inocente de uma criança. A BOLA DOS AMIGOS do velho XICO ficará por muito tempo pairando no ar, iluminando o Céu de Londrina, o Céu do Paraná, o Céu do Brasil. Cada vez mais alto... mais alto... mais alto... mais alto...

Alegre e feliz, como uma criança fazendo amigos, XICO TROLHA passou pela vida.

Descanse em Paz, Velho Amigo.

∴

CONVERSA COM O VELHO XICO[7]

Irm∴ Frederico Guilherme Costa

Como o rio que nasce na serra da canastra, Xico Trolha, meu velho camarada, viveste uma vida a mais de 1.000 metros de altitude. Embora do Paraná, transbordava como em Minas Gerais, uma cascata de mais de 200 metros de sinceros amigos e admiradores. Como o rio teve várias cachoeiras, sendo as mais belas a Cida e a Evelise; isto sem falar da Estela, aquela gata que você tanto admirava. Esta a sua geografia, velho Xico.

Pediu-me sua filha que escrevesse um pouco sobre você, sobre o Irmão, Amigo e Editor. Ora, meu velho Xico, isto muitos já fizeram melhor do que este pretensioso articulista. Percebe-se o seu sorriso maroto que, por estar onde está, antecipa a ironia deste "criador de casos" que o seu talento ajudou a moldar.

A coisa aqui vai mal. A cultura maçônica está órfã de pai e os seus filhos não encontram a guarida e apoio para adornar a Arte Real. Talvez você possa mandar um e-mail para os responsáveis exatamente como os seus editoriais contundentes que fizeram da "A TROLHA" a primeira revista de vanguarda brasileira.

Creio que muitos Maçons não estão recebendo devidamente a "A TROLHA"!

---

[7] Revista "A TROLHA" Nº 203 – Setembro de 2003.

Ultimamente muitos sentiram a sua ausência e resolveram visitá-lo, mas foi uma viagem sem volta e estão fazendo falta. O Maciel, o Wilson e outros mais. Parece que a fila é longa e você precisa dar um jeito nisto. De outro modo não vai sobrar ninguém. Dizem até que o Hércule está se achando a bola da vez. Pode?

A Trolhinha, que finalmente confirmou a autoria do seu apelido, está indo muito bem. Percebe-se nela um Maçom de respeito. Ou seria Maçona? Não, é um Maçom com o sinal de uma Quarta Grandeza. Não fizeste um filho, mas ganhaste uma filha que está fazendo o papel do filho na sua luta diária, numa revista criada por você para homens de toda ordem, inclusive para os preconceituosos e arrogantes.

Como vai o Felisberto? Sinto muita falta dele. De vez em quando fico pensando que o paraíso deve ser formidável, mas eu continuo optando em ser o porteiro com a honra de abrir o portão para vocês.

Bem, meu mano, eram estas as parcas palavras que eu tinha para te dizer. Se quiser entrar em contato digite **freddy@fraternidade/xico** e se não for incômodo anexe um arquivo da sua alegria de estar vivendo bem e em união com os Irmãos de maneira suave e longe da vaidade das vaidades, como disse... você sabe!

∴

UM ANO SEM O XICO[8]

Irm∴ João Guilherme Ribeiro

Mea culpa. É melhor começar pelas desculpas. A gente se habitua à rotina. Quando ela se quebra é que percebemos como custa retornar a ela. Um mês fora da rotina por causa da operação de catarata, depois umas pequenas complicações. As coisas se acumularam e se embaralharam enquanto o tempo escorria, inexorável.

Só agora parecem voltar a algo parecido com o que tinha como normal.

Desculpem, Irmãos e amigos.

---

[8] Revista "Engenho & Arte" – Nº 12 – Outono de 2003.

Só tem uma coisa: na rotina vai faltar o Xico *Trolha.*

Dói. Não que a gente se falasse sempre, mas ele estava lá. Com aquele coração imenso, do tamanho do sorriso franco, onde não sobrava lugar para mágoas nem queixas.

Força viva, o Xico. Uma biografia notável, uma biografia invejável de realizações, personagem principal de muitos dramas e de muitas epopéias. Força sim, mas temperada pela modéstia, pelo altruísmo, pelo desprendimento.

Visionário, o Xico. Com todo o seu passado, ainda assim tinha sempre os olhos para o horizonte. Amava profundamente a Ordem e por esse amor ajudava a construir-lhe o futuro.

Construtor, o Xico. Edificou por bem mais que três décadas. Não só com as próprias mãos. Teve a suprema habilidade (e a paciência) de reunir generosamente à sua volta grandes construtores, hábeis como ele.

Entusiasmo puro, o Xico. Tinha sempre mais planos, projetos. Mas tinha também o dom de transformá-los em realidade concreta.

Afortunado, o Xico. Acima das mesquinharias, sempre. Amizade sem conta corrente, para todas as horas e todas as estações, onde a reciprocidade ficava por conta do parceiro. Como em tudo, ele fazia a parte dele, sem se preocupar se os outros fariam ou não.

Abençoado,

Abençoado o Xico. Pelas famílias às quais se dedicou, a de casa e a da Ordem.

E abençoado o *Grande Arquiteto,* porque agora nas Colunas de sua Eterna Oficina está sentado mais um Maçom de verdade.

Mas deixem que eu implique com ele:

– Aí, Xicão, só não vale você recitar outra vez aquele poema do galo de briga, estamos combinados?

Meu Docinho, eu queria falar mais, contar uns particulares, mas isso vai ficar para um dia qualquer.

Só uma coisa ficou para decidir entre mim e seu pai: *quem de nós dois é que tinha sotaque* (eu dizia que era ele, ele dizia que era eu!). Mas isso, algum dia, se eu fizer por merecer, decido com ele lá mesmo...

∴

XICO TROLHA

Irm∴ Lacerda Júnior

Tal Promoetheus, que trouxe o fogo ao mundo,
e nos deu o calor, o amor e a vida,
Xico, trouxe, com paz e amor fecundo,
dos livros, o saber que nos lapida.

Ângulo reto, de um saber profundo,
o seu labor, foi fogo e sobrevida.
Mas, Xico, Deus levou, num só segundo,
crestando a grande luz, de nossa ermida.

Foi-se a luz, mas o seu calor fervilha nos livros, na memória e coração
dos Irmãos, da esposa e da amada filha.

Hoje, nós lamentamos, com carinho, com saudade e dor, a perda do Irmão: XICO! a grande luz de nosso caminho!

CAPÍTULO X

RX Maçônico de Francisco de Assis Carvalho – Xico Trolha

4/10/1934 – 3/11/2002

VIDA MAÇÔNICA

1964 – Convite para ingressar na Maçonaria, pelo Irm∴ José Barreto dos Santos (falecido)

GRAUS SIMBÓLICOS

1965[1] – Iniciação em 27 de novembro – Loja "Ciência e Trabalho" – Or∴ de Rolândia – PR

1966 – Elevação ao Grau de Companheiro – em 4 de abril – Loja "Estrela do Norte II" – Or∴ de Mandaguari – PR

1966 – Exaltação a Mestre em 25 de novembro – Loja "Estrela do Norte II" – Or∴ de Mandaguari – PR

GRAUS FILOSÓFICOS

1968 – Grau 4 em 4 de maio – Cap∴ Regeneração III – Or∴ de Londrina – PR

---

[1] Neste ano foram Iniciados dois autores por quem o Xico nutria uma grande admiração, respeito e amizade, José Castellani e Antônio do Carmo Ferreira.

1968 – Grau 9 em 5 de outubro – Cap∴ Regeneração III – Or∴ de Londrina – PR

1969 – Grau 14 em 3 de maio – Cap∴ Regeneração III – Or∴ de Londrina – PR

1969 – Grau 15 em 2 de outubro – Cap∴ Regeneração III – Or∴ de Londrina – PR

1970 – Grau 18 em 22 de novembro – Cap∴ Estrela de Arapongas – PR

1973 – Grau 19 em 26 de abril – Il∴ Cons∴ Kadosh – nº 13 – Londrina – PR

1973 – Grau 22 em 26 de abril – Il∴ Cons∴ Kadosh – nº 13 – Londrina – PR

1973 – Grau 25 em 11 de dezembro – Il∴ Cons∴ Kadosh Norte do Paraná – Filiado ao Supremo Cons∴ do Rio Grande do Sul – RS

1973 – Grau 30 em 11 de dezembro – Il∴ Cons∴ Kadosh – Norte do Paraná – Or∴ de Arapongas – PR

1977 – Grau 31 em 2 de abril – Supr∴ Cons∴ Rio Grande do Sul – RS

1979 – Grau 32 em 20 de abril – Supr∴ Cons∴ Rio Grande do Sul – RS

1979 – Grau 33 em 20 de abril – Supr∴ Cons∴ Rio Grande do Sul – RS

ENTIDADES MAÇÔNICAS A QUE PERTENCEU

Loja "Mãe" – "Ciência e Trabalho" – 1965/66 – Rolândia
Loja "Estrela do Norte II" – 1966/68 – Mandaguari
Loja "Fraternidade Jandaiense" – Fundador – 1968/73 – Jandaia do Sul
Loja "Estrela de Arapongas" – 1974/76 – Arapongas
Loja "Fidelidade Jandaiense" – Fundador – 1976 – Jandaia do Sul
Loja "Cavaleiros do Vale" – Fundador – 1979/.. – São Pedro do Ivaí
Loja de Pesquisas Maçônicas "Quatuor Coronati" – 1979/.. – Londres
Loja de Pesquisas "Brasil" – 1984 – Venerável 1987/88 – Londrina
Loja "Regeneração III" – 1986 – Londrina
Loja "Jean Sibelius" – 1990 – Fundador – Londrina
Loja "Tradição Escocesa" – 1990 – Fundador – Olinda
Loja "Barão do Serro Azul" – 1993 – Fundador – Londrina
Loja "Livres Pensadores" – Membro Honorário – 1993 – Melo – Uruguai
Academia Brasileira Maçônica de Letras – Titular – 1980 – Rio de Janeiro
Academia Paulista Maçônica de Letras – Corresp. – 1986 – São Paulo
Sociedade Cultural Maçônica – Membro Honorário – 1989 – Salvador
Loja "União Caridade e Abrigo" – Membro Honorário – 1989 – Salvador
IBSEM – Inst. Bras. Super. de Estudos Maçônicos – 1989 – Rio de Janeiro
Loja "Liberdade nº 1" – Membro Honorário – 1990 – Salvador
Loja "União Fraterna" – Membro Benemérito – 1991

Loja "Segredo e Amor da Ordem" – Diploma de Honra ao Mérito – Recife – 1990
Loja "Segredo e Amor da Ordem" – Diploma de Benemérito – Recife – 1995
Loja "Segredo, Força e Aliança" – Membro Honorário – Feira de Santana – 1995
Loja "Tupy" – Diploma de Honra ao Mérito – Araçatuba – 1995
Loja "Holy Land" – Israel – Membro Efetivo – Israel – 1995
Loja "Fraternidade Brazileira" – (Pesquisas) – Membro Correspondente – Juiz de Fora – 1993
Academia Maçônica de Letras – Juiz de Fora – 1994
Loja "Guatimozim" nº 66 – Diploma de Honra ao Mérito – São Paulo – 1991
Loja "Luz do Oriente" – Bebedouro – Membro Honorário – 1991
Academia Maçônica de Letras – Pernambuco – Membro Correspondente – 1992
Centro de Estudos De Molay – Londrina – Fundador – 1995
Membro efetivo da Loja de Pesquisas Maçônicas do Grande Oriente do Brasil – 1996
Loja "Lautaro", Or∴ de São Paulo – 1996
Academia Maçônica de Letras do Paraná – Curitiba
Academia Brasileira Maçônica de Arte, Ciência e Letras – AMACLE, de São Paulo
Centro de Estudos Maçônicos "Assis Carvalho", de João Pessoa
Loja "Areópago Londrina", Or∴ de Londrina – 2000

CARGOS QUE OCUPOU

- Loja "Estrela do Norte II" – Orador – Mandaguari – PR – 1966/68
- Loja "Fraternidade Jandaiense" – Orador – Jandaia do Sul – PR – 1968/71
- Loja "Fraternidade Jandaiense" – Venerável – Jandaia do Sul – PR 1971/73
- Pod∴ Ass∴ Leg∴ Maçônica – Dep. 1º Grande Vig∴ – Curitiba – PR – 1971/73
- Subl∴ Cap∴ "Estrela de Arapongas" – Orador – Arapongas – PR – 1971/73
- Il∴ Cons∴ Kadosh Norte do Paraná – M∴ de CCer∴ Adj∴ – Arapongas – PR – 1976
- Il∴ Cons∴ Kadosh Norte do Paraná – Pres. Com. Lit. – 1976/78

- Il.·. Cons.·. Kadosh Rui Barbosa – M.·. de CCer.·. – Maringá – PR – 1978/79
- Loja "Fidelidade Jandaiense" – Orador – Jandaia do Sul – PR – 1976/78
- Delegado Litúrgico – Reg. Norte Paraná – 1979/81
- Centro de Estudos Maçônicos – Presidente – Jandaia do Sul – PR – 1976/85
- Loja "Cavaleiros do Vale" – Orador – São Pedro do Ivaí – PR – 1979/83
- Loja de Pesquisas "Brasil" – 1º Vigilante – Londrina – PR – 1986/87
- Loja de Pesquisas "Brasil" – Venerável – Londrina – PR – 1987/88
- Supremo Conselho do Paraná – Chanceler – Arapongas – PR – 1981/82
- Grande Secretário Liturgia – GOP – Adj.·. – 1981/83
- Grande Secretário Liturgia e Ritualística – GOP – Titular – 1983/86
- Mestre da Loja de Pesquisas "Brasil" – 1994/95
- Grande Secr.·. Adj.·. de Relações Públicas, do Grande Oriente de São Paulo – 1996

ENTIDADES MAÇÔNICAS QUE FUNDOU OU AJUDOU A FUNDAR

- 1968 – Loja "Fraternidade Jandaiense" – Jandaia do Sul – PR
- 1971 – Centro de Estudos Maçônicos – Alécio J. Gomes – Jandaia do Sul – PR
- 1975 – Loja "Cap. Manoel Ribas" – Foz do Iguaçu – PR
- 1975 – Loja "Perfeição Tiradentes" – Mandaguari – PR
- 1976 – Loja "Fidelidade Jandaiense" – Jandaia do Sul – PR
- 1978 – Il.·. Cons.·. Kadosh Norte do Paraná – Arapongas – PR
- 1979 – Loja "Cavaleiros do Vale" – São Pedro do Ivaí – PR
- 1979 – Loja "XIII de Maio" – Faxinal – PR
- 1979 – Loja de Perfeição "Salvador Garcia" – Jandaia do Sul – PR
- 1981 – Supremo Conselho do Paraná – Arapongas – PR
- 1989 – Sociedade Cultural Maçônica – São Paulo – SP
- 1990 – Loja "Jean Sibelius" – Londrina – PR
- 1990 – Loja "Tradição Escocesa" – Olinda – PE
- 1990 – Capítulo De Molay – Londrina – PR
- 1992 – Capítulo De Molay – "União Londrinense" – Londrina – PR
- 1993 – Loja "Barão do Serro Azul" – Londrina – PR
- 1993 – Loja "Livres Pensadores" – Melo – Uruguai
- 1995 – Centro de Estudos De Molay – Londrina – PR

OUTRAS ATIVIDADES MAÇÔNICAS

- Padrinho de 65 Irmãos na Maçonaria – até 14/10/89
- Participou de 12 Comissões para Instalação de Mestres
- Participou de 12 Comissões de Sagrações de Templos Maçônicos

ENTIDADES CULTURAIS A QUE PERTENCEU

- Membro Correspondente da Loja "Quatuor Coronati" – Londres – desde 1978
- Academia Brasileira Maçônica de Letras – Efetivo – Cad. 46 – Rio de Janeiro
- Membro Correspondente da Academia Paulista Maçônica de Letras – SP
- Membro Efetivo da Ordem dos Jornalistas do Brasil – RJ
- Membro Honorário da Academia Internacional de Letras "3 Fronteiras" – RS
- Membro Honorário da Academia Internacional de Heráldica e Genealogia – RS
- Membro Honorário da Academia de Trovadores da Fronteira Sudeste – RS
- Membro Honorário do Clube da Boa Leitura – Uruguaiana – RS
- Membro Honorário da Associação Uruguaianense de Escritores e Editores
- Membro Honorário do Clube de Poesia de Uruguaiana – RS
- Membro Honorário da Federação das Entidades Culturais Fronteiristas – RS
- Membro Benemérito da Federação das Entidades Culturais Fronteiristas – RS
- Membro Honorário da Academia de Letras de Uruguaiana – RS
- Membro Honorário da Academia Internacional de Ciências Humanistas – RS
- Membro Honorário do Centro de Estudos e Difusão Cultural – "Romanguera Correa"
- Membro Honorário do Instituto Histórico e Geográfico de Uruguaiana – RS
- Membro Honorário da Academia de Letras da Fronteira Sudeste – RS
- Membro da Casa do Poeta de Londrina – PR
- Membro da Associação dos Professores do Paraná
- Membro Honorário da Loja Maçônica "União, Caridade e Abrigo" – Salvador – BA
- Membro Honorário da Loja "Estudo, Ciência e Regeneração", Recife – PE

PARTICIPAÇÃO, DIPLOMAS E MEDALHAS

- Seminário de Mestres – GOB – 1966
- Seminário de Mestres – GOP – 1969

- 4º Congresso Maçônico – Arapongas – 1971
- 1º Encontro de Mestres – Apucarana – 1972
- Mestre Instalado – GOP – 1971/73
- Dep. Pod.·. Ass.·. Legislativa – GOP – 1971/73
- Jubileu de Prata – Loja "Estrela de Arapongas" – 1976
- 5º Congresso Maçônico – Maringá – 1976
- 4º Encontro de Mestres – Londrina – 1978
- Sagração do Templo da "Estrela de Arapongas" – 1979
- 1º Ciclo de Conf. Maçônica – Londrina – 1979
- 1º Congresso Internacional – Rio de Janeiro – 1981
- 1º Encontro de Companheiros – Londrina – 1901
- 6º Congresso Maçônico – Londrina – 1982
- 1º Painel sobre a Independência – Londrina – 1982
- 2º Curso de Maçonaria Simbólica – Maringá – 1982
- 21º Congresso Maçônico de Gr.·. Mestr.·. – Foz do Iguaçu – 1983
- 1º Encontro Maçônico da XI Deleg. Mandaguari – 1983
- 1º Encontro de Veneráveis – Curitiba – 1983
- 7º Congresso Maçônico – Curitiba – 1984
- 1ª Jornada de Liturgia – Foz do Iguaçu – 1984
- 1º Painel de Graus Filosóficos – Londrina – 1984
- 1º Encontro Maçônico – 13ª Del. – Paranavaí – 1984
- 1º Encontro Maçônico Vale do Ivaí – Cianorte – 1984
- 1º Encontro de História Maçônica – Ibaiti – 1984
- 33º Aniversário Loja "Londrina" – Londrina – 1985
- 2º Painel dos Graus Filosóficos – Londrina – 1985
- Seminário de Mestres – Curitiba – 1985
- 8º Congresso Maçônico – Cascavel – 1986
- 3º Congresso Internacional – Caxias do Sul – 1986
- Título de Maçom Emérito – Loja "Londrina" – Londrina – PR – 1986
- Titulo Benemérito – Jandaia do Sul – 1986
- 1º Simpósio Maçônico – Maringá – PR – 1987
- XXIV Mesa-Redonda – Gr.·. Loja de Goiás – 10, 11 e 12/7 – Anápolis – 1987
- IV Congresso Internacional – Londrina – Organizador – 1988
- 1º Seminário Estadual de Cultura Maçônica – Porto Alegre – 1988
- IX Congresso de Maçonaria Paranaense – Cornélio Procópio – 1988
- 1º Encontro de Correspondentes – Loj. de Pesq. "Brasil" – Londrina – 1989
- 1º Curso Básico de Maçonaria – Rio de Janeiro – Palestrante – 1989
- 1º Congresso Maçônico – Acad. Maç.·. de Letras – D. Federal – 1989
- Sagração do Templo – Loja "Justiça de Cambé" – 1989

- Sagração do Templo – Loja "Libertas" - Londrina – 1989
- XXXII Congresso Nacional – Colégio de Grão-Mestre – 1989
- XXXIII Congresso Nacional – Colégio de Grão-Mestres – 1990 – Realizado na Cidade de Rio Grande – RS
- 1º Congresso Maçônico do Grande Oriente Estadual de Alagoas – 1990 – Convidado Especial
- 4º Seminário Maçônico "Luiz Bernardi" – da Loja "Fraternidade Paulista" – Palestrante – 1990
- XIX Assembléia Geral da Maçonaria Simbólica do Brasil – Convidado – 1990 – João Pessoa – PB
- 2º Encontro Nacional de Membros Correspondentes da Loja de Pesquisas "Brasil" - Londrina - 1990 - Organizador
- Membro Benemérito da Loja "União Fraterna" do Recife – em julho de 1990
- Festa do Maçom – em Camboriú – SC – 1990
- Encontro Maçônico, em Cidade Del Este – Paraguai – Palestrante – 1990 – Loja "José Felix Estigarribia"
- Membro Honorário da Loja "Liberdade nº 1" – Salvador – Bahia – 1990
- X Congresso Maçônico do Grande Oriente Estadual da Bahia – Declamações – 1990
- I Seminário de Estudos Maçônicos – Curitiba – Paraná – Palestrante – 1990
- Jubileu de Prata dos Irmãos Antônio do Carmo, José Castellani e Assis Carvalho, realizado na Grande Loja de São Paulo – 1990
- Fundador do Capítulo Londrina da Ordem De Molay – pelo Delegado Assis Carvalho - 1990 - Fundador
- Loja "Jean Sibelius" – Rito Moderno – Londrina – PR – Fundador – 1990
- 1º Encontro de Escritores Maçônicos – Londrina – Participante e organizador
- Lançamento do 4º livro – "O Mestre Maçom" – Londrina – Autor – 1990
- VII Seminário Maçônico de Uberaba – MG – Palestrante – 1990
- III Encontro Nacional de Membros Correspondentes da Loja de Pesquisas Maçônicas "Brasil" - 1991 - Organizador
- XX Assembléia Geral da Maçonaria Simbólica do Brasil - Curitiba - 1991 – Convidado
- 1º Seminário Maçônico de Nova Friburgo – RJ – Palestrante – 1991
- Encontro na Loja "Templários" de Brasília – homenageado com medalha e diploma – 1991
- I Congresso da Maçonaria Capixaba – Espírito Santo – Participante – 1991
- Encontro Maçônico, na Loja "Fraternidade Piumiense" – Minas Gerais – Palestrante – 1991

- Encontro Maçônico – em Faxinal – PR, na Loja "13 de Maio", Palestrante – 1991
- Recebimento do Diploma e Medalha do Centenário da República – da Alta Administração do Supr.·. Cons.·. de Jacarepaguá – RJ – 1991
- XXXVI Congresso Nacional da COMAB – Confederação Maçônica do Brasil – São Luís do Maranhão – Participante – 1991
- 1º Conclave da Maçonaria Paranaense – em Maringá – PR – Convidado – 1991
- Fórum de Estudos Maçônicos – Recife – Pernambuco – Palestrante – 1991
- Lançamento do 5º Livro – "Mestre Secreto" – Londrina – 1991 – Autor
- Encontro Maçônico de Frutal – MG – Palestrante – 1991
- Festa do Maçom – Blumenau – SC – Participante – 1991
- Encontro Maçônico – de Caçador – Santa Catarina – Palestrante – 1991
- Encontro Maçônico – e Campanha – Minas Gerais – Palestrante – 1991
- Academia Campinense Maçônica de Letras – Campinas – SP – Membro Honorário – 1991
- Encontro Maçônico – Bebedouro – SP – Loja "Luz do Oriente" – Membro Honorário – 1991
- Fundação da Sociedade Brasileira da Imprensa Maçônica – Recife – Pernambuco – 1991 – Fundador
- II Seminário Maçônico – Loja "Benjamin Constant" – Curitiba – 1991
- Presidente da Comissão Instaladora da Loja "Jean Sibelius" – Londrina – 1991
- V Simpósio de Cultura e Ética Maçônica – Arapiraca – Alagoas – Convidado especial – 1991
- Diploma de Emérito da Loja de Pesquisas Maçônicas "Brasil" – 1991
- Diploma de Emérito, da Loja "Barão do Serro Azul" – Londrina – 1991
- Diploma de Emérito, da Loja "Jean Sibelius" – Londrina – 1991
- Diploma de Emérito, da Loja "Regeneração 3ª" – Londrina – 1991
- Certificado de Honra ao Mérito – da Loja "Guatimozin" – 1991
- IV Encontro Nacional de Membros Correspondentes da Loja de Pesquisas Maçônicas "Brasil" – Organizador – março 1992 – Londrina
- Maçom Emérito da Loja "Segredo e Amor da Ordem" – 1992 – Recife – PE
- XXXVIII Congresso Nacional da COMAB – Confederação Maçônica do Brasil – Belo Horizonte – MG – 1992 – Convidado
- XXI – Assembléia Geral da Maçonaria Simbólica do Brasil – Salvador – Bahia – Convidado – 1992
- 1º Congresso de Academias Estaduais Maçônicas de Letras – Caldas Novas – GO – Palestrante – 1992

- "Encontro Maçônico", de Cascavel – Paraná – Loja "Luz e Fraternidade III" – Participante – 1992
- Fundação do Capítulo "União Londrinense" – Da Ordem De Molay – Fundador – 1992 – Londrina – PR
- Lançamento do 6º livro – "O Companheiro Maçom" – Londrina – PR – Autor – 1992
- Diploma de Honra ao Mérito, do Supr.·. Cons.·. da Ordem De Molay – 1992
- V Encontro Nacional de Membros Correspondentes
- Debate Maçônico "Loja Fidelidade", de Londrina – dia 26/2/1993 – Palestrante
- Encontro Maçônico, Paraguaçu Paulista – 26/3/1993 – Palestrante
- Lançamento do 7º livro – "Ritos & Rituais" – vol. 1 – 26/5/1993 – Autor
- XL Congresso Nacional – COMAB – Confederação Maçônica do Brasil – Convidado – 11/6/1993
- Debate Maçônico – Olinda – Pernambuco – 11/6/1993 – Palestrante
- Lançamento do 8º livro – "Ritos & Rituais" – vol. 2 – 20/6/1993
- Presidente da Comissão de Instalação de Venerável Loja "Cavaleiros do Vale" – São Pedro do Ivaí – PR – 21/6/1993
- Membro da Comissão de Instalação de Venerável Loja "Jean Sibelius" – Londrina – 23/6/1993
- Lançamento 9º livro – "Ritos & Rituais" – vol. 3 – 20/7/1993 – Autor
- Seminário Maçônico – em Joinville – SC – Palestrante – 9/8/1993
- Seminário Maçônico – Ipatinga – MG – Palestrante – 20/8/1993
- Encontro Maçônico – Curitiba – Grande Loja "Unida do Paraná" – Palestrante – 17/10/1993
- 1º Seminário Maçônico – Curitiba – Loja de Pesquisas "Gênesis" – Palestrante – 18/9/1993
- XV Excelsa Congregação dos Supremos Conselhos – convidado – Maringá – PR – em 23/9/1993
- Encontro Maçônico – Maringá – PR – Loja "Justiça" – Palestrante – em 30/9/1993
- Seminário Maçônico – Poços de Caldas – MG – Loja "Luz e União" – em 5/10/1993
- Centenário do Grande Oriente do Rio Grande do Sul – convidado – 13/10/1993
- Encontro Maçônico – Melo – Uruguai – Homenageado – Título Membro Honorário – Loja "Livres Pensadores nº 1"
- Encontro Maçônico – Sertaneja – PR – Palestrante – 21/10/1993

- Encontro Maçônico – Bela Vista do Paraíso – Loja "Visconde de Taunay" – Palestrante, 25/10/1993
- Fundação Loja "Barão do Serro Azul" – Londrina – Fundador – 19/11/1993
- Palestra Faculdade de Teologia – Londrina – PR – em 23/11/1993
- CEMACON – Centro de Convenções Maçônicas de Guarapari – Espírito Santo – Convidado – 27/11/1993
- Diploma de Participação e Palestrante, no Sesquicentenário da Loja "Integridade" de Capivari – 1994
- Diploma de Participação no 30° aniversário da Loja "Pitágoras" de Londrina – 1995
- Diploma de "Honra ao Mérito", da Loja "Tupy" – Araçatuba – SP – 1995
- Diploma de "Membro Efetivo" da Loja "Holy-Land n° 50" – de Israel – 1995
- Diploma de "Membro Honorário", da Loja "Segredo, Força e Aliança" – de Feira de Santana – BA – 1995
- Diploma de Participação Especial, na Loja "Regeneração Barbacenense" – MG – 1995 – No seu Centenário
- Diploma de Benemérito, da Loja "Segredo e Amor da Ordem" – de Recife – PE – 1995
- Diploma de Participação – Como Mestre da Loja – Nos Eventos: 20 Anos e VII Encontro de Membros Correspondentes – Da Pesquisas "Brasil" – 1995
- Diploma e Medalha – Sobre a Comemoração do "Jubileu de Prata" do Grande Oriente Independente do Rio Grande do Norte – 1995
- Diploma de Participação – Como Palestrante – Na XLVIII Assembléia Geral da COMAB – João Pessoa – 1995
- Diploma de Debatedor – VIII Congresso Nacional de Estudos Maçônicos de Goiânia – Goiás – 1995
- Diploma de Membro Efetivo – Do V Seminário Maçônico de Barretos – SP – 1995
- Diploma de "Membro Vitalício" – Do Centro de Estudos De Molay – de Londrina – PR – 1995
- Diploma de Participação – No Jubileu de Prata da Loja "Regeneração 3ª" – de Londrina – 1995
- Diploma de Palestrante – No XIV Congresso Maçônico – Do Grande Oriente da Bahia – 1995
- Diploma de Conferencista, no 3° Encontro Maçônico da Loja "11 do Julho" – de Andradina – SP – 1995
- Diploma de Palestrante – No Simpósio de Liturgia e Ritualística – No Centro de Estudos Maçônicos Iguaçu – Paraná – 1995
- Diploma de Grande Benfeitor do Grande Oriente do Paraná – 1996

- Diploma de Colaborador – V Curso de Maçonaria Simbólica – Brasília Loj∴ "Miguel A. Tolosa" – 1996
- Diploma de Mérito Centenário – da Loj∴ "Harmonia Cruz Altense" – 1996
- Diploma de Maçom Benemérito da Loja "Barão do Serro Azul" – 1996
- Diploma e Comenda "Giordano Bruno" de Honra ao Mérito – no Grau de Insigne Pensador – da Loja "Acácia da Ilha" – Florianópolis – 1996
- Diploma de Benfeitor do Grande Oriente de Pernambuco – 1996
- Certificado de Participação do Simpósio sobre o Rito Escocês Antigo e Aceito, realizado em Recife, PE – em 1996
- Certificado de Participação no V Simpósio de Cultura Maçônica em Mossoró – 1996
- Certificado de Participação – no VI Encontro Maçônico sobre Liturgia e Ritualística, do R∴ E∴ A∴ A∴, do **GOAM**, Maranhão – em 1996
- Diploma de Participação do II Congresso do GOEP – Paraná, realizado em Ponta Grossa – em 1996
- Diploma de Participação no VIII Encontro de Membros Correspondentes da Loja de Pesquisas "Brasil" – em Recife – em 1996
- Diploma de Participação no II Encontro de Membros Correspondentes da Loja de Pesquisas "Fraternidade Brazileira" – Juiz de Fora – MG – em 1996
- Diploma de Maçom Benemérito da Loja de Pesquisas "Brasil" – Londrina – PR – em 1996
- Certificado de Participação no XII Curso Integrado de Maçonaria Simbólica, do Grande Oriente do Brasil – em Maceió – AL – em 1996
- I Congresso Nacional do Grande Oriente do Brasil – 1997
- II Encontro Nacional das Academias Maçônicas – Goiânia – GO – 1997
- Comenda do Mérito Jurídico e Social (com Diploma e Medalha), trazida especialmente pelo Grão-Mestre da Ordem – Irm∴ Aristóteles Lacerda Júnior – 2000
- Medalha Comemorativa da Reimplantação do Rito Brasileiro entregue ao Xico pelo Irm∴ Nei Inocêncio, Primaz do Rito Brasileiro (GOB) – 2000
- Comenda Duque de Caxias, concedida pelo Eminente Grão-Mestre Cliceu Luís Basseti – GOB-PR em Sessão Especial, com a abertura da Loja de Emergência "Duque de Caxias", do Or∴ de Curitiba – 2000
- Diploma de "Patrono da Loja", concedido pelo Ven∴ da Loja "Fidelidade Jandaiense", Wlaudemir Bigão Peijo, do Or∴ de Jandaia do Sul, no aniversário de 25 de Fundação – 2000
- Diploma de "Benfeitor da Cultura Maçônica", entregue pelo Irm∴ Hércule Spoladore, um dos membros fundadores da Loja de Pesquisas "Brasil" – 2002

PUBLICAÇÕES

- Correspondente Gazeta Maçônica – 1967
- Correspondente Revista Amizade – 1968
- Fundador e Diretor da Revista "A TROLHA" – 10/4/1971

Livros Editados – primeiras edições

- "CARGOS EM LOJA" – 1985
- "O AVENTAL MAÇÔNICO" – 1989
- "SÍMBOLOS MAÇÔNICOS E SUAS ORIGENS" Vol. I – 1990
- "SINAIS, TOQUES E PALAVRAS" – 1991
- "O MESTRE SECRETO – Xico Trolha/José Castellani – 1991
- "O COMPANHEIRO MAÇOM" – 1992
- "RITOS & RITUAIS" – Vol. 1 – 1993
- "RITOS & RITUAIS" – Vol. 2 – 1993
- "RITOS & RITUAIS" – Vol. 3 – 1993
- "INSTRUÇÕES PARA LOJA DE APRENDIZ" – 1994
- "INSTRUÇÕES PARA LOJA DE COMPANHEIRO" – 1994
- "INSTRUÇÕES PARA LOJA DE MESTRE" – 1994
- "A MAÇONARIA – USOS & COSTUMES" Vol. 1 – 1994
- "O APRENDIZ MAÇOM" – 1995
- "A MAÇONARIA – USOS & COSTUMES" Vol. 2 – 1995
- "O MESTRE MAÇOM" – 1995
- "ITAMBÉ – BERÇO HERÓICO DA MAÇONARIA NO BRASIL" – 1996
- "A DESCRISTIANIZAÇÃO DA MAÇONARIA" – 1997
- "SÍMBOLOS MAÇÔNICOS E SUAS ORIGENS" Vol. II – 1997
- "GALERIA DE MAÇONS FAMOSOS" Vol. 1 – 1998
- "A MAÇONARIA – USOS & COSTUMES Vol. 3" – 1999
- "GALERIA DE MAÇONS FAMOSOS" Vol. 2 – 2000
- "SAUDAÇÕES AO PAVILHÃO NACIONAL" – 2000
- "RITOS & RITUAIS" – Vol. 4 – 2001
- "1º RITUAL DO GRAU 33" – 2001
- "A ORDEM MAÇÔNICA TRAÍDA E SEUS SEGREDOS REVELADOS" – 2001
- "GALERIA DE MAÇONS FAMOSOS" Vol. 3 – 2002
- "SÍMBOLOS MAÇÔNICOS E SUAS ORIGENS" Vol. III – 2002

- "MAÇONARIA DISSECADA" - 2002
- "A MAÇONARIA - USOS & COSTUMES" Vol. 4 - 2003
- "RITOS E RITUAIS" - Vol. 5 - 2003
- "PONTE PARA A LIBERDADE" - 2004

- 250 Apresentações de Livros da Editora
- "A TROLHA" - 193 Editoriais na Revista
- 53 Trabalhos publicados na Revista "A TROLHA" e em Coletâneas
- Mais de 400 Palestras em Lojas Maçônicas do Brasil

HOMENAGENS, DIPLOMAS E MEDALHAS - POST MORTEM

1. "Comenda da Ordem do Mérito Pelicano" concedida pelo Eminente Grão-Mestre Cliceu Luís Basseti - GOB-PR.
2. "Condecoração da Estrela da Distinção Maçônica" concedida pelo Eminente Grão-Mestre Geral do Grande Oriente do Brasil Laelso Rodrigues.
3. ARLS "Francisco de Assis Carvalho Nº 26"[2] - foi fundada, na data de 31 de julho de 2003, no Oriente de Ponta Porã - MS, a ARLS "FRANCISCO DE ASSIS CARVALHO Nº 26".

   A Loja está jurisdicionada ao Grande Oriente de Mato Grosso do Sul (COMAB), trabalhará no Rito Escocês Antigo e Aceito, e provisoriamente realizará as suas Sessões no Templo da ARLS "Ceres Nº 9", no Oriente de Dourados - MS, às quintas-feiras.

   A ARLS "Francisco de Assis Carvalho Nº 26".

   ...

   A escolha do nome de Francisco de Assis Carvalho, como título distintivo da nova Loja, é uma pequena, mas justa homenagem a um saudoso Amigo e Irmão que tanto nos brindou com suas sábias e alegres manifestações, que tanto batalhou por esse País afora por uma Maçonaria harmônica, e que tanto contribuiu, produziu sementes e frutos em prol da cultura maçônica.

4. Exemplar do Diário Oficial[3] do Município de Ribeirão Preto, da data de 20 do corrente mês, onde está inserida a Lei nº 10.064/04, cuja legislação

[2] Revista "A TROLHA" - Nº 208 - fevereiro/2004.

[3] Revista "A TROLHA" - Nº 214 - agosto/2004.

trata da homenagem por mim proposta, ao preclaro e inesquecível Escritor Maçônico "XICO TROLHA".

Tal homenagem é meramente de cunho pessoal, dada a admiração que tenho por "XICO TROLHA" como leitor.

Desta forma, dei cumprimento a mais um ideal e iniciativa que propus para mim mesmo, e hoje tenho a grata satisfação e a honra de estar lhe participando da sua concretização.

No mais, aproveito para enviar-lhe meu T∴ F∴ A∴ colocando-me sempre de P∴ e à O∴.

Fraternalmente

Irm∴ Paulo Roberto CARLUCCI

Or∴ de Ribeirão Preto – SP

Lei Nº 10.064 de 13 de maio de 2004

Denomina Logradouro Público ou Próprio Municipal de "Francisco de Assis Carvalho (Xico Trolha)"

Faço saber que a Câmara Municipal aprovou o projeto de lei Nº 1.473/2004, de autoria do Vereador Cícero Gomes da Silva, e eu promulgo a seguinte lei:

Artigo 1º – Fica por esta lei autorizado o Chefe do Executivo Municipal a adotar o nome de "FRANCISCO DE ASSIS CARVALHO (XICO TROLHA)", como nomenclatura de logradouro público ou próprio municipal.

Parágrafo Único – A denominação de que trata o "caput" deste artigo será dada por Ato do Chefe do Executivo, a um logradouro público ou próprio municipal que, a partir da vigência desta lei, esteja ainda sem nomenclatura.

Artigo 2º – Esta lei entrará em vigor a partir da data de sua publicação, revogadas as disposições em contrário.

Palácio Rio Branco

GILBERTO SIDNEI MAGGIONI

Prefeito Municipal

DONIZETI DE CARVALHO ROSA

Secretário de Governo

6. Está prevista também, a Fundação de uma nova Loja em Osasco, com o nome de Francisco de Assis Carvalho. Em julho de 2004, iniciaram-se os trâmites legais para que isto se realize brevemente.

O Xico Trolha em vida recebeu inúmeras e sinceras homenagens provindas de todos os cantos do Brasil, Bibliotecas e Lojas recebendo o seu nome, Sessões fúnebres dignificando o homem e o Maçom que ele foi, Encontros Maçônicos onde ele foi homenageado, as mais variadas formas de demonstração de afeto e respeito, a fim de demonstrar o que sentiam por ele e o quanto ele foi importante no contexto maçônico atual.

Os laços de amizade conquistados com sua irreverência, carisma e picardia dentro e fora do Brasil, são dignos de estudo. Mesmo que muitos Irmãos não concordassem com o que dizia, tratavam-no com tanto respeito e carinho, que posso falar com certeza absoluta: o Xico Trolha foi feliz, muito feliz, um homem determinado e realizado!

Não citarei os nomes das Obediências, Lojas e Maçons, que através de seus atos proporcionaram ao Xico Trolha um vendaval de emoções e sentimentos, porque posso incorrer na mais grave de todas as faltas, que é a da omissão por desconhecimento; portanto, agradeço, em nome de meus familiares, a todos aqueles que trataram o Xico Trolha com tanta deferência e dignidade, tanto quando ele esteve presente entre nós, como após a sua partida para o Or.·. Eterno

Assim como o seu trabalho foi hercúleo, na tentativa de dignificar a Ordem Maçônica e seus Membros, a recíproca é verdadeira, com tantos confrades lutando bravamente para imortalizá-lo e ao seu pensamento.

Se ele estivesse aqui e alguém lhe perguntasse se teria valido a pena viver como viveu, certamente diria:

– Valeu, ah! como valeu!

CAPÍTULO XI

Por que eu?

Ao decidir por uma linha que apenas interliga os fatos, na verdade quis mostrar às pessoas o que acontece com um indivíduo de bons princípios quando se une a uma Instituição consagrada por estimular o homem a se transformar em algo melhor, iniciando o processo dentro da Loja Maçônica, e repassando para a família e a comunidade a qual pertence.

Antes de ser Maçom, o Xico era meu pai, e como todo relacionamento entre pais e filhos, o nosso também foi complexo; no entanto, durante este processo de autoconhecimento do Xico Trolha, nós da família inconscientemente participávamos simultaneamente. E dentro desta conduta o Xico Trolha, este incansável buscador, me transformou numa incansável viajante, onde "o céu não tem limites, mas que na terra só sobrevivem aqueles que dão a cara à tapa". E é esta filha que hoje percebe o grande valor da Maçonaria na vida de uma pessoa e de sua família. O orgulho que sinto ao escrever e mostrar quem foi este homem, mesmo sabendo que outros poderiam fazer de modo diferente e até melhor, quem sabe, é proporcional à admiração que sinto em relação à Maçonaria.

De vez em quando saíam notícias nos jornais profanos nada abonadoras, com fatos que estavam acontecendo entre Irmãos, e eu demonstrava o meu receio da Ordem, em si, sair avariada devido à incompreensão e a intolerância de seus Membros. Ele sempre sorria, meneava a cabeça e dizia que se a Ordem Maçônica tão agredida e vilipendiada pelos seus Membros até os dias de hoje, permanecia de pé, não ia ser qualquer bate-boca em jornal que mudaria o curso das coisas. Ele sempre acreditou que eram as justas ações dos Maçons na Comunidade que faziam a Maçonaria ser respeitada há tanto tempo, e não as tolices que eram publicadas. Tolice por tolice, qualquer um podia escrever, não precisava ser Maçom.

Este foi o revolucionário Xico Trolha que, dada a sua memória fantástica, velocidade de pensamento invejável e o desejo incessante de mudanças, durante grande parte de sua existência, se deparou com um inimigo à altura, a mesmice diária, a famigerada luta pela sobrevivência.

Antes de poder se dedicar exclusivamente ao seu maior projeto de vida, ele passou por empregos variados, repetindo algumas vezes as dificuldades que lhe contaram que o seu avô paterno também teve no passado. Até uma certa altura do campeonato, ele não foi compreendido, foi considerado inteligente, culto, porém muito sonhador.

Com o auxílio de seu vasto conhecimento geral, somado às Instruções recebidas em Loja e do contato direto com homens de visão, bons princípios e perseverantes como ele, foi montando tantos estratagemas contra o mau humor e o fracasso, que na meia idade permaneceu alegre e confiante, deixando em segundo plano aqueles defeitinhos de fábrica, como a teimosia do burro da Belmira (segundo o próprio) e uma impetuosidade que de vez em quando o deixava na mão. Mas o que fica claro na biografia dele, é que os defeitos e as qualidades andam de mãos dadas, quando usados a favor da criatividade e da mudança.

Para um pai teimoso, filha teimosa, defeito dobrado. Agora, quando a teimosia busca arduamente uma mudança positiva e cria meios para que isto aconteça, ela se transforma em uma qualidade extraordinária: a perseverança.

Com o Xico foi assim...

A confiança fez dele um homem seguro, tranqüilo e corajoso, porque mesmo se dizendo ateu, não por desacreditar do Criador, mas por achar que depois de ter sido criado, o homem, um seu igual deveria merecer os seus créditos. Ele acreditava realmente no homem. Mesmo quando este lhe dava demonstrações óbvias de traição, de descaso, de desconsideração, jamais encarou tais atitudes como afronta. Ele sempre foi adepto do "livre espernear" de Voltaire, não precisa aceitar tudo o que digo, mas eu "quero dizer" e "vou dizer", pode espernear à vontade, estou com você, eu te apóio no "esperneio"!

A sua marca registrada foi o falar simples, franco e bem-humorado, de um profundo conhecedor de si mesmo, que conhecia as próprias limitações. Algumas vezes incompreendido, outras aclamado, mas sempre de pés no chão, reconhecendo as suas falhas e aceitando as críticas que lhe eram endereçadas. Mesmo que não concordasse com elas, ele as aceitava. Se havia crítica, era porque as pessoas liam e ouviam o que ele tinha escrito ou falado; portanto, ainda assim era melhor do que ser desprezado. As críticas sempre funcionaram como um remédio salutar na vida deste homem.

Ele não era fácil, amava debater; estudou profundamente as Religiões e suas Origens, leu e releu a Bíblia inúmeras vezes, a fim de descobrir falhas e discutir com os fanáticos religiosos que teimavam em falar mal da Maçonaria. Era uma peste, deixava a mulherada louca nestes debates; podia ser cutucado por debaixo da mesa, ter a mão tocada delicadamente diversas vezes, e outras estratégias mais, das quais as prestimosas esposas "lançam mão" em ocasiões delicadas como estas; qual o quê, daí sim é que ele se empolgava e como geralmente tinha razão, deitava e rolava.

De cabeleira farta, costeletas cheias e bigode, carinhoso, brincalhão e gentil com as Cunhadas e Sobrinhas, sempre era o queridinho em qualquer festa. Piadas e palavras gentis, sorrisos e afabilidade, marcavam sua passagem entre Maçons e não Maçons.

Ele contava que, devido a sua impetuosidade nata, às vezes sem querer se tornava agressivo e mordaz, e como não tinha papas na língua, deixava a desejar em determinadas ocasiões. A grande vantagem é que ele refletia sobre suas atitudes e voltava atrás, pedia desculpas, podia ser lá do jeito dele, mas pedia, e tentava corrigir suas ações. Nem de longe ele quis ser perfeito, assumia plenamente suas dificuldades, que tentava superar diariamente. Sua voz muito grave e firme, às vezes deixava as pessoas meio ressabiadas; do mesmo modo que algumas atitudes louváveis que ele teve desagradaram muita gente. Ele esteve ciente do que fazia e falava, até o momento da partida para o Or.·. Eterno.

Ao arquivar suas fotografias, o Moura e eu deparamos com um lado belíssimo desse homem: o bom humor registrado nas fotografias. Em suas quase 1.500 fotografias, das duas uma, ou ele estava sorrindo e o seu vizinho também – ele não perdia a chance de contar uma boa piada, por mais solene que fosse o acontecimento – ou ele estava se preparando para falar ou falando, sorrindo levemente. A ironia fina, a transformação que sofria ao declamar, o riso aberto e contagiante, e as suas famosas piadas engraçadinhas fizeram dele uma pessoa inesquecível. O que ele aprendeu em Loja e nos livros, aplicou a si mesmo.

O Maçom Xico Trolha, conhecido por não parar as suas atividades, a não ser quando muito doente, não permitia que pequenos problemas o impedissem de fazer o que desejava. Indisciplinadíssimo, deixava os médicos de cabelo em pé, fazia tudo o que lhe era recomendado, menos deixar de viajar, trabalhar, comer pastel e tomar garapa e fazer caminhadas.

Foi um homem muito afetuoso, um pai e marido acima de qualquer suspeita. Um pai que, mesmo doente, era capaz de se levantar às 3 horas da madrugada para acompanhar a filha ao Hospital Veterinário para que um gato de rua envenenado pudesse ser sacrificado e morrer em paz. Um sujeito que era implacável com as calças abaixo do joelho dos meninos, não gostava e pegava no pé sem dó, mas que ao mesmo tempo adorava brincar com as crianças, pegava-as no colo, fazia festa no condomínio no dia das Crianças ao invés de comemorar o seu próprio aniversário, que era no mesmo mês. Não gostava de telefonar, visitar amigos e familiares doentes e muito menos ir a velórios, ficava incomodado por dias e dias, escutando músicas melancólicas, doía-lhe profundamente o sofrimento de seus semelhantes. Quando adoeci, ele me contou que ficou muito angustiado por não saber o que fazer, não sabia rezar, nem pedir, só esperar. Talvez fosse esta a dificuldade dele perante a morte dos outros, se desfazer de alguns conceitos e abraçar outros, já que desde que conheceu o Poeta Castro Alves a morte sempre foi sua amiga, tinha medo de sofrer dor, mas não de morrer.

Quando eu decidi entrar para a Maçonaria, ele reagiu da mesma maneira desde que eu tinha 11 anos, com uma pergunta básica:

– *É o que você quer?*

– *É.*

– *Então tudo bem,* ele respondeu.

Aí eu é que perguntei:

– *Está preparado para levar paulada?*

– *Tô.*

Problema resolvido.

Esse foi o meu pai, Francisco de Assis Carvalho, o Xico Trolha de vocês.

Bibliografia

BRAUN, J. C. *Brasil Grande do Sul – Payadas de Campo e Céu.* 1.ed. Porto Alegre: Artes e Ofícios, 1977.

LAJOLO, M. e CAMPADELLI, S. *CASTRO ALVES – Seleção de Textos.* 1.ed. São Paulo: Nova Cultural, 1988.

MATOS, E. *CASTRO ALVES – Imagens fragmentadas de um mito.* 1.ed. São Paulo: EDUC – FAPESP, 2001.

SEGRES, D. – Pitigrili. *Não se come frango com as mãos.* 1.ed. Rio de Janeiro: Casa Ed. Vecchi.

_____. *O sexo dos anjos.* 2.ed. Rio de Janeiro: Casa Ed. Vecchi, 1959.

VARGAS VILA, José Maria. *A voz das horas.* 1.ed. São Paulo: Prometeu.

_____. *Do rosal pensante.* 1.ed. São Paulo: Prometeu.

VERONA, Guido. *Ivelise.* 1.ed: Rio de Janeiro: O Cruzeiro, 1947.

Editora Maçônica

A TROLHA

Redação, Diagramação,
Composição, Revisão, Arte-Final.

Av. Maringá, 335 – Fone: (43) **3327-1982**
Fax: (43) **3348-0915**
CEP 86060-000 – Londrina – Paraná

Home Page: http://www.atrolha.com.br
E-Mail: redacao@atrolha.com.br